LEVIATHAN

PHILOSOPHIA
EN QVAM
MODICH
HABILIA
THOMAS HOBBES Malmesburiensis.
Aet: suæ 76.
W. Faithorne sculp.

Thomas HOBBES

LEVIATHAN

ou
la Matière, la Forme
et la Puissance
d'un État ecclésiastique et civil

Traduction française en partie double
d'après les textes anglais et latin originaux

par

R. ANTHONY

Tome premier. — DE L'HOMME

PARIS (5e)
MARCEL GIARD & Cie
LIBRAIRES-ÉDITEURS
16, rue Soufflot et 12, rue Toullier

1921

AVERTISSEMENT

Le Léviathan parut en langue anglaise en 1651 (*Leviathan, or the Matter, Forme & Power of a Common-Wealth, Ecclesiasticall and Civill*, London. Printed for Andrew Crooke, at the Green Dragon, in St-Pauls Church-yard, 1651) (in-folio). Il fut réimprimé la même année, et, les exemplaires de ce second tirage ne diffèrent de ceux du premier que par une facture moins soignée et quelques variantes dont la plupart sont négligeables (1).

Hobbes en donna ensuite une version latine (in-4°) qui parut en 1668 à Amsterdam.

Il est à noter que cette version latine ne concorde pas absolument avec le texte anglais : quelquefois elle est plus développée, d'autres fois elle l'est moins ; mais l'idée ne varie guère, et les différences portent surtout sur le mode d'expression et le plus ou moins de détails.

Le texte anglais est accompagné d'un « Résumé et Conclusion » (*a Review, and Conclusion*) qui n'existe pas dans l'édition latine où il est remplacé par un « *Appendix ad Leviathan* ». Fait suite à cet appendice, dans l'édition latine, un Index raisonné (*Index in Leviathanem*).

---

(1) On reconnaît immédiatement les exemplaires de ce second tirage à une faute d'impression au nom de l'éditeur : *Ckooke* au lieu de *Crooke*.

On ne peut non plus séparer du Léviathan la réponse (écrite en anglais) aux attaques de l'Evêque Bramhall (*An Answer to Bishop Bramhall's Book « The Catching of Leviathan »*).

Aussi bien le texte anglais que la version latine eurent par la suite de nombreuses éditions successives dont une des plus connues est celle de Sir William Molesworth dans les Œuvres complètes de Hobbes en 16 volumes (1839-1845, J. Bohn, Henrietta Street, Covent Garden, London). Le texte anglais forme le volume III des œuvres anglaises, la version latine le volume III des œuvres latines ; la réponse à l'Evêque Bramhall est contenue dans le volume IV des œuvres anglaises. Parmi les éditions les plus récentes du Léviathan, il convient de citer celle de A.-R. Waller qui se recommande à tous les égards (Cambridge : at the University Press 1904).

En 1667, le Léviathan a été traduit en Hollandais, et, en 1794, en Allemand.

Il n'en a jamais été fait de traduction française (2).

(2) Voici l'indication des quelques ouvrages de Hobbes qui jusqu'ici ont été traduits en français :

De Cive. — Eléments philosophiques du Citoyen. Traité politique où les Fondements de la société civile sont découverts par Thomas Hobbes et traduits en français par un de ses amis (S. Sorbière). Amsterdam, Jean Blaeu, 1649. — Réédité en 1651 : Paris, J. Hénault ; Paris, Vve Th. Pépingué. — Il existe aussi de cet ouvrage une autre traduction : Les Eléments de la Politique de Monsieur Hobbes, de la traduction du sieur du Verdus, Paris, Henry Le Gras, 1660. L'ouvrage ne contient que les deux premiers livres du *De Cive*, bien que la table indique l'ensemble. Dans l'Avertissement de l'Imprimeur au Lecteur, il est dit que du Verdus avait traduit aussi le *De Corpore* et le *De Homine*. Ces traductions ne paraissent pas avoir été données au public.

De Corpore politico. — Le Corps politique ou les Eléments de la loy morale et civile, traduit d'anglais en français par un de ses

Pour cette traduction qui est donc la première en notre langue, j'ai suivi le texte anglais original de 1651. J'ai cependant voulu tenir compte aussi du texte latin de 1668, et, pour ce faire, j'ai procédé de la façon qui suit : d'une part, j'ai placé entre crochets ([...]) la tra-

amis (S. Sorbière), 1652 ; autre édition, Leyde, J. et Dan. Elzevier, 1653.

Human nature. — De la Nature humaine ou Exposition des facultés, des actions et des passions de l'âme et de leurs causes, traduit de l'Anglais (par le Baron d'Holbach), Londres, 1772 ; réimprimé en 1790.

Ces trois ouvrages ont été réunis et publiés à nouveau sous le titre de : Œuvres philosophiques et politiques de Thomas Hobbes. Neufchatel (Paris), de l'Imprimerie de la Société typographique. 1787, 2 volumes. — Réédition, Paris, Arthaud, An III. Cette édition est, comme la précédente, formée de deux volumes inégaux. Mais, alors que, dans l'édition de 1787, le gros volume contient le *De Cive,* et, le petit, le *Corps politique* et la *Nature humaine,* dans l'édition de l'an III, les deux volumes sont constitués par le *De Cive* seulement.

Mentionnons encore que la Logique de Hobbes [Première partie de la Section première (*De Corpore*) des Eléments de Philosophie] a été traduite par Destutt de Tracy. Eléments d'Idéologie, 3ᵉ Partie. Pièces justificatives de la Logique.

En 1760, parut, dans le *Conservateur* (juillet), une traduction fantaisiste et très abrégée de l'Introduction, des Chapitres I à VIII et du Chapitre X du Léviathan.

Enfin, en 1847 (Paris, F. Didot), Lezaud fit paraître, dans ses *Résumés philosophiques,* et d'après les traductions existantes de d'Holbach et de S. Sorbière, un abrégé de la *Nature humaine,* du *Corps politique* et du *De Cive* (Hobbes : de la Nature humaine, du Corps politique, la liberté, l'empire, pp. 33-196). Cet abrégé n'est pas reproduit dans l'édition de 1853 des *Résumés philosophiques.*

Bruys assure dans ses Mémoires, dit le Conservateur de juillet 1760, que La Barre de Beaumarchais s'était proposé de donner une traduction française du Léviathan, mais qu'une brouille survenue entre lui et son libraire aurait empêché l'exécution de ce dessein.

duction des passages du texte anglais qui ne sont pas représentés dans la version latine ; d'autre part, j'ai ajouté en notes la traduction des passages de la version latine qui n'existent pas dans le texte anglais ; enfin, en notes également, j'ai signalé les principales variantes que j'ai rencontrées entre les deux textes. Il en résulte que ma traduction est double. Pour obtenir la traduction du texte anglais, il suffit de lire sans tenir compte des crochets, ni des notes dont il vient d'être question ; pour obtenir celle du texte latin, il faut lire en supprimant les passages entre crochets et en se reportant aux notes.

L'anglais de Hobbes est, au moins dans le Léviathan, d'un caractère assez spécial. Il n'y faut pas voir seulement un anglais du dix-septième siècle à formes archaïques ; en se plaçant au point de vue de la syntaxe, c'est à proprement parler du latin anglicisé que cette langue à longues périodes et à phrases coupées d'incidentes (3). Il n'en résulte pas, bien au contraire, un défaut de clarté dans l'expression. Là, comme partout, le grand souci de Hobbes est de ne laisser aucun doute planer sur sa pensée, aussi n'emploie-t-il que des mots du sens le plus banal ; lorsqu'il ne trouve pas en anglais de terme propre, il n'hésite pas à utiliser le mot latin

(3) Je n'ai cependant rencontré, au cours de ce premier livre, qu'un très petit nombre d'expressions me paraissant obscures et de tournures de phrases me semblant litigieuses. Pour ne négliger aucune précaution, je les ai soumises à l'appréciation successive de trois personnes compétentes à des titres divers ; je remercie bien vivement M. Audibert, agrégé de l'Université, M. Rohet, licencié ès-lettres, M. L. Bull, sous-directeur de l'Institut Marey, des avis qu'ils ont bien voulu me donner.

auquel il se borne à donner une désinence anglaise ; parfois, il emploie tout simplement le mot latin lui-même, voire le mot grec qu'il incorpore à son texte.

Je me suis attaché à reproduire aussi fidèlement que je l'ai pu le caractère spécial de cette forme littéraire qui donne à penser que le Léviathan fut d'abord rédigé en latin. A ceux qui me reprocheront d'avoir trop négligé l'élégance et jusqu'à, certaines fois, la correction du style, d'avoir même à l'occasion quelque peu malmené la syntaxe, je répondrai que parler correctement n'est pas, à mon avis, se lier à d'étroites conventions, mais exprimer clairement et précisément ce que l'on veut dire. J'estime que celui qui y parvient parle comme on doit parler, puisqu'il atteint le but auquel vise le langage, et, je suis sûr d'être en cela d'accord avec l'auteur du Léviathan.

J'ai essayé de faire pour lui ce que Chateaubriand a voulu faire pour Milton (tâche il est vrai beaucoup plus difficultueuse et à laquelle je ne saurais comparer la mienne) c'est-à-dire « une traduction littérale dans toute la force du terme » que l'on puisse suivre le texte en mains « ligne à ligne, mot à mot, comme un dictionnaire ».

Qu'on n'oublie pas que dans le Léviathan on trouve rassemblés les plus importants des sujets que Hobbes a traités dans les principaux de ses ouvrages : *De Corpore* — *De Homine* — *Human Nature* — *De Corpore politico* — *De Cive.* C'est en d'autres termes l'exposé le plus complet qu'il ait donné de l'ensemble de sa philosophie ; et c'est là ce qui en fait le très grand intérêt.

Il me reste enfin à exposer comment j'ai pu être amené à entreprendre et à mener à terme une traduction du Léviathan.

N'eût été cette guerre qui pendant cinq années m'a mis dans l'impossibilité de continuer, au moins aussi activement que j'eusse voulu pouvoir le faire, mes travaux et mes recherches de laboratoire, je n'eus jamais entrepris une tâche aussi longue et aussi éloignée en apparence de l'objet habituel de mes études.

Dans des circonstances, où il était difficile de choisir une occupation intellectuelle et qui fut praticable, je me félicite du choix que j'ai fait. En ces temps où il me paraît si regrettable de voir s'approfondir de jour en jour le fossé qui, depuis le début du siècle dernier, se creuse entre les philosophes et les scientifiques, il m'a semblé éminemment utile de mettre sous les yeux de ces derniers qui trop souvent confondent avec la science les tout premiers moyens d'y parvenir (4) l'œuvre maîtresse de celui qui, on ne le sait pas assez, a le mieux compris ce qu'était vraiment la Science et a le plus fait pour elle : d'abord, en la définissant, ensuite, en en indiquant les procédés essentiels, en en éclairant les voies, enfin, en montrant, par l'exemple de ses spéculations dans la branche la plus complexe de toutes les branches du savoir raisonné humain, comment en

____

(4) Voir à ce sujet R. Anthony : L'étude de l'Anatomie comparée des Mammifères, en France, à l'époque actuelle. *Revue générale des Sciences,* 15 octobre 1917.

Aug. Comte (Discours sur l'Esprit positif) signalait déjà l' « empirique prépondérance de l'esprit de détail » chez certains savants de son temps et leur « aveugle antipathie pour toute généralisation quelconque. »

n'importe quel domaine on parvient à la construire.

Et j'ai pensé aussi qu'après cette guerre mondiale et les résultats qu'elle ne manquerait pas d'avoir, l'œuvre de Hobbes prendrait un singulier caractère d'actualité, qu'on trouverait peut-être des enseignements utiles dans un livre où personne ne songe à les aller chercher.

Cette traduction française du Léviathan doit comprendre quatre volumes :

Tome I. Reproduction du portrait de Hobbes par Faithorne (5).
Reproduction du Frontispice de l'édition de 1651.
Epître dédicatoire.
Introduction au Léviathan.
Première partie : de l'Homme.
Tome II. Deuxième partie : de l'Etat.
Tome III. Troisième partie : d'un Etat Chrétien.
Tome IV. Quatrième partie : du Royaume des Ténèbres.
Résumé et Conclusion.
Appendice au Léviathan.
Index.
Table des matières.

Chaque tome sera précédé d'une Introduction du Traducteur où Hobbes sera étudié en une partie spéciale de son œuvre.

(5) Ce portrait est en tête du premier volume des Œuvres latines de Hobbes, 1668. (Thomæ Hobbes Malmesburiensis Opera philosophica quæ latine scripsit omnia. Amstelodami apud Joannem Blaeu, 1668, in-4°, 2 T.)

Le premier volume contient en outre le présent avertissement.

A chaque volume sera ajoutée aussi la table des Chapitres qui constituent la partie à laquelle ce volume se rapporte (6).

(6) L'introduction qu'on va lire en tête de ce premier volume n'a point précisément pour but de fournir un exposé complet des vues de Hobbes sur la Science, puisqu'on doit en trouver les détails dans le corps même de cet ouvrage (Voir Chapitres IV, V, VII, IX), mais simplement de faire ressortir la portée de son œuvre en tant que théoricien de la Connaissance scientifique.

INTRODUCTION.

Il serait, je crois, difficile d'obtenir de nos critiques
contemporains qu'ils concèdent que Hobbes a tout
autant contribué que Bacon et que Descartes à la grande
renaissance intellectuelle du début du xvii° siècle. A
bien considérer pourtant la direction générale de la
voie de progrès qui s'est ouverte alors à l'entendement
humain, il paraît insuffisant de mettre sur le même rang
ces trois grands philosophes. Pour donner dans cette
question d'ordre historique une juste appréciation, il
convient avant tout d'examiner si notre très grande
admiration pour le génie de Descartes ne vient pas
principalement de l'attirance que la métaphysique
exerce toujours et malgré tout sur nos esprits, si notre
complaisance que je crois vraiment excessive à l'égard
de Bacon ne vient pas de ce qu'il reste à la portée de
tous par la conception simple qu'il s'est faite de la
science et des moyens d'y parvenir (1), s'expliquant

(1) Par ses préceptes, reflets d'idées qui d'ailleurs étaient alors
fort répandues, et, beaucoup moins efficacement que Galilée par
son exemple, Bacon n'a guère indiqué que les moyens de recueil-
lir les matériaux de la Science ; il n'a pas essayé, à proprement
parler, de montrer les moyens d'en construire l'édifice. Au surplus, quand il ne se borne pas à des conseils généraux, il aboutit

aussi par l'art de son style qui lui a assuré de tout temps l'admiration enthousiaste des poètes et des littérateurs, et, enfin, si notre indifférence à l'égard de Hobbes ne vient pas en somme de ceci :

D'abord, de ce qu'il repousse tous les artifices de séduction laissant voir comme à nu les procédés d'une incomparable dialectique dont la beauté faite seulement de rigueur réclame pour être goûtée une sévère discipline de l'esprit. Ensuite, de ce que vraiment il nous étonne, la lecture des autres philosophes ne nous ayant pas suffisamment accoutumés à concevoir que des pensées profondes peuvent s'exprimer sans obscurité.

Avant d'essayer de faire partager une opinion en opposition formelle avec tout ce dont chacun a été nourri, il n'est pas inutile, je crois, d'observer que Hobbes est un auteur que personne ou à peu près personne ne cultive à notre époque. Si l'on en convient, et il ne semble pas que l'on puisse ne pas en convenir, car il s'agit d'un fait dont la matérialité est indéniable, on devra convenir aussi de ce que sont bien peu nombreux ceux que leur information personnelle autorise à accuser de parti pris ou d'exagération quiconque porte sur Hobbes un jugement qui n'est pas le jugement commun. Dans le procès actuel, c'est le jugement commun fait de parti pris qui doit inspirer la défiance, et non pas celui, pour isolé qu'il soit, dont on promet les arguments.

On doit reconnaître que dans sa patrie, Hobbes ne

d'ordinaire à préconiser des expériences sans intérêt, puériles ou même irréalisables. Toutes les critiques faites par Joseph de Maistres à sa philosophie ne portent pas à faux.

cessa jamais d'être étudié ; on y réimprime encore, en éditions populaires et classiques, les principaux de ses ouvrages ; il a toujours eu en Grande-Bretagne des admirateurs fervents et déclarés : l'un d'eux, au début du dernier siècle, Sir William Molesworth, nous a même donné la seule édition complète que nous possédons de ses œuvres. Il est facile d'apercevoir que Locke et Hume, et, jusqu'à un certain point, Berkeley lui-même (2) procèdent plus ou moins directement de Hobbes pour le meilleur de leurs idées. Enfin, si l'on analyse soigneusement l'esprit de la nation anglaise, on y découvre beaucoup plus que des traces de l'influence de ses conceptions... Ailleurs, il est loin d'en être de même.

En Allemagne, où la pensée philosophique a suivi depuis Kant une orientation de plus en plus métaphysique et romantique, l'influence de Hobbes semble avoir été nulle ; et j'ai déjà montré dans un autre ouvrage que c'est une grave erreur de croire que les théories qui font de la force le fondement du droit (ce terme étant pris ici dans le sens de droit idéal) qu'on a tant reprochées à certains philosophes et publicistes allemands peuvent à quelque titre se rattacher aux conclusions hobbiennes. Nietzsche est à vrai dire l'antipode de Hobbes (3), et, comme je crois l'avoir établi, on doit assigner à ses idées une tout autre origine.

(2) Lire dans G. Lyon (L'Idéalisme en Angleterre au xviiie siècle, Paris, Alcan, 1888) le paragraphe II du chapitre II où est très bien montré comment les germes des doctrines de Berkeley et de Collier sont contenus dans le traité de la *Nature humaine.*

(3). Voir à ce sujet : R. Anthony. La Force et le Droit. Le Prétendu droit biologique. *Bibliothèque de Philosophie contem-*

Chez nous, depuis l'époque des Idéologues où Destutt de Tracy traduisait et donnait sa Logique comme un modèle, Hobbes est singulièrement négligé (4) : les quelques auteurs qui le citent ne le font généralement que de seconde main, et, déforment sa pensée presque toujours. Un très petit nombre de ses écrits ont été anciennement traduits dans notre langue, et, ces traductions qui, jamais depuis la fin du xviii° siècle, n'ont été rééditées sont devenues des livres rares que l'on consulte de moins en moins. Bref, celui qui veut, aujourd'hui, en France, prendre avec Hobbes un contact direct est à peu près dans l'obligation de s'en référer aux textes anglais ou latins, alors qu'il peut lire dans sa langue presque tout ce qu'on écrit les autres grands penseurs du même temps.

Dans l'histoire de la philosophie, le cas de Hobbes est à retenir, car il est, je crois, sans exemple : incom-

poraine. Paris, F. Alcan, 1917. On sait au surplus l'exécution sommaire que Nietzsche faisait de toute la philosophie anglaise et de celle de Hobbes en particulier : « Hobbes, Hume et Locke sont un abaissement et un amoindrissement pour près d'un siècle de l'idée de philosophie ». (Par de là le bien et. le mal. Traduct. L. Weiscopf et G. Art. Paris. *Société du Mercure de France*, 1898, Parag. 252).

(4) Voir cependant ce que Proudhon dit de Hobbes. P.-J. Proudhon : La Guerre et la Paix. Nouvelle édit., Paris, librairie internationale, 1869, T. I, Livre II, Chap. VI.

Parmi les études les plus récentes dont la philosophie de Hobbes a fait l'objet en France, citons : G. Lyon. La philosophie de Hobbes. *Bibliothèque de Philosophie contemporaine*, Paris, F. Alcan, 1893. — A. Hannequin. Etudes d'Histoire des Sciences et d'Histoire de la Philosophie. La philosophie de Hobbes, pages 117-208. *Bibliothèque de Philosophie contemporaine*, Paris, F. Alcan, 1908.

pris le plus souvent, il fut négligé par la plupart, et c'est ainsi qu'il devint peu à peu pour certains un objet de complète indifférence ; parfois aussi mal interprété, il fut violemment combattu par ceux qui, dans les camps les plus opposés, profiteurs ou dupes de sophismes, voyaient ou croyaient voir, à des points de vue divers, dans ses doctrines, des périls à écarter, et c'est ainsi qu'il devint pour d'autres le bouc émissaire des théories qui révoltent nos sentiments humains. On adopte sur Hobbes une opinion toute faite et qui ne répond nullement à celle que l'on devrait en avoir. A n'envisager en effet que notre littérature philosophique française et les écrits de nos publicistes, on constate que, depuis le début du siècle dernier, ses idées se retrouvent partout où la raison tend à prédominer sur les vues de l'esprit.

Ce pourrait être encore l'objet d'un livre complètement neuf, en même temps que d'un puissant intérêt, qu'examiner Hobbes à ce triple point de vue : comme théoricien de la connaissance scientifique, comme moraliste (5) et comme politique. Je n'aborderai ici que la première partie de ce programme. A une époque où la séparation des philosophes et des chercheurs est devenue si profonde, faire revivre les conceptions de Hobbes sur la nature de la connaissance scientifique me paraît répondre à un vrai besoin.

----

(5) J'ai, dans le livre déjà cité [La Force et le Droit. Le prétendu droit biologique (Première partie, Chap. III)], laissé prévoir ce que seraient les conclusions d'une étude attentive de Hobbes envisagé comme moraliste.

*

* *

La tendance d'esprit, bien plutôt que le système, à laquelle, depuis Comte, on s'accorde à donner le nom de positivisme (6) est bien plus ancienne que l'expression de ses vues dans son enseignement et dans ses écrits. Spencer l'établit nettement au troisième chapitre de son livre sur la Classification des Sciences (7), et, Comte lui-même avait su le reconnaître avec la plus entière bonne foi (8). Le doute aujourd'hui n'est pos-

(6) L'expression « *philosophie positive* » serait due à Comte, qui l'aurait construite, si l'on en croit ce qu'il dit dans l'avertissement de la première édition du *Cours de Philosophie positive*. Paris, 1830. C'est inexact. Le terme « *philosophie positive* » avait été employé, et dans la même acception, par Saint-Simon à qui Comte doit beaucoup plus qu'on ne le mentionne généralement (Voir par exemple une correspondance avec M. de Redern qui daterait de 1811. Œuvres de Saint-Simon et d'Enfantin. Paris. E. Dentu, 1868, T. XV de la Collection générale, page 109).

(7) Herbert Spencer : Classification des Sciences. Traduction F. Réthoré, Paris, Germer Baillière, 1881.

(8) Voir Cours de Philosophie positive. Paris, 1830. Avertissement de la première édition : « Il y a sans doute beaucoup d'analogie entre ma *philosophie positive* et ce que les savants anglais entendent, depuis Newton surtout, par *philosophie naturelle* ». Voir aussi *Loco citato*, Première leçon, où il parle « du grand mouvement imprimé à l'esprit humain... par l'action combinée des préceptes de Bacon, des conceptions de Descartes et des découvertes de Galilée » comme marquant « le moment où l'esprit de la philosophie positive a commencé à se prononcer dans le monde, en opposition évidente avec l'esprit théologique et métaphysique ».

Notons que Comte ne mentionne pas ici le nom de Hobbes. Ses œuvres ne figurent pas dans la liste de celles dont il conseille la lecture. Un jour, le huitième du onzième mois (Descartes, La

sible pour personne. Comte est celui qui synthétisa, développa avec une maîtrise incomparable des idées qui à toutes les époques avaient eu leurs représentants ; il fut assez heureux pour les reprendre au moment même où l'esprit humain pouvait les accueillir.

Celui qui voudrait entreprendre la tâche compliquée, mais combien profitable, d'écrire une histoire du positivisme de sa plus lointaine origine à nos jours, devrait en effet remonter jusqu'aux physiciens de l'Ecole Ionienne et à Démocrite pour qui la philosophie se confondait avec la connaissance des corps matériels. De là, suivant l'ordre de la chronologie, il en viendrait à ces fameux sophistes tant décriés et dont l'un, Protagoras, qui est parmi ceux qu'on épargne le moins, passe pour avoir été le premier des relativistes : le peu que nous savons du mouvement des idées, en Grèce, à cette époque, nous permet en tout cas de penser qu'un sensualisme radical avait alors conduit certains philosophes à une forme d'idéalisme qui ne devait, fondamentalement du moins, guère différer de celle de l'idéalisme berkleyien au xviiiᵉ siècle (9) ; et, il me paraît hors de doute, sans avoir besoin d'entrer à ce sujet en de longs développements, que l'idéalisme est la seule attitude que puisse tenir un esprit vraiment positif en pré-

philosophie moderne) lui est cependant consacré dans le calendrier positiviste, et, comme, ailleurs, il le cite et le discute, on peut tenir pour assuré qu'il le connaissait, peut-être même de première main, au moins dans certaines parties de son œuvre.

(9) Voir à propos de Protagoras en tant que précurseur du positivisme moderne : Flint. Antitheistic Theories, 1879. Ern. Laas : Idealismus and Positivismus, Berlin, 1883, ainsi qu'un article paru l'année suivante dans la *Revue trimestrielle de Philosophie scientifique* publiée par Avenarius.

sence du problème si souvent débattu de l'existence en soi du monde extérieur. Puis, en passant par Aristote, l'auteur que j'ai supposé en viendrait à cette période de soi-disant obscurité du Moyen-Age et qui devrait longtemps le retenir ; car, outre ceux qui, comme Roger Bacon, en plein treizième siècle, tentaient déjà d'ouvrir la voie à l'observation et à l'expérience, il y rencontrerait la longue suite des Nominalistes qui furent vraiment, dans ces régions occidentales, et pour notre civilisation moderne, les promoteurs et les initiateurs des conceptions positives.

Les Nominalistes avaient en eux ce qu'il fallait pour nous apprendre bien des choses que nous avons mis plusieurs siècles à savoir. Les préoccupations de leur temps dont il leur fut impossible de se dégager les ont entraînés dans la discussion de questions purement théologiques ; nous devons le regretter d'autant plus qu'à travers ces débats stériles nous apercevons aujourd'hui tout ce qu'ils auraient pu dire s'ils eussent librement abordé d'autres sujets.

On a donné le qualificatif de nominalistes à ceux qui, dans les Ecoles du Moyen-Age, soutenaient que les genres n'ont aucune existence propre et que les noms qui les expriment représentent seulement les collections des individus, simples *flatus vocis* pour les uns, suivant l'expression connue de Roscelin, pures conceptions de l'esprit pour les autres (10).

Cette attitude prise par certains penseurs, dans la querelle dite des Universaux, n'était d'ailleurs pas nou-

(10) Le conceptualisme d'Abélard doit à mon sens être regardé non comme une atténuation, mais comme une explication du Nominalisme proprement dit.

velle. Longtemps avant le onzième siècle, en Grèce, la question des genres et des espèces avait agité les milieux philosophiques : un passage souvent cité de l'Isagoge de Porphyre nous apprend que le problème du Réalisme et du Nominalisme fut dans l'antiquité posé dans les mêmes termes (11).

Mais être nominaliste n'est en somme qu'un résultat et une conséquence d'une certaine manière de penser qui consiste à ne faire état que des renseignements que les sens procurent. En d'autres termes, le Nominalisme suppose le Sensualisme. Et c'est du Sensualisme que dérivent à n'en pas douter, non seulement le Nominalisme de Roscelin et d'Occam, le conceptualisme d'Abélard, l'empirisme de Locke, mais bien aussi l'idéalisme de Berkeley et notre positivisme actuel. On retrouve en effet la tendance d'esprit qui conduit au nominalisme à l'origine des conceptions positives de tous les temps. Newton fut, on le sait, nominaliste ; et il est bien certain que, mis en face des questions qui s'agitaient au Moyen-Age, tout esprit scientifique moderne ne pourrait que se le déclarer.

Mais voici que l'historien que j'ai supposé en arrive au grand mouvement intellectuel du début du xvii⁰ siècle ! Celui qu'il voit alors s'occuper à définir la science et à s'en faire le théoricien, à la construire même, au moins dans l'une et la plus complexe de ses branches (12), est un philosophe qui fait encore si ouver-

(11) Voir pour le nominalismo avant Roscelin : Karl Prantl, *Geschichte der Logik im Abendlande*, 4 vol. 2⁰ édit. Leipzig, 1885.

(12) Dans l'Epttre dédicatoire du *De Corpore*, au Comte de Devonshire, décrivant l'état des Sciences en son temps, Hobbes

tement et si catégoriquement profession de nominalisme qu'il nous semble à certains égards un cham-
pion attardé des luttes de jadis.

§ I. — *Les limites de la Philosophie.*
L'objet de la Science.

Occam, le rénovateur du nominalisme au xIv° siècle,
restreignait aux seuls corps matériels les limites de nos
spéculations. C'est cette conception que Hobbes reprend
et dont il fait le point de départ de toute sa théorie de
la Science.

D'abord, il ramène la Philosophie à la Science, puis
il donne à cette dernière pour seul et unique objet les
corps et leurs accidents, c'est-à-dire les seules données
de l'observation et de l'expérience.

Au Chapitre premier de la Logique intitulé *de Philosophia* (13), est énuméré en détail tout ce que la Philosophie, c'est-à-dire la Science, rejette ainsi de son sein,
C'est d'abord la Théologie ou Doctrine de la nature et
des attributs de Dieu ; c'est ensuite la doctrine des Anges
et d'une façon générale toute doctrine qui naît de l'inspiration ou de la révélation ; c'est ensuite encore, l'Astrologie dont les bases positives sont décidément aux
yeux de notre philosophe insuffisamment solides, puis
l'Histoire tant naturelle que politique, pour des motifs

dit ceci : « La Physique est donc une chose toute nouvelle. Mais
la Politique l'est encore bien plus. Elle n'est pas plus ancienne
que mon *De Cive*. Je le dis hardiment, etc... ».

(13) Élément. philosoph., sect. prima. *De Corpore*. P. 1.
Logica.

tout autres qui tiennent, non plus à l'objet, mais à la nature de la connaissance scientifique (14) ; c'est enfin la doctrine du Culte de Dieu qui n'appartient qu'à la Foi.

Avec Hobbes la philosophie est donc en définitive réduite à la Physique (15). Et c'est chez lui, non une simple conception intuitive des choses, mais une conclusion explicite dont on ne saurait trop soigneusement noter la hardiesse chez un auteur du début du xviie siècle.

§ II. — *La définition et la méthode d'acquisition de la Science.*

« La philosophie, dit Hobbes, est la connaissance acquise par le droit raisonnement des effets ou phénomènes d'après les causes ou générations que l'on en conçoit, et réciproquement des générations possibles d'après les effets constatés » (16).

Je ne crois pas que, même aujourd'hui, il soit possible de donner de la Science une meilleure et plus complète définition. L'analyse montre que sur tous les points elle est rigoureusement inattaquable.

Il est posé d'abord que la science est une connaissance de causes et d'effets.

(14) Voir page xxi.

(15) A. Hannequin, *loco citato*, p. 122, insiste comme il convient sur ce fait très important.

(16) « Philosophia est effectuum sive phenomenών ex conceptis corum causis seu generationibus, et rursus generationum quæ esse possunt ex cognitis affectibus per rectam ratiocinationem acquisita cognitio ». *Logica*, I. 2.

A notre époque, il est courant d'entendre professer que la recherche des causes génératrices des phénomènes ne saurait intéresser la science . Ceux qui soutiennent cette opinion s'autorisent peut-être d'une phrase d'Auguste Comte où il est dit qu'en poursuivant les causes génératrices « nous ne ferions jamais que reculer la difficulté ». Mais est-ce déjà si peu de choses que reculer la difficulté ! Et que faisons-nous de plus chaque fois que nous résolvons un problème, puisqu'il est bien entendu que le champ de nos spéculations ne saurait être sans limites. Lorsque l'on parle de poursuivre la génération des phénomènes, il ne pourrait en effet être question de vouloir remonter de cause en cause jusqu'à des causes premières dont la recherche ne saurait en effet appartenir à la Science, sans l'ombre possible d'une discussion, mais bien tout simplement de déterminer leurs causes efficientes immédiates, et, il ne saurait davantage être question d'envisager ces dernières comme les agents effectifs d'un mécanisme existant en dehors de nous, mais bien seulement comme les représentations des conceptions qui expriment les relations que nous voyons entre les faits élémentaires que notre cerveau élabore aux dépens de nos perceptions.

Nous ne pouvons imaginer le monde autrement que comme s'il y avait des causes (c'est la forme même de l'entendement humain), et sans prétendre que ces causes existent en fait, qu'elles existeraient s'il n'y avait pas de cerveaux humains pour les concevoir, sans même vouloir examiner la question de leur existence propre, nous devons reconnaître que, pour notre esprit, tout se passe comme si elles existaient. Hobbes est donc ici dans la note juste : la Science étant un produit de l'intellect humain ne peut être définie en faisant abstraction dès l'abord d'une des propriétés les plus essentielles de l'intellect humain, c'est-à-dire de notre concept naturel de mécanisme.

Mais, il est posé d'autre part que la Science n'est pas la connaissance des effets réels et des causes réelles des phénomènes, qu'elle est celle de leurs causes et de leurs effets conçus possibles ; cette distinction est fondamentale. Soit par exemple une figure géométrique ; il n'est pas du ressort de la science de rechercher la façon dont, dans le cas particulier, elle a été construite, mais celle dont certainement elle aurait pu l'être. De même, étant donnée une cause déterminée conçue par notre esprit, il n'est pas davantage du ressort de la science de travailler à découvrir l'effet que cette cause a produit en agissant à un certain moment, mais bien d'essayer de prévoir tous les effets qu'elle est susceptible de produire. Et, c'est en se fondant sur cette distinction que Hobbes rejette l'Histoire du corps de la Philosophie, comme il a été vu au paragraphe I. La connaissance de l'Histoire n'est qu'une connaissance de faits ; les documents de l'Histoire ne sont que des matériaux de Science. Un exemple emprunté au domaine de nos investigations modernes en Biologie contribuera à bien faire saisir cette différence que Hobbes veut si nettement marquer du point de vue historique et du point de vue scientifique intégral. Supposons qu'un investigateur se trouve par quelque moyen difficile à imaginer mis en mesure de suivre à partir des chevaux actuels toutes les générations antérieures de chevaux, et, cela, si loin dans le temps qu'il puisse voir se dérouler devant ses yeux, dans l'ordre inverse de celui de leur succession, les changements morphologiques subis par l'animal qui est finalement devenu le cheval actuel. Il connaîtra ainsi l'*histoire du cheval* de la même façon que nous connaissons celle des événements qui ont agité un Etat, soit que nous ayons vu ses événements, soit qu'on nous les ait racontés, soit que nous les ayons lus dans les livres, soit en somme que de façon quelconque nous les ayons appris. C'est à cette sorte de connaissance que Hobbes refuse le nom de Science, bien qu'elle en constitue le fondement (17).

Si l'on observe que la connaissance des causes et des effets réels ne saurait pouvoir, puisqu'elle n'est qu'une connaissance de faits, dépasser les limites du particulier et du contingent, on comprend *de plano* que définir la Science la connaissance des causes et des effets conçus possibles pose par cela même le déterminisme et la nécessité dont Hobbes formule le principe en des termes dont l'énergie n'a jamais été dépassée, fondant ainsi notre notion moderne de lois invariables et universelles qui est la base même de la Science.

Et de cette conséquence en résulte une autre. La nécessité et le déterminisme universels impliquent un enchaînement si étroit des phénomènes qu'il s'ensuit que la Science est une, les divisions que nous y apportons n'ayant d'autre valeur que celle de nous permettre de classer les éléments de notre savoir, Hobbes a-t-il

(17) Ce que nous appelons communément l'Histoire est un ensemble de matériaux dont l'élaboration aboutit à la Science sociologique.

Notons aussi que l'on entend de préférence par faits historiques des faits révolus connus par témoignages. Dans l'expression Histoire naturelle cependant, Histoire veut simplement dire un ensemble de faits.

vu cette unité de la Science ? Oui, sans aucun doute, on peut hardiment l'affirmer. C'est même à cela que tend directement toute sa doctrine de la connaissance scientifique. Il n'y a manifestement pour lui qu'une seule Science, c'est la Physique dont toutes les Sciences diverses ne sont que comme les parties d'un tout. Et, s'il ne s'attarde pas aussi longuement que notre habitude des développements modernes sur ce sujet peut nous le faire désirer à cette conséquence de ses prémisses, c'est sans doute qu'il la considère comme obligatoire et hors de discussion. En nous conduisant, par la seule déduction, des données acquises par l'observation et l'expérience, données encore bien peu nombreuses en son temps, à tant de vérités générales que nos investigations directes ne sont venues plus tard que confirmer, il a donné de l'unité de la Science la plus éclatante illustration.

De ce que la Science est la connaissance des causes et des effets conçus possibles, et non celle des causes et des effets réels, il résulte encore qu'elle doit nécessairement avoir une méthode d'acquisition essentiellement différente de celle de la simple connaissance des faits. La définition de Hobbes contient explicitement l'indication de cette méthode (la science est la connaissance acquise par le droit raisonnement etc...).

De même que les objets de la Science, nous dirons ses matériaux premiers, sont les corps et leurs accidents, son instrument ne peut être en effet que la raison humaine. « La Philosophie dont j'entreprends de mettre en ordre les éléments, dit-il dans sa préface aux lecteurs du *De Corpore*, est fille de votre Intelligence et de l'Univers ». Mais, comme un terrain en jachère ne

produit que de mauvais fruits, la raison abandonnée à
elle-même ne saurait aboutir qu'à une connaissance
imparfaite ; pour qu'elle conduise à la vraie science,
l'esprit doit suivre certaines règles, se plier à une méthode « qui fasse, dit Hobbes poursuivant une comparaison par laquelle sa Logique débute, l'effet de la précaution de semer et de planter (18) ». La Science ne
peut s'acquérir que par le droit raisonnement « *recta
ratiocinatio* ». Et, comme raisonner n'est autre chose
que se livrer à un calcul de mots (19), il suffit de ne
pas se tromper dans ses calculs. C'est en suivant les
règles de la Logique que nous pourrons y parvenir.

La valeur de cette distinction entre les causes et les
effets conçus possibles et les causes et les effets réels
ressortira mieux encore lorsque nous aurons examiné
l'origine que Hobbes assigne à la connaissance scientifique. Suffise de noter ici que c'est sur cette distinction
qu'il se base pour différencier la Sagesse ou Sapience,
conséquence de la Science, de la simple Prudence qui
elle ne dérive que d'une longue expérience, d'une bonne
mémoire et de l'exercice d'une raison naturelle inculte.

(18) « La philosophie me paraît aujourd'hui chez les hommes,
comme l'on raconte qu'étaient autrefois, dans la nature, le blé
et le vin. Car, au commencement des choses, on voyait épars dans
les campagnes quelques ceps de vignes et quelques épis ; mais
on ne plantait ni ne semait... De même la Philosophie, c'est-à-
dire la *raison naturelle*, est innée dans tous les hommes, car chacun raisonne jusqu'à un certain point et sur quelques sujets mais
lorsqu'une longue suite de raisonnements devient nécessaire, la
plupart divaguent et s'égarent faute d'une bonne méthode qui
fasse l'effet de la précaution de semer et de planter... » *Logica*,
I, 1. Traduction Destutt de Tracy.

(19) Voir au Chapitre IV du Léviathan le rôle essentiel du
Langage dans l'exercice de la Raison.

§ III. — *L'origine de la Science.*

Sa conception de l'objet de la Science eût fort bien
pu conduire Hobbes envisageant la question de son origine chez l'individu (et de son temps on ne pouvait autrement concevoir le problème) à un empirisme franc.
Peut-être avait-il songé à cette solution (de la lecture de
ses ouvrages, il ressort nettement en tout cas qu'il n'avait
pas été sans la prévoir) ; mais, de la définition qu'il
donne de la Science au début de sa Logique, il ressort
nettement aussi qu'il ne s'y était point arrêté, aperce-
vant sans doute l'invincible objection qu'elle soulève.
Cette objection dont plus tard aussi ne pouvait manquer
de se rendre compte le métaphysicien Leibnitz (20), et
cela précisément peut-être parce qu'il était métaphysicien, c'est-à-dire rompu par nécessité de discipline aux
finesses de la dialectique, me paraît aujourd'hui pouvoir
se formuler en ces termes de langage moderne : toute
connaissance est un résultat de systématisation opérée
par le cerveau des données acquises de l'observation et
de l'expérience. La connaissance générale est une systématisation en fonction de ce principe ou concept : ce qui
est certaines fois sera en des circonstances semblables
(principe du général et du nécessaire qui est la base de
l'induction). La connaissance scientifique d'autre part,
espèce de la connaissance générale, est une systématisation en fonction du principe dit de causalité qui dérive

---

(20) *Nihil est in intellectu quod non prius fuerit in sensu,*
disaient les empiristes.... *Nisi ipse intellectus,* ajoutait Leibnitz.

du rapprochement de ces deux principes, d'abord celui
du général et du nécessaire, ensuite celui de mécanisme
qui peut s'énoncer ainsi : parmi les circonstances qui
accompagnent un événement certaines le déterminent.
Admettre que pour un individu donné ces deux principes du général et du nécessaire d'une part, du mécanisme de l'autre résultent de l'observation et de l'expérience est dire que ce qui permet la connaissance scientifique en est en même temps le résultat (21). La solution empirique de l'origine du problème de la connaissance générale *sensu lato* chez l'individu contient donc
nécessairement un cercle vicieux que l'esprit extraordi-
nairement vigoureux de Hobbes ne pouvait pas ne pas
apercevoir.

Aussi distingue-t-il avec soin entre l'objet de la Philosophie (22) et la Philosophie elle-même qui ici n'est à
vrai dire que la faculté de philosopher, en d'autres termes cette raison humaine que nous avons vu être l'instrument même de la Science. La Raison ne saurait être
pour Hobbes individuellement acquise, l'homme la
possède naturellement ; elle est aujourd'hui en lui
« comme l'on raconte qu'étaient autrefois dans la nature
le blé et le vin » (23), avant que l'on eût songé, pour en
tirer usage, à planter la vigne et à semer le blé. Et, ceci
n'est nullement en contradiction avec ce que l'on lit
au début du Léviathan (24) où l'auteur semble s'expri-

(21) Les idées que j'expose brièvement ici seront ultérieure-
ment développées dans un travail d'ensemble que je compte con-
sacrer à l'étude de la connaissance scientifique.

(22) *Logica*, I, 8.

(23) *Logica*, I, 1. Trad. Destutt de Tracy, Voir citation page
XXIV, note 18.

(24) *Leviathan*, Chap. I.

mer en pur empiriste : « Il n'est, dit-il, aucune conception de l'esprit humain qui primitivement ne provienne totalement ou par parties des organes des sens ». Le mot conception désigne ici sans aucun doute un élément de connaissance.

La notion d'Evolution organique et celle d'Adaptation que Hobbes ne pouvait avoir, mais qui nous sont familières aujourd'hui, nous font maintenant comprendre l'association possible du sensualisme et de l'innéisme chez ce grand génie visionnaire des progrès futurs de la pensée humaine.

Les matériaux premiers de la connaissance sont les données des sens. Ils ne peuvent être qu'individuellement acquis, soit de façon directe, c'est-à-dire par l'observation personnelle, soit de façon indirecte, c'est-à-dire par la tradition au sens large du mot.

L'agent de construction de l'édifice de la connaissance que nous voyons s'accroître au cours des générations successives est le cerveau de chacun, qui, puisqu'il construit, possède nécessairement certaines propriétés dynamiques qui l'en rendent capable, certains moyens de construire ; de la nature de ces moyens dépend le type de la connaissance élaborée. Les propriétés dynamiques du cerveau d'un homme pris en particulier constituent dans leur ensemble sa façon particulière de penser qui lui est naturelle, et, je veux dire par là qu'indépendamment de toute acquisition individuelle une certaine façon de penser arrive au cerveau d'un homme. Mais les différentes façons de penser particulières des divers hommes, leurs formes différentes et particulières de raison ont en commun quelque chose que l'on peut appeler la façon humaine de penser qui est un caractère de valeur adaptative comparable au fait morphologique d'avoir cinq doigts ou au fait physiologique de marcher sur les deux extrémités postérieures qui est la façon humaine de marcher, dans laquelle rentrent les façons particulières de marcher des différents hommes. Elle a en effet contribué pour sa part à faire qu'il existe des hommes, qu'ils ont persisté en tant qu'hommes et qu'ils persistent encore. La conception du général et du nécessaire sans laquelle aucun homme ne pourrait subsister, puisque n'aboutissant à d'autre connaissance que la particulière il serait même incapable de prudence, entre au premier chef dans la façon humaine de penser ; et, il en est de même de notre concept de mécanisme. L'individu tient donc ces concepts d'où procède la science, puisqu'en dérive le postulat causal qui en est le fondement, de ses ancêtres chez qui, comme les autres caractères naturels, ils se sont développés sous l'influence des circonstances et suivant un processus qui dans le cas particulier reste à déterminer. Et la Logique vue en elle-même est le résultat des progrès incessants que réalise l'entendement humain s'adaptant de mieux en mieux aux conditions de la vie humaine. De même qu'on développe ses muscles par le travail, on développe la Logique en soi par l'exercice, et, ainsi, au cours des générations, se poursuit la spécialisation intellectuelle. Envisagée en tant que connaissance, la Logique est celle des résultats accumulés de l'expérience acquise au cours des siècles par l'entendement humain s'appliquant à interpréter les données des observations et des expériences humaines. Envisagée en tant qu'art d'application, elle est celui d'utiliser l'entendement humain à l'édification de la Science.

Sans doute Hobbes ne pouvait en son temps concevoir les choses de cette manière, mais en subordonnant toute connaissance générale à la préexistence d'une raison naturelle, il eut l'intuition de génie qui le sauva de l'erreur où tant d'autres après lui sont tombés.

Spencer, en possession pourtant de la notion d'Evolution et se rendant exactement compte de ce qu'elle était la clef du problème de l'origine de la connaissance chez l'individu, ne réussit qu'incomplètement encore à résoudre ce problème lorsqu'il le reprit deux siècles plus tard. Son insuccès partiel vint précisément de ce que, moins perspicace que Hobbes des écrits duquel il était peut-être insuffisamment au courant, il ne sut pas distinguer aussi clairement que lui entre la connaissance elle-même et son indispensable instrument.

§ IV. — *Le but ou la fin de la Science. Son utilité.*

L'étude de la Nature, dit Auguste Comte, est la véritable base de l'action que nous pouvons exercer sur elle, puisque de la connaissance des lois résulte que nous pouvons prévoir les phénomènes et que cela seul évidemment permet d'essayer de les modifier à notre avantage. « *Science d'où prévoyance, prévoyance d'où action.* Telle est la formule très simple qui exprime d'une manière exacte la relation générale de la Science et de l'Art » (25).

Comte cependant se défend de considérer la Science

(25) Auguste Comte : Cours de Philosophie positive, leçon 2.

comme ayant pour destinée unique de fonder les arts c'est-à-dire de servir à l'industrie ; sa destination la plus directe et la plus élevée est à ses yeux de satisfaire au besoin fondamental qu'éprouve notre intelligence de connaître les lois des phénomènes.

Hobbes prend dans la question une position plus catégoriquement utilitaire. Il examine d'abord quel est le but de la Science, ensuite quelle est son utilité.

Le but de la Science « est, dit-il (26), de tourner à notre avantage les effets prévus, ou, lorsque nous avons connu que des effets se produisent par l'action des corps les uns sur les autres, de produire artificiellement des effets semblables pour les usages de la vie humaine ». Et la Science n'a pas d'autre fin, car le plaisir que donne la découverte de vérités même très cachées n'est pas une récompense suffisante aux grands efforts qu'exige l'étude de la Philosophie. « La Science n'est bonne que pour augmenter la puissance. Faisons comme les géomètres les théorèmes pour les problèmes, c'est-à-dire pour savoir construire ».

Quant à son utilité il suffit pour s'en rendre compte d'apercevoir les avantages que les hommes en retirent, ou pourraient en retirer, principalement en ce qui regarde la Morale ou la Politique.

A vrai dire, je crois que la question posée ne peut être résolue sans avoir été dissociée préalablement.

Il faut considérer séparément l'effet de la Science, le but que poursuit celui qui la cultive, et enfin son utilité générale c'est-à-dire le motif pour lequel on doit en préconiser l'étude et l'encourager.

(26) *Logica*, Chap. I. 6. Traduction Destutt de Tracy.

L'effet de la Science est sans aucun doute de fonder les Arts.

Celui qui la poursuit envisage quelquefois un but utilitaire ; mais le plus souvent il ne cherche qu'à satisfaire son besoin de connaître ; et il est heureux qu'il en soit ainsi, car il est surabondamment établi par l'expérience que plus les études sont désintéressées, plus elles ont de chances de porter de fruits et qu'aucune découverte utile à l'humanité n'a jamais pour ainsi dire été réalisée par qui s'était mis au travail avec le propos délibéré d'y parvenir. Notons au surplus que cela résulte de la Nature même de la Science : les applications utiles à l'homme ne peuvent jamais couler directement que de conclusions très particulières qui se dégagent en quelque sorte d'elles-mêmes lorsque sont connues toutes les conclusions plus générales dont elles dépendent ; et leur dépendance par rapport à ces conclusions plus générales fait qu'il nous est impossible d'y parvenir immédiatement.

Enfin, nous devons préconiser la poursuite de la Science et l'Etat doit l'encourager parce que c'est elle seule qui nous permet, comme le disent Hobbes et Comte, presque dans les mêmes termes, d'essayer de tourner à l'avantage humain les phénomènes naturels. C'est à cela et rien qu'à cela que, comme le dit Hobbes, la Science est bonne.

§ V. — *La classification des Sciences.*

Au début de la deuxième leçon de son Cours de Philosophie positive, Comte écarte et condamne d'un mot les tentatives faites avant lui pour classer les branches diverses du savoir humain ; les deux seuls noms qu'il cite, parmi tous ceux de ses nombreux devanciers, sont celui de Bacon et celui de d'Alembert dont les classifications furent basées, comme l'on sait, sur la distinction des qualités de l'esprit ; il s'attache, et y parvient sans peine, à en faire ressortir le vice fondamental. Mais il ne semble pas avoir connu, du moins il ne mentionne pas la classification de Hobbes ; et l'on peut affirmer que s'il en eût tenu compte, il ne lui eût pas été si facile de condamner sommairement et en bloc l'ensemble de ses prédécesseurs.

Les mérites universellement reconnus de la classification des Sciences d'Auguste Comte consistent principalement en ceci :

1° Elle est basée sur les caractères mêmes des objets à classer, c'est-à-dire des Sciences.

2° Elle est l'expression du fait fondamental qui résulte de la comparaison de ces objets et qui est le suivant : les Sciences dépendent logiquement les unes des autres, les moins générales et les plus complexes des plus générales et des moins complexes. Et par là, la classification d'Auguste Comte s'accordant avec l'ordre historique de la constitution des Sciences, indique en même temps celui dans lequel il convient de les étudier.

3° Elle distingue l'Art ou application de la Science proprement dite, c'est-à-dire l'action de la spéculation.

Examinée dans ses détails, la classification d'Auguste Comte n'est pas à l'abri de toute critique (27).

(27) Voir Herbert Spencer (Classification des Sciences. Traduc-

Mais, il demeure que son principe s'impose ; et quelle que soit la façon dont Comte l'ait appliqué, il est en tous cas certain que les Sciences ne doivent ni ne peuvent être classées suivant un autre principe que le sien, c'est-à-dire autrement que d'après leurs objets et suivant l'ordre de généralité décroissante et de complexité croissante de ces objets.

La classification des Sciences de Hobbes est exposée, comme on le verra, au Chapitre IX du Léviathan. L'édition anglaise comporte un tableau que ne contient pas l'édition latine ; il y est remplacé par un texte très explicite. Les deux éditions se complètent ; mais l'édition latine postérieure de dix-sept ans offre des modifications de détail qui sont toujours heureuses.

Tout d'abord, et conformément à sa conception ci-dessus exposée de l'objet de la Science (28), Hobbes sépare soigneusement la connaissance des faits de celle de leurs conséquences et de leurs causes conçues possibles, la première étant l'histoire (naturelle et civile) et la seconde seule étant la Science. « De ce que les corps, dit-il, sont le sujet des Sciences, il s'ensuit que la Science doit être subdivisée en espèces de la même façon que les corps le sont en les leurs, c'est-à-dire, les plus universels précédant les moins universels. L'universel est en effet essentiel au particulier ; il s'ensuit donc que la Science de l'universel est essentielle à la Science du particulier, et cela au point que ce dernier ne peut

tion F. Réthoré, Paris, Germer Baillière, 1881). On connaît ses critiques relativement à la position de l'Astronomie parmi les sciences abstraites.

(28) Voir pages xviii et xix.

être compris qu'à la lumière du premier (29) ». Chacun reconnaîtra ici le principe même de Comte énoncé dans les termes les plus nets et les plus catégoriques : la nécessité de classer les Sciences d'après leurs objets et suivant l'ordre de généralité décroissante de ces objets.

Voyons maintenant les détails de l'application de ce principe par le philosophe anglais.

La plus générale de toutes les Sciences est pour Hobbes celle qu'il appelle la *Philosophie première* et qui répond à cette question : qu'est-ce que la grandeur ? qu'est-ce que le mouvement ? Viennent ensuite les *Mathématiques* (*Géométrie* et *Arithmétique*), puis la *Mécanique* qu'il divise en Sciences des *Architectes* et des *Ingénieurs* (30). Telle est une première section des Sciences : elle comprend celles des conséquences des accidents communs à tous les corps naturels, quantité et mouvement.

La seconde section des Sciences est représentée par la *Physique*, Science des conséquences des qualités. Elle comprend successivement l'*Optique*, la *Musique* (31), l'*Astronomie* (32), la *Météorologie* (33), ce

(29) « Quoniam autem subjecta scientiarum sunt corpora, distribuenda est in species, eodem modo quo distribuuntur in suas species corpora ipsa, id est, ita ut universaliora minus universalibus antecedant. Universalia enim specialibus essentialia sunt, et proinde universalium scientia essentialis est scientiae specierum, adeo ut haec, nisi per illorum lucem, percipi non possint ». *Leviathan.* Chap. IX, Edition latine.

(30) L'édition anglaise (1651) ajoute ici la Science des navigateurs qui n'est pas nommée dans l'édition latine.

(31) Dans l'édition anglaise, l'Optique, conséquences de la vision, la Musique, conséquences des sons sont placées avec les conséquences de toutes les autres sensations dans le paragraphe

que nous avons appelé depuis la *Minéralogie*, la *Botanique*, la *Zoologie* (34), et, enfin les Sciences qui naissent de l'observation de l'Homme, à savoir l'*Ethique*, la *Logique*, la *Rhétorique* (35), et, enfin la *Politique* ou *Philosophie civile* (36) c'est-à-dire ce que nous appelons aujourd'hui la *Sociologie* (37).

L'ordre de cette énumération concorde parfaitement avec celui de la hiérarchie des Sciences abstraites d'Auguste Comte comme permet de l'apprécier le tableau résumé suivant :

qui répond à ce qui est désigné plus loin sous le nom de Zoologie.

(32) Dans l'édition anglaise, l'Astronomie, ainsi que la Géographie qui n'est plus mentionnée dans l'édition latine, sont réunies sous le nom de Cosmographie et placées immédiatement après l'Arithmétique.

(33) Dans l'édition anglaise, après la Météorologie viennent la Sciographie, conséquences de la lumière des étoiles et des mouvements du soleil, et, l'Astrologie, conséquences de l'influence des astres. On remarquera qu'en 1655, date de la première édition du *De Corpore*, l'Astrologie avait déjà été éliminée de la série des Sciences.

(34) « Item a contemplatione partium telluris, qualia sunt *mineralia, vegetabilia* et *animalia*, totidem oriuntur scientiae particulares ». *Leviathan,* Chap. IX, Edition latine.

(35) Dans l'édition anglaise, à la Logique et à la Rhétorique, conséquences du langage dans le fait de raisonner et de persuader, s'ajoutent la Poésie, conséquences du langage dans le fait de glorifier, de dénigrer; etc..., et la Science du juste et de l'injuste, conséquences du langage dans le fait d'établir des contrats.

(36) Dans l'édition anglaise, la Politique ou Philosophie civile est opposée à l'ensemble de toutes les autres sciences réunies sous le nom de Philosophie naturelle.

(37) Notons en passant que nos auteurs modernes qui ne manquent jamais de citer les classifications des Sciences de Bacon, de d'Alembert, d'Ampère et, même, de J. Bentham semblent complètement ignorer celle de Hobbes.

Tableau de la hiérarchie des Sciences
d'Auguste Comte.

	D'après le Cours de Philosophie positive.	Modifié par L. Manouvrier (38).
	Mathématiques	*Mathématiques*
Sciences des corps bruts.	*Astronomie* *Physique* *Chimie*	*Physique* *Chimie*
Sciences des corps organisés	*Physiologie* *Sociologie*	*Biologie* *Sociologie*

Un certain nombre de critiques de détail pourraient sans doute être adressées à la classification des Sciences que Hobbes propose. Mais beaucoup d'entre elles sont imputables à l'état des connaissances humaines en son temps, d'autres sont par avance réfutées par lui-même. Ainsi par exemple, on pourrait dire que, bien qu'il distinguât nettement, et ainsi qu'il a été vu plus haut, l'application de la connaissance, Hobbes mélange dans sa classification les Arts et les Sciences lorsqu'il énumère, parmi ces dernières, la science des ingénieurs, celle des architectes, et enfin la musique qui pour nous entre évidemment dans les Beaux-Arts. Il faut d'abord remarquer que la Science des ingénieurs et celle des archi-

(38) L. Manouvrier : Classification naturelle des Sciences. Position et programme de l'Anthropologie. *Assoc. française pour l'Avancement des sciences.* Paris, 1889. Dans ce travail fondamental, l'auteur montre le caractère spontané, impersonnel et logiquement parlant nécessaire de la distinction de l'art et de la science. Postérieurement à 1889, L. Manouvrier est revenu à maintes reprises sur la question de la classification naturelle des Sciences.

tectes sont, dans l'édition anglaise, comprises sous le nom de Mécanique (et l'auteur ajoute en subscription : Doctrine de la pesanteur) ; dans l'édition latine, le texte montre clairement qu'il s'agit ici des sciences nécessaires aux ingénieurs et aux architectes (sciences que l'auteur ne savait peut-être pas comment dénommer) et non pas de l'art particulier qui dérive de ces sciences. Le mot *Science* est ici intentionnellement employé dans sa signification la plus précise (39). Et quant à ce qui concerne la Musique, il est clair que, du temps de Hobbes, on n'en séparait guère le peu d'Acoustique qui pouvait être connu.

Sans doute, conviendrait-il de soumettre cette classification des sciences à une plus longue discussion. Pour ne pas dépasser les limites du cadre de cette courte étude je me bornerai à cette seule remarque : c'est, somme toute, au xvii° siècle avec Hobbes, et non pas au xix° avec Comte, que s'est constituée la Science des phénomènes sociaux. « La Physique est une chose toute nouvelle (et elle l'était en effet de son temps), dit-il, dans l'Epître dédicatoire du *de Corpore* au Comte de Devonshire, mais la Philosophie politique l'est encore bien plus. Elle n'est pas plus ancienne que mon ouvrage *du Citoyen*. Je le dis hardiment etc. (40) ». Hobbes apparaît clairement, et il en a pleine conscience, comme étant le premier qui ait songé à baser cette science sociale, notre sociologie d'aujourd'hui, sur les Sciences physiques (Physique proprement dite et Biologie) qu'il appelait Philosophie naturelle, à montrer qu'elle

---

(39) « Motuum autem visibilium scientia eorum est qui machinarum, ædificiorum secreta contemplati sunt ». *Leviathan,* Edition latine.

(40) Traduction Destutt de Tracy.

en dérive et en dépend. Enfin, dans cet ordre de spéculation, il dépasse souvent nos sociologues modernes : il a vu par exemple, ce qu'Auguste Comte n'a pas su voir, qu'expliquer l'origine des sociétés humaines par cette sociabilité de l'Homme dont depuis Aristote on s'était toujours contenté est antiscientifique et se payer de mots ; en dépit de sa fiction du Léviathan, animal artificiel créé par l'art humain (fiction si souvent mal comprise, mais dont le seul mot *artificiel* explique clairement le sens), il n'est pas tombé non plus dans cette erreur commune, vestige dans nos esprits modernes de l'hylozoïsme antique, de voir les sociétés, les états comme des organismes qui naissent, se développent et meurent suivant un cycle comparable à celui de l'existence des individus ; il a su y reconnaître des institutions humaines que l'homme qui juge et délibère établit et modifie suivant ses besoins, perfectionne quand il en est capable et parfois, quand il juge mal, ce qui trop fréquemment arrive, laisse péricliter... Je m'en tiendrai là voulant limiter cette étude à l'examen de points de vue très généraux.

En résumé, le bilan de l'œuvre de Hobbes théoricien de la connaissance scientifique peut se clore de la façon qui suit :

Il a ramené la Philosophie à la Science. Il a assigné à cette dernière pour seul et unique objet les corps et leurs accidents, c'est-à-dire les données de l'observation et de l'expérience, en éliminant ainsi la Théologie et la Métaphysique. La philosophie est déjà pour Hobbes purement et simplement la Physique.

Il a défini la Science, la connaissance des effets et des causes non pas réels mais possibles des phénomènes, en distinguant ainsi l'Histoire et fondant d'autre part notre notion de lois invariables et universelles.

Il a, par toute son œuvre, démontré l'unité de la Science.

Il a su distinguer de ses matériaux, les faits, son instrument nécessaire, la Raison humaine, et, de la récolte de ses matériaux, les procédés de son édification, devançant ainsi les conclusions qu'impose, en ce qui concerne le problème de l'origine de la connaissance, l'interprétation rigoureuse de la notion d'Evolution.

Il a mis en pleine lumière le rôle du Langage et par conséquent de la Logique dans l'édification de la Science.

Il a montré que la fin et le but de la Science étaient de fonder les Arts, d'augmenter la puissance de l'Homme.

Enfin, il nous a laissé une classification des Sciences qui repose sur le même principe fondamental que celle si justement célèbre d'Auguste Comte, principe dont la valeur est reconnue indiscutable et qu'il a appliqué de telle manière que toutes les critiques importantes que nous pouvons lui faire aujourd'hui ne sont guère que celles qui résultent de l'état même des Sciences positives à l'époque où il écrivait.

En un mot, le plus solide de ce que nous savons sur la nature de la Science, ses moyens d'acquisition, sa portée, son but et son utilité, c'est Hobbes qui l'a établi. Les questions qu'il n'a pas tranchées restent encore ouvertes (41).

(41) Je compte essayer d'examiner quelqu'unes de ces questions dans le travail d'ensemble que je consacrerai à l'étude de la connaissance scientifique.

En présence de cette seule partie de son œuvre, on s'étonne que la postérité n'ait pas été plus juste envers un si grand philosophe.

Pendant tout le Moyen-Age, on s'était pour ainsi dire borné à compulser et à discuter les textes d'Aristote et de l'Ecriture ; on s'était accoutumé à considérer tout ce qu'ils contiennent comme des vérités certaines et absolues dont il suffit de partir pour parvenir par déduction à toutes les autres vérités. Le savoir systématisé d'alors pourrait être comparé à un édifice qui manquant de base menaçait d'autant plus ruine qu'il augmentait de proportions.

A ceux qui conçurent, au début du xvii⁰ siècle, le dessein de donner des règles pour la construction d'un édifice durable, plusieurs tâches s'imposaient : il fallait d'abord faire comprendre aux hommes, et, c'était ce qui pressait le plus, que plus on dispose de matériaux, plus aisément l'on peut construire solide, qu'on avait donc eu tort d'en interrompre la récolte ; il fallait rappeler, puisqu'on semblait l'avoir trop généralement oublié, comment cette récolte se pratique et par quels procédés on peut arriver à séparer les pierres solides de celles qui ne le sont point. Ce fut ce côté de la question que F. Bacon envisagea surtout. Hobbes, lui, prétend montrer comment on construit la Science, et, avec les matériaux dont il dispose, il se met à l'œuvre. Ces matériaux d'ailleurs, quoi qu'on en ait pu dire, il est loin de les mépriser et d'en méconnaître la valeur. Il connaît, juge et apprécie les découvertes de Copernic, de Galilée, d'Harvey, de Képler, les travaux de tous les vrais savants de son temps. Mais il sait voir que la Science ne commence qu'avec la synthèse que notre raison fait de ses

matériaux. Sa confiance est telle en sa méthode que
peu lui importe le nombre de pierres qu'il voit devant
lui, à pied d'œuvre, pourvu que ce soient de bonnes pierres. L'édifice qu'il construira sera peut-être une maison
exiguë, mais elle sera solide ; ses successeurs, pour en
faire un palais, n'auront qu'à l'agrandir en continuant
ses plans. L'avenir a justifié ses vues. Trois siècles auront bientôt passé, et les fondements de sa doctrine
demeurent sans que nos penseurs aient encore pu en
démentir les préceptes et l'on peut presque dire y rien
ajouter.

Mais, plus que les vastes généralisations de Hobbes,
les conseils de Bacon étaient faciles à comprendre. Peu
à peu on en vint à croire que dans la Science les faits
seuls comptent et que tout le reste n'est que vain discours. Dans le cas particulier de Hobbes, il semble bien
que ce soit l'infirmité intellectuelle des Hommes qui
soit le secret de leur injustice.

Aujourd'hui, où le souci de la technique et l'esprit
de détail l'emportent décidément sur l'esprit de synthèse,
où tend à se généraliser un mouvement qui aboutira,
si par malheur il triomphe, à complètement tarir la
source des effets de la Science, les conceptions de Hobbes sur la connaissance scientifique ont peut-être plus
d'actualité encore que de son temps.

R. A. Décembre 1918.

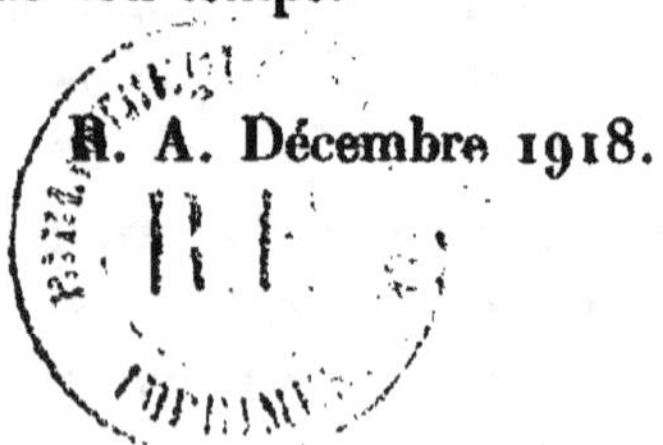

Non est potestas Super Terram quæ Comparetur ei. Iob. 41. 24.
LEVIATHAN
Or
THE MATTER, FORME
and POWER of A COMMON-
WEALTH ECCLESIASTICALL
and CIVIL.
By THOMAS HOBBES
of MALMESBVRY.
London
Printed for Andrew Crooke
1651

A MON TRÈS HONORÉ AMI

Mr FRANCIS GODOLPHIN

de Godolphin (1).

Très honoré Monsieur,

Votre [illustre] frère, Mr *Sidney Godolphin,* voulait
bien [, de son vivant,] faire quelque cas de mes études,
et, je lui devais aussi, comme vous le savez, (2) de réels
témoignages de sa bonne opinion [, témoignages grands
en eux-mêmes et plus grands encore en raison de la
haute valeur de sa personne] (3). Parmi toutes les ver-

(1) Addition du texte latin : « Chevalier de l'Ordre du Bain ».
(2) Addition du texte latin : « près des gens de qualité, ».
(3) Addition du texte latin : « ; vous n'ignorez pas enfin combien ces témoignages me furent précieux dans les moments les
plus pénibles. Si je rappelle tout cela, ce n'est point pour me
faire un mérite de la faveur de mes amis (*commemoro autem, non
ut favorem, amicorum virtutem faciam meam,...* Le texte latin
paraît présenter ici une erreur de ponctuation : *meam* ne pouvant
se rapporter qu'à *virtutem, favorem* semble devoir se rapporter
nécesairement à *amicorum*), mais parce que j'apprécie de façon
toute particulière les témoignages des hommes éminents comme
votre frère l'était ».

tus qui rendent un homme propre, soit au service de
Dieu, soit à celui de son Pays, à la Société Civile ou
à l'Amitié privée, il n'en est point qui n'éclatait dans
sa conversation ; et ces vertus, ce n'était pas la nécessité qui les lui avait fait acquérir ; il ne les affectait pas
non plus selon les circonstances ; elles lui étaient inhé-
rentes et contribuaient brillamment à former sa nature
généreuse (4). C'est donc en son honneur et par reconnaissance pour lui, de même que par dévouement pour
votre personne, que je vous (5) Dédie humblement ce
discours sur l'Etat (6). Je ne sais comment (7) le public
[l'accueillera, ni comment l'on] jugera ceux qui paraî-
tront le goûter. Dans une voie qu'assiègent ceux qui
luttent d'une part pour une Liberté trop grande et ceux
qui combattent d'autre part pour un excès d'Autorité,
il est en effet difficile de passer entre les lances des uns
et des autres sans recevoir de blessure. Je pense cependant que le Pouvoir Civil ne saurait condamner l'effort
tenté pour l'augmenter, non plus que les particuliers
montrer, en blâmant ce même effort, qu'ils jugent ce
Pouvoir trop grand (8). D'ailleurs, je ne m'occupe

(4) La phrase depuis : « Parmi toutes les... » est remplacée
dans ce texte latin par : « Votre frère possédait au plus haut degré
toutes les vertus que réclament le culte divin, l'intérêt de la
patrie, la société civile ou l'amitié privée : pieux envers Dieu,
fait pour la paix (*eruditus ad pacem*), courageux à la guerre, d'un
commerce agréable et fidèle à ses amitiés ».

(5) Addition du texte latin : « offre et vous... ».

(6) Le latin dit : « ce Traité du Pouvoir Civil et Ecclésiastique ».

(7) Addition du texte latin : « à l'époque où nous sommes ! »
Ut nunc sunt tempora, proposition incidente dont il est difficile de rendre toute la force en français.

(8) La phrase depuis : « Dans une voie... » est remplacée dans

point des personnes ; mais, (me plaçant au point de vue Abstrait,) je traite seulement du Siège du Pouvoir (9), et, (comme ces simples et impartiales créatures qui, dans le Capitole de Rome, défendaient par leur bruit ceux qui y étaient enfermés, et cela non pas parce qu'ils étaient eux, mais bien parce qu'ils étaient là,) je ne mécontenterai, je pense, que ceux qui sont dehors ou ceux qui (s'il y en a), tout en étant dedans, les favorisent (10). Ce qui peut-être déplaira le plus, c'est que j'ai allégué certains Textes de la Sainte-Écriture dans un but tout autre que celui que l'on se propose ordinairement (11) ; mais, [je l'ai fait en soumission convenable ; d'autre part] mon Sujet m'y obligeait nécessairement, car ces textes de la Sainte-Écriture sont pour l'Ennemi des Ouvrages avancés (12) d'où il attaque le Pouvoir Civil (13). Si nonobstant cela, vous entendez

le texte latin par : « Entre les armes de ceux qui combattent pour le pouvoir suprême, il n'est pas facile de passer sans recevoir de blessure. Je ne vois pourtant pas pourquoi un parti ou l'autre s'irriterait contre moi. Que fais-je en effet, sinon exalter autant que je le puis le pouvoir civil (que son détenteur veut toujours voir être aussi grand que faire se peut) ».

(9) La phrase depuis : « D'ailleurs je ne... » est remplacée dans le texte latin par : « Je ne discute pas du droit de l'un ou de l'autre, mais simplement du droit ».

(10) La phrase depuis : « comme ces simples... » est remplacée dans le texte latin par : « comme jadis les oies du Capitole, je crie seulement au bruit que font ceux qui veulent l'escalader ».

(11) La phrase à partir de « c'est que j'ai... » est remplacée dans le texte latin par : « c'est que j'ai osé interpréter certains passages de la Sainte-Écriture autrement qu'on le fait généralement ».

(12) Le latin dit : « de tours d'approche » *admotæ turres*.

(13) Addition du texte latin : « ; de plus, j'ai pris très grand soin de ne rien écrire de contraire à la doctrine publique de

d'une façon générale décrier mon travail, vous voudrez bien ne pas vous associer à cette malveillance, dire (14) que je suis un homme qui a l'amour de ses opinions, que je crois à la vérité de tout ce que je dis, que j'honorais votre Frère, que je vous honore vous-même, et, que c'est pour cela que j'ai eu la présomption de prendre (sans vous consulter) le Titre d'être, comme je le suis,

MONSIEUR,

Votre très humble et très obéissant serviteur (15).

THO. HOBBES.

[Paris. *Avril* $\frac{15}{25}$. 1651.]

notre église (car avec les doctrines particulières, il est permis de ne point être d'accord) ».

(14) La phrase à partir de « Si nonobstant cela... » est remplacée dans le texte latin par : « Si tout ceci ne suffit pas à calmer mes censeurs, il vous sera facile et simple de ne pas vous associer à eux ; vous direz (si vous le voulez bien)... ».

(15) La phrase à partir de : « et, que c'est... » est remplacée dans le texte latin par : « et, que c'est fort de cela que j'ai signé, sans vous consulter,

Votre très humble et dévoué serviteur ».

INTRODUCTION.

La Nature (cet Art (1) par lequel Dieu a fait et
gouverne le Monde) est en ceci, comme en beaucoup
d'autres choses, imitée par l'*Art* humain : l'homme
peut (2) faire un Animal Artificiel. Puisqu'en effet la vie
n'est qu'un mouvement des Membres dont le principe
est interne, dans quelque partie principale du corps,
pourquoi ne pourrions-nous pas dire que tous les *Auto-*
mata (c'est-à-dire les Machines qui se meuvent [d'elles-
mêmes] par des ressorts et par des roues (3) comme le
font les horloges) ont une vie artificielle ? Qu'est-ce en
effet que le *Cœur*, sinon un *Ressort* ? Qu'est-ce que les
Nerfs, sinon des *Cordes*, et qu'est-ce que les *Articula-*
tions, sinon des *Roues* qui communiquent au Corps tout
entier le mouvement qu'a voulu celui qui l'a fait ? L'*Art*
fait plus encore lorsqu'il imite l'*Homme*, ce chef d'œuvre rationnel de la Nature. C'est bien (4) [en effet] une
ouvrage de l'Art que ce grand Léviathan qu'on appelle
[Chose publique ou Etat, (en latin] Civitas [)] et qui
n'est rien autre qu'un Homme Artificiel, quoique d'une

(1) Addition du texte latin : « divin ».
(2) Le latin dit : « est à ce point imitée par l'art humain,
qu'il peut, entre autres choses, ».
(3) Addition du texte latin : « disposés à leur intérieur ».
(4) La phrase à partir de : « L'art fait plus... » est remplacée
dans le texte latin par : « L'art n'imite pas seulement l'animal
mais l'homme, le plus noble des animaux. C'est bien aussi... ».

taille beaucoup plus élevée et d'une force beaucoup
plus grande que l'Homme Naturel pour la protection
et pour la défense duquel il a été imaginé ; en lui,
la *Souveraineté* est une *Ame* Artificielle, puisqu'elle (5)
donne la vie et le mouvement au corps tout entier ; les
Magistrats et les [autres] *Fonctionnaires* (6) [de Justice,
les agents d'Exécution] sont ses *Articulations* artificielles ; la *Récompense* et le *Châtiment* (qui, rattachés au
siège de la Souveraineté, stimulent [les articulations et]
les membres à accomplir leur office) sont ses *Nerfs* qui
agissent de même manière que dans le Corps Naturel ;
[l'*Opulence* et] les *Richesses* d [e tous l] es particuliers
sont sa *Force ; Salus Populi* (le *salut du peuple*) est sa
Fonction (7) ; les *Conseillers* qui l'informent de tout ce
qu'il a besoin de connaître [pour cet objet] sont sa
Mémoire ; l'*Equité* et les *Lois* lui sont une *Raison* [et
une *Volonté*] artificielle [s] ; la *Concorde* est sa *Santé*,
la *Sédition*, sa *Maladie*, et la *guerre Civile*, sa *Mort*.
Enfin, les *Pactes* [et les *Contrats*] (8) qui à l'origine
présidèrent [à la constitution,] à l'assemblage [et à
l'union] des parties de ce Corps Politique ressemblent à
ce *Fiat* ou au *Faisons l'homme* que prononça Dieu à
la Création (9).

(5) Le texte latin dit : « celui qui détient le pouvoir suprême
tient lieu d'âme, puisqu'il.... ».

(6) En latin *Præfecti*.

(7) En latin *negotium* (*pro negotio*) ce dont il a à s'occuper,
Bussinésse en anglais.

(8) « *the Pacts and Covenants* » en anglais.

(9) Le passage à partir de « L'art fait plus... » est ainsi traduit par G. Lyon d'après le texte anglais (G. Lyon : La philosophie de Hobbes. Paris, Alcan, 1893, pages 17 et 18) : « L'art
va plus loin encore quand il imite ce rationnel et très excellent

Dans la description de la Nature de cet homme Artificiel, je considérerai :

En premier lieu, sa *Matière* et son *Artisan* ; l'un et l'autre sont l'*Homme*.

En second lieu, *Comment* et de quels *Pactes* il est fait ; quels sont les *Droits*, le juste *Pouvoir* ou la juste *Autorité* d'un *Souverain* ; ce qui le *préserve* et ce qui le *dissoud* (10).

En troisième lieu, qu'est-ce qu'un *Etat Chrétien*.

Finalement, qu'est-ce que le *Royaume des Ténèbres*.

A propos du premier point, il est un dire dont on use beaucoup depuis quelque temps, à savoir (11) que

ouvrage de la Nature : l'homme. Car c'est l'art qui crée ce grand Léviathan que l'on appelle République ou Etat,.... qui n'est autre chose qu'un homme artificiel.......................
....La souveraineté lui est une âme artificielle, en tant qu'elle donne vie et mouvement au corps tout entier : les magistrats et les autres officiers de judicature et d'exécution sont les articulations artificielles ; la Récompense et le Châtiment.............................
.... sont les nerfs qui remplissent la même fonction dont ils s'acquittent dans le corps naturel ; le bien-être et les richesses de tous les membres particuliers en sont la force ; .... le salut du peuple, l'occupation ; les conseillers......
.... sont la mémoire ; l'équité et les lois une raison et une volonté artificielles ; la concorde, la santé ; la sédition, la maladie ; et la guerre civile, la mort. Enfin, les pactes et contrats par lesquels les parties de ce corps politique furent pour la première fois formées, assemblées, unies, ressemblent au Fiat ou au Faisons l'Homme, prononcé par Dieu à la création ». Les membres de phrase non traduits sont remplacés par des points.

(10) La phrase à partir de : « quels sont les... » est remplacée dans le texte latin par « quels sont ses droits, quelle est sa puissance, c'est-à-dire son autorité ; et en qui réside le *pouvoir suprême* ».

(11) La phrase à partir de « il est un... » est remplacée dans le texte latin par : « il est beaucoup de gens qui disent... ».

la *Sagesse* s'acquiert, non pas en lisant dans les *Livres*. mais en lisant dans les *Hommes*. Et ceux qui ne peuvent donner d'autre preuve de leur sagesse prennent grand plaisir à montrer ce qu'ils croient avoir lu dans les hommes en s'adonnant contre toute charité à des critiques réciproques qu'ils se font par derrière les uns aux autres (12). Mais il est un autre dire qui, celui-là, ne date pas de peu de temps (13) et qui enseigne qu'on peut vraiment apprendre à (14) lire les uns dans les autres, si l'on veut [s'en donner la peine] ; et c'est *Nosce teipsum* [, *Lis en toi-même*] ; cela ne voulait point dire, comme on l'entend maintenant (15), favoriser la dureté dédaigneuse des puissants à l'égard de ceux qui sont au-dessous d'eux (16) ou encourager les gens de basse condition à l'insolence à l'égard de leurs supérieurs, mais bien nous enseigner que la similitude des pensées et des Passions d'un homme comparées aux pensées et aux Passions d'un autre est telle que quiconque regarde en soi, considère ce qu'il fait quand il *pense, a une opinion, raisonne, espère, craint* etc., et ce pourquoi il le fait, lira et connaîtra (17) ainsi quelles sont les pensées et les Passions de tous les autres hommes

(12) La phrase à partir de : « prennent grand plaisir » est remplacée dans le texte latin par : « se complaisent, conséquemment à ce précepte, à montrer combien leurs lectures leur ont profité en se livrant en dépit de toute charité à des critiques contre leur prochain ».

(13) Le latin dit : « est autrement plus ancien ».

(14) Le latin dit : « mieux encore (*rectius*) ».

(15) Le latin dit : « cela ne veut point dire, comme le croient quelques-uns ».

(16) Le latin dit : « du commun des hommes ».

(17) Le latin dit : « comprendra ».

dans de semblables circonstances. Je dis la similitude des *Passions* [lesquelles sont les mêmes en tous les hommes, *désirer, craindre, espérer,* etc...], mais non pas la similitude des *objets* des Passions [qui sont les choses *désirées, craintes, espérées,* etc...]. En ce qui concerne ces derniers, la constitution individuelle, et l'éducation de chacun les font tellement varier, ils échappent d'autre part si facilement à notre connaissance (18) que les caractères d'un cœur humain effacés et confondus [comme ils le sont] par la dissimulation, [le mensonge,] l'hypocrisie et les doctrines erronées ne peuvent être lus que par celui-là seul qui scrute les cœurs. Et bien que les actions des hommes nous fassent parfois découvrir leurs desseins, ne pas comparer (19) ces desseins avec les nôtres et ne pas faire la distinction de toutes les circonstances qui peuvent survenir pour altérer le cas (20) est comme si (21) l'on voulait déchiffrer des caractères inconnus sans posséder la clef de celui qui les a écrits (22) ; c'est être [la plupart du temps] trompé par trop de confiance ou trop de défiance selon que l'on est soi-même bon ou mauvais.

(18) Après « objets des passions » le texte latin dit : « qui varient tellement et se dissimulent si bien du fait de la constitution et de l'éducation de chacun... ».

(19) Le latin dit : « il est pourtant difficile d'y parvenir si l'on ne compare pas.... et si l'on ne fait pas.... ».

(20) Le latin dit : « qui d'habitude modifient les effets particuliers ».

(21) Le latin dit : « ; c'est comme si... ».

(22) Cette fin de phrase très elliptique dans le texte anglais (*is to decypher without a key*) a dû être complétée par la traduction littérale du texte latin beaucoup plus explicite (*tanquam si quis literas ignoto charactere legere tentaret sine scriptoris alphabeto*).

Mais à celui-là même qui peut lire en un autre à travers ses actions propres et avec toute la perfection possible, cela ne sert seulement qu'à connaître (23) les gens de son entourage, lesquels sont peu nombreux. Celui qui est appelé à gouverner l'ensemble d'une Nation doit lire en lui-même (24) non pas tel ou tel homme en particulier, mais l'Humanité, et, bien que cela soit difficile, plus difficile que d'apprendre une Langue ou une Science, cependant, lorsque j'aurai exposé avec ordre et avec clarté la lecture que j'ai faite en moi, les autres n'auront plus que la peine de considérer si, en lisant en eux-mêmes, ils aboutissent au même résultat (25). Il n'est en effet en une telle Matière point d'autre Démonstration.

(23) La phrase à partir de : « Mais à celui-là » est remplacée dans le texte latin par : « Mais le plus habile à connaître les autres ne connaîtra seulement que... ».

(24) Le latin dit : « doit connaître d'après lui-même... ».

(25) La phrase à partir de : « les autres n'auront... » est remplacée dans le texte latin par : « la difficulté sera moindre pour les autres, et, le seul travail qu'ils auront à faire sera d'examiner si ce que je dis s'accorde avec leurs propres pensées ».

PREMIÈRE PARTIE

DE L'HOMME

CHAPITRE I

Du Sens (1).

Je considérerai les Pensées de l'homme d'abord *Séparément,* ensuite dans leur *Enchaînement* ou leur dépendance les unes par rapport aux autres. *Séparément,* chacune de nos pensées est une *Représentation* ou une *Apparition* (2) de quelque qualité ou de quelqu'autre *Accident* d'un corps extérieur à nous, c'est-à-dire de ce que, communément, on appelle un *Objet.* L'Objet agit sur les Yeux, les Oreilles et d'autres parties du corps humain ; et la diversité du mode d'action produit la diversité des Apparitions (3).

(1) *Sense* en anglais ; *Sensus* en latin (fait, acte ou propriété de sentir). La sensation, c'est-à-dire le résultat du *sensus* est exprimée par Hobbes en anglais par le même mot *sense,* la langue anglaise ne permettant pas la distinction, et, en latin par *sensio.*
(2) En anglais *Apparence,* en latin *Apparitio.*
(3) Voir note 2.

L'origine de toutes ces apparitions est ce que nous appelons le Sens (il n'est en effet aucune conception de l'esprit humain qui primitivement ne provienne totalement ou par parties des organes des Sens) (4). Tout le reste dérive de ces conceptions originelles (5).

Connaître là cause naturelle du fait de sentir (6) n'est pas absolument nécessaire dans le cas du sujet présent ; et j'ai ailleurs longuement écrit à ce propos. Néanmoins, pour complètement remplir mon programme actuel, je me répéterai brièvement ici.

La cause de la Sensation est le Corps Extérieur ou Objet qui impressionne l'organe propre à chaque Sensation, soit immédiatement, comme dans le Goût et le Toucher, soit médiatement comme dans la Vue, l'Ouïe et l'Odorat ; cette impression se propage par l'intermédiaire des Nerfs et des autres fibres et membranes du corps jusque dans le Cerveau et le Cœur, causant là une résistance, une contrepression (7), un effort du Cœur tendant à se dégager. Cet effort, par ce que *dirigé vers le Dehors*, nous semble être quelque chose d'extérieur à nous. Et c'est ce *semblant* (8), ce *fantôme* que l'on appelle *Sensation*. Il consiste pour l'Œil par exemple en une *Lumière* ou une *Couleur* (9),

----

(4) G. Lyon. La Philosophie de Hobbes. Paris, Alcan, 1893 traduit ainsi cette phrase : « Quoi que ce soit que nous concevions, nos sens l'ont perçu d'abord soit d'un coup, soit en parties ». Le latin dit : « ... de quelqu'organe des sens ».

(5) Le latin dit : « C'est de ces conceptions premières que dérivent par la suite toutes les autres conceptions ».

(6) *of Sense* en anglais ; *Sentiendi* en latin.

(7) Addition du texte latin : « *seu* ἀντιτυπία ».

(8) *Seeming* en anglais, *Apparitio* en latin.

(9) *Colour figured* en anglais, *Color* en latin.

pour l'Oreille en un *Son,* pour le Nez en une *Odeur,* pour [la Langue et] le Palais en une *Saveur* et pour le reste du corps dans le *Chaud,* le *Froid,* le *Dur,* le *Doux* et telles autres quantités qui se discernent par le *Toucher.* Toutes ces qualités qu'on appelle *Sensibles* ne sont dans l'objet [qui les cause] qu'autant de mouvements [divers] de la matière au moyen desquels il impressionne nos organes diversement. Et, en nous [qui sommes impressionnés], il n'y a rien autre non plus que des mouvements différents (; car le mouvement n'engendre que le mouvement). Mais, ce qui nous en apparaît, aussi bien à l'état de veille que dans les rêves, n'est que Fantôme (10). Et, de même que se comprimer, se frotter ou se frapper l'OEil nous donne un fantôme de lumière, que se comprimer l'Oreille produit un bruit, de même aussi, font les corps que nous voyons ou entendons par leurs actions qui sont puissantes, bien que nous ne les observions point (11). Si les Couleurs et les Sons étaient dans les [Corps ou] Objets [qui les causent], ils ne pourraient point en effet en être séparés comme nous voyons qu'ils le sont par les miroirs et du fait de la réflexion dans les Echos (12) : nous savons que la chose que nous voyons est en un en-

(10) *Fancy* en anglais, *Phantasma* en latin.

(11) Le latin dit : « de même aussi les objets que nous voyons ou entendons engendrent par leur action les mêmes fantômes ; mais cette action est inobservable ».

(12) Le latin dit : « en être séparés. Il est pourtant manifeste qu'ils le sont, lorsque les images se réfléchissent dans les miroirs et les sons dans les montagnes ».

(13) Le latin porte : « *in uno tantum loco,* en un seul endroit ».

droit (13) ; elle nous apparaît en un autre (14). Et bien qu'à une petite distance l'objet réel paraisse revêtu de l'image qu'il fait naître en nous, encore est-il que l'objet est une chose et que l'image [ou fantôme] en est une autre. Ainsi donc, la Sensation n'est dans tous les cas qu'un fantôme quant à son origine, fantôme causé (, comme je l'ai dit,) par l'impression [c'est-à-dire par le mouvement] des choses extérieures sur nos Yeux, [nos Oreilles] et nos autres organes [préposés à cela].

Cependant, les écoles Philosophiques, [dans toutes les Universités de la Chrétienté,] se basant sur certains Textes d'*Aristote*, enseignent une autre doctrine et disent : pour expliquer la cause de la *Vision*, que la chose vue émet autour d'elle une *species visible*, (en Anglais) *visible shew, apparition, aspect* ou bien *beeing seen* ; et que c'est le fait de recevoir cela dans l'Œil qui constitue la *Vision* ; pour expliquer la cause de l'*Ouïe*, que la chose entendue émet une *species Audible*, c'est-à-dire un *aspect Audible*, une *Audible beeing seen*, et que c'est sa pénétration dans l'Oreille qui constitue l'*Audition*. Ils disent même, pour expliquer la cause de la *Compréhension*, que la chose comprise émet une *species intelligible*, c'est-à-dire une *intelligible beeing seen*, et que c'est elle qui en pénétrant dans l'Entendement nous fait Comprendre (15). Ce que j'en dis n'est

(14) Le latin dit : « en plusieurs ».

(15) La phrase depuis : « une autre doctrine » est remplacée dans le texte latin par : « différemment que ce sont des *species* (c'est-à-dire des apparitions) *visibles* qui, émises de l'objet dans l'œil, font la vision, que ce sont de même des *species* (c'est-à-dire des apparitions) *audibles* qui, émises de l'objet dans l'oreille, sont la cause de l'audition, enfin que la cause de la Compréhension est certaines *species intelligibles* qu'émet la chose comprise ».

point pour décrier les Universités (16). Mais puisque je serai amené à parler plus loin de leur rôle dans l'Etat, je ne dois laisser échapper aucune occasion qui se présente de faire voir ce qui en elles est à réformer (17) ; et parmi ces choses à réformer est l'emploi [fréquent] d'un Langage dépourvu de signification.

(16) Le latin dit : « les Ecoles philosophiques ». « *as disapproving the use* » en anglais ; « *ut usum improbans* » en latin. Désapprouver l'usage (c'est-à-dire la fréquentation), par conséquent, décrier.

(17) Le latin dit : « je n'ai pas pensé devoir négliger de montrer au passage ce qui... etc... ».

CHAPITRE II.

De l'Imagination.

Quand une chose est en repos, à moins que quelque
autre chose ne vienne la mettre en mouvement, elle
restera en repos toujours ; c'est là une vérité dont personne ne doute ; mais, que quand une chose est en
mouvement, elle doive le rester éternellement à moins
que quelque autre chose ne vienne l'arrêter, bien que
la raison soit la même (à savoir que rien ne peut apporter de changement en soi), on n'en convient pas aussi facilement. Les hommes en effet jugent [non seulement
des autres hommes ,mais] des autres choses d'après eux-
mêmes : et, parce qu'ils se voient sujets, après le mouvement, à la souffrance et à la lassitude, ils pensent
qu'il en est de même des choses, qu'elles se fatiguent
à se mouvoir et aspirent spontanément au repos ; c'est
à peine s'ils se demandent si ce désir de repos [qu'ils
constatent en eux] ne consiste pas en quelque autre
mouvement. C'est de là que vient que l'on dit dans les
Ecoles que les corps Lourds tombent du fait d'un désir
de se reposer et de se placer à l'endroit qui convient
le mieux à la conservation de leur nature. On attribue
ainsi, et c'est absurde, aux choses inanimées l'appétit

et la Connaissance (que n'ont même pas les hommes) (1) de ce qui convient à leur conservation (2).

Une fois qu'un Corps est en mouvement, il y reste éternellement(à moins que quelque chose d'autre ne l'empêche de se mouvoir) ; quoi que ce soit qui l'en empêche ne peut en un instant, mais bien en un certain temps et par degrés, l'arrêter tout à fait. Et, comme nous voyons sur la mer, bien que le vent cesse, les vagues continuer de s'élever pendant longtemps encore, ainsi il arrive dans le mouvement qui se fait dans les parties intérieures de l'Homme, lorsqu'il Voit, lorsqu'il Rêve, etc... Lorsque l'objet s'est éloigné ou que nos yeux se sont fermés, nous retenons encore en effet une image de la chose vue, quoique (3) plus obscure [que quand nous la voyons]. Et c'est cela que les latins appellent (4) *imagination* [, à cause de l'image qui se fait dans la vision ; ils appliquent ce même terme, improprement il est vrai, à tous les autres sens]. Mais les Grecs appellent (5) cela *Fantaisie* (6), [ce qui signifie *apparition* (7),] terme qui s'applique aussi bien à un sens qu'à un autre (8). L'Imagination par conséquent n'est qu'une *sensation décroissante* (9). Elle est commune aux Hom-

(1) Le latin dit : « que n'ont pas la plupart des hommes ».

(2) Le latin dit : « de ce qui peut être bon ou mauvais pour elles ».

(3) Addition du texte latin : « un peu ».

(4) Le latin dit : « nous appelons ».

(5) Le latin dit : « font mieux en appelant ».

(6) « *Fancy* » en anglais ; « *Phantasia* » en latin.

(7) « *apparence* » en anglais.

(8) La phrase à partir de : « terme qui s'applique » est remplacée dans le texte latin par « quel que soit le sens qui en soit l'origine ; l'image étant propre aux choses visibles ».

(9) Addition du texte latin : « ou un fantôme qui s'estompe et disparaît peu à peu ».

mes et à beaucoup d'(10) autres Créatures vivantes (11), aussi bien dans le sommeil qu'à l'état de veille.

La décroissance de la Sensation à l'état veille n'est pas la décroissance du mouvement qui se fait dans la Sensation, mais un obscurcissement de ce mouvement (12), de même que la lumière du Soleil fait pâlir celle des Etoiles ; les Etoiles en effet n'exercent pas moins la vertu qui nous les rend visibles dans le jour que dans la nuit. Mais, comme parmi toutes les impressions que nos yeux, nos oreilles et nos autres organes reçoivent (13) des corps extérieurs, celle qui prédomine est seule sensible, il s'ensuit que, la lumière du Soleil étant prédominante, l'action des étoiles ne nous affecte pas (14). Et si un objet se trouve éloigné de nos yeux, bien que demeure l'impression qu'il a faite sur nous, d'autres objets [plus présents] survenant et nous impressionnant à leur tour, l'Imagination du passé s'obscurcit et s'affaiblit cependant, comme le fait une voix dans le bruit du jour (15). D'où il s'ensuit que plus long est le temps qui s'est écoulé après la vision ou la sensation d'un objet, plus faible en est l'Imagi-

(10) Le latin dit : « et à presque tous les ».

(11) Le latin dit : « animaux ».

(12) La traduction du texte latin est la suivante : « Ce qui fait que, lorsque l'objet est éloigné, le fantôme s'estompe, n'est pas un affaiblissement du mouvement produit dans l'acte de sentir, mais l'occupation (*præoccupatio*) des organes par d'autres objets ».

(13) Addition du texte latin : « pendant le jour ».

(14) Le latin dit : « nous affecte moins ».

(15) G. Lyon (La Philosophie de Hobbes, Paris, Alcan, 1893, page 98), traduit ainsi ce membre de phrase : « comme la voix d'un homme dans le bruit du jour ».

nation (16). Par les continuels changements (17) du corps [humain] se détruisent en effet au cours du temps les parties qui avaient été mises en mouvement dans la Sensation, de sorte que l'éloignement dans le temps et l'éloignement dans l'espace ont sur nous le même effet. De même qu'à une grande distance ce que nous regardons nous apparaît vague et indistinct dans les détails, que les Voix s'affaiblissent et deviennent inarticulées, de même, après un long laps de temps ,notre imagination du Passé s'affaiblit ; il nous échappe (par exemple) des Villes que nous avons vues beaucoup de Rues particulières et des Actions auxquelles nous avons assisté beaucoup de Circonstances. — LA MÉMOIRE. — Cette *sensation décroissante* (18), quand nous voulons exprimer la chose elle-même (je veux dire le fantôme lui-même), nous l'appellons *Imagination,* comme j'ai dit plus haut ; mais, quand nous voulons exprimer la *décroissance* [et signifier par là que la sensation se fane, vieillit et passe], nous l'appelons *Mémoire.* Ainsi, l'*Imagination* et la *Mémoire* ne sont qu'une seule et même chose qui, suivant les différents points de vue considérés, prend différents noms.

[Beaucoup de mémoire ou] la mémoire de beaucoup de choses s'appelle *Expérience.* Mais, il ne peut y avoir Imagination que des choses qui ont été antérieurement perçues par les Sens, soit dans leur ensemble, soit par parties [, à différents moments]. Dans le premier cas (celui dans lequel on imagine l'objet dans son ensemble

(16) Addition du texte latin : « ou le fantôme ».
(17) Addition du texte latin : « des organes ».
(18) Le latin dit : « Cette dilution de la sensation (*Sensionis dilutionem*) »

[tel qu'il s'était présenté au moment de la sensation]), l'*Imagination* est *simple*, comme quand on imagine un homme ou un cheval que l'on a vu auparavant ; dans le second cas, l'*Imagination* est (19) *composée*, comme quand, de la vue d'un homme à un moment et d'un cheval à un autre, on conçoit un Centaure dans son esprit. Ainsi, lorsqu'on compose l'image (20) de sa propre personne avec celle des actions d'un autre, comme quand on s'imagine être *Hercule* ou *Alexandre* (ce qui arrive souvent à ceux qui s'adonnent aux lectures de Romans), c'est là une imagination composée et [, à proprement parler,] rien de plus qu'une Fiction de l'esprit. Il existe aussi d'autres Imaginations qui naissent (même à l'état de veille) de grandes impressions faites sur les sens : par exemple, d'avoir fixé le Soleil, l'impression laisse une image (21) du Soleil (22) devant les yeux longtemps après ; et d'avoir considéré longtemps et avec une attention soutenue des Figures de Géométrie, on aura dans l'obscurité (quoiqu'éveillé) des Images de Lignes et d'Angles (23) devant les yeux. Cette sorte d'Imagination (24) n'a pas de nom particulier, en raison de ce qu'il n'en n'est pas communément question dans les discours des hommes.

Les Rêves. — Les imaginations de ceux qui dorment sont [ce que l'on appelle] les *Rêves*. Elles ont (comme toutes les autres Imaginations) existé auparavant dans

(19) Le latin ajoute : « dite ».
(20) *Image* en anglais. *Phantasma* en latin.
(21) Le texte latin dit : « une petite image (*imaguncula*) ».
(22) Addition du texte latin : « , comme une tache, ».
(23) Le texte latin dit : « des lignes et des angles ».
(24) *Fancy* en anglais. *Phantasia* en latin.

le Sens (25), soit dans leur ensemble, soit par parties.
Et c'est parce que le Cerveau et les Nerfs, Organes nécessaires de la sensation (26) sont si bien engourdis lorsque
l'on dort qu'ils ne peuvent aisément être mis en mouvement par l'action des Objets Extérieurs, qu'il ne peut se
produire, durant le sommeil, d'Imagination, et par conséquent de Rêve, que du fait de l'agitation des parties
intérieures du corps. Quand ces parties intérieures sont
troublées, elles mettent en mouvement, en raison des
connexions qu'elles ont avec eux, le Cerveau et les
autres Organes ; et, c'est ce qui fait que les Images (27)
antérieures apparaissent comme si l'on était éveillé,
avec cette seule différence que, les Organes des Sens
étant alors si bien engourdis (28) qu'aucun nouvel
objet ne peut venir (29) [dominer et] obscurcir [par
une impression plus vigoureuse les impressions anté-
rieures], un Rêve doit nécessairement être plus clair
dans ce silence des sens que sont les pensées (30) à
l'état de veille (31). D'où il s'ensuit qu'il est difficile,
beaucoup pensent même qu'il est impossible, de distinguer exactement entre la Sensation et le Rêve.
Pour ma part, quand (32) je considère que, dans

(25) *in sensu* dans le latin.
(26) *Sensionis* dans le latin.
(27) *Phantasmata* dans le latin.
(28) Le latin dit : « fermés ».
(29) Pour le raccord du texte latin ajouter après le mot
« venir » le mot « les » se rapportant à « *Phantasmata* ».
(30) *Thoughts* en anglais, *Imaginationes* en latin.
(31) Dans le texte latin, à partir de : « avec cette seule... » la
tournure de la phrase est changée. Le latin dit : « Mais, de ce
que l'on suppose que les organes des sens sont etc... il résulte
nécessairement qu'un rêve est plus clair etc... ».
(32) En anglais *when* ; en latin *quoties quod*, chaque fois que.

mes Rêves, je ne pense ni souvent ni avec consistance aux Personnes, aux Lieux, aux Objets, aux Actions auxquels je pense (33) quand je suis éveillé, que je ne me rappelle pas un si long enchaînement de pensées cohérentes pendant mes Rêves qu'à d'autres moments, par cela même aussi qu'à mon réveil je remarque souvent l'absurdité de mes Rêves, alors que je ne rêve jamais de (34) l'absurdité de mes Pensées à l'état de veille, je suis bien (35) persuadé de me rendre compte de ce que je ne rêve pas quand je suis éveillé. bien qu'il me semble être éveillé lorsque je rêve.

Puisque les rêves ont pour cause le trouble de certaines parties intérieures du Corps, des troubles différents doivent nécessairement produire des Rêves différents. Avoir froid au lit produit (36) des Rêves de Terreur et fait naître [des pensées et] des Images terrorisantes (le mouvement du Cerveau aux parties internes du corps et des parties internes du corps au Cerveau étant réciproque). De même à l'état de veille, la Colère nous donne chaud à certaines parties du Corps, inversement dans le sommeil, la sensation de chaleur à ces mêmes parties cause de la Colère et fait naître dans le cerveau l'Imagination (37) d'un Ennemi. De même aussi l'amour, quand nous sommes éveillés, fait naître en nous le désir et le désir donne chaud à certaines [autres] parties (38) du corps : inversement, dans le som-

(33) *I do think of* en anglais, *imaginor* avec l'accusatif en latin.
(34) Le latin dit : « alors que je ne remarque jamais pendant mes rêves... ».
(35) Le latin dit : « suffisamment ».
(36) Addition du texte latin : « le plus souvent ».
(37) Dans le texte latin : *Phantasma* « le fantôme ».
(38) Addition du texte latin : « internes ».

meil, une trop grande chaleur à ces mêmes parties fait naître dans le cerveau des imaginations lubriques. En somme, les Rêves sont l'inverse des Imaginations (39) à l'état de veille. Le mouvement, quand nous sommes éveillés commence à un bout et quand nous Rêvons à un autre.

LES APPARITIONS OU VISIONS. — Là où il est le plus difficile de discerner le Rêve des pensées à l'état de veille, c'est lorsque quelque accident nous empêche de remarquer que nous avons dormi. Cela peut facilement arriver à celui dont l'esprit est plein de pensées terrorisantes, dont la conscience est grandement troublée et qui dort (40) sans s'être mis au lit et sans s'être dévêtu, comme quand on sommeille dans une chaise (41). Car, celui qui [prend la peine de] s'organise [r] pour [se coucher et] dormir ne peut, lorsqu'il lui arrive une illusion insolite et extraordinaire, aisément penser qu'il s'agisse d'autre chose que d'un Rêve. Nous lisons que *Marcus Brutus* (un homme à qui *Julius Cæsar* avait fait grâce de la vie, qui était en outre son favori (42) et qui cependant l'assassina) (43) vit à *Philippes*, la nuit avant de livrer bataille à *Augustus Cæsar*, une apparition terrorisante que les Historiens relatent d'habitude comme une Vision ; d'après les circonstances on peut aisément juger que ce ne fut qu'un court Rêve.

(39) Dans le texte latin *Phantasmata*.

(40) Le latin dit : « Cela peut facilement arriver à celui dont la conscience est inquiétée par la pensée d'un crime qu'il a fait ou qu'il se propose de faire et qui dort, etc... »:

(41) Le latin dit : « assis ou appuyé sur une chaise ».

(42) Le latin dit : « son ami ».

(43) Le latin dit : « et qui fut cependant assez ingrat pour l'assassiner »:

Assis dans sa tente, pensif et troublé par l'horreur de son coup d'audace, il lui était bien naturel, assoupi au froid, de rêver de ce qui lui causait une telle terreur. Cette terreur l'éveillant peu à peu, l'Apparition devait aussi s'évanouir peu à peu. Et n'étant pas certain d'avoir dormi, il ne pouvait avoir aucune raison de penser (44) que ce fut un Rêve ou autre chose qu'une Vision. Et, ceci n'est pas un Accident très rare. Même parfaitement éveillés, ceux qui sont timorés ou superstitieux sont en effet sujets, lorsqu'ils sont sous le coup de récits terrifiants et seuls dans les ténèbres, à de semblables illusions ; ils croient voir des esprits et des Revenants (45) se promener dans les Cimetières, alors qu'ils sont ou simplement le jouet de leur imagination, ou la victime (46) de la supercherie de gens (47) qui, profitant d'une telle crainte superstitieuse, vont, déguisés, dans la nuit, aux endroits qu'ils ne voudraient pas que l'on sache qu'ils fréquentent (48).

C'est de cette ignorance [des moyens] de distinction entre les Rêves et les autres Illusions fortes d'une part, et d'autre part la Vision et la Sensation, qu'est née en très grande partie, la Religion des anciens Païens qui rendaient un culte aux Satyres, aux Faunes, aux Nym-

(44) Le latin dit : « et ne sachant pas qu'il avait dormi, il ne pouvait savoir... ».

(45) Le latin dit : « des ombres et des esprits de morts ».

(46) Le latin dit : « alors qu'ils ne voient en réalité que de purs fantômes, ou sont victimes ».

(47) Le latin ajoute : « malhonnêtes ».

(48) Le latin dit : « se déguisent en spectres (*amicti vestibus defunctorum*) pour traverser les cimetières et les autres lieux consacrés, afin de se rendre aux endroits où l'on pourrait mal interpréter leurs allées trop fréquentes ».

phes et à tant d'autres fantômes du même genre, et que provient aujourd'hui l'opinion que le peuple grossier a sur les Fées, les Esprits, les Lutins, (49) le pouvoir des Sorciers. En ce qui concerne ces derniers, je ne crois pas que leur sorcellerie constitue un pouvoir réel, mais j'estime pourtant qu'on peut justement les punir, tant pour la fausse croyance qu'ils ont de pouvoir nuire de cette sorte, que pour leur intention de le faire si possible (50). Leur sorcellerie paraît plutôt se rapprocher d'une Religion de nouvelle espèce que d'un Art ou d'une Science (51). Et, quant à ce qui est des Fées (52) et des Esprits promeneurs, je pense que c'est exprès (53) pour donner crédit à la vertu des Exorcismes, des Signes de croix, de l'Eau bénite et des autres inventions du même genre des gens Superstitieux (54) que l'opinion qu'on en a a été introduite ou n'a pas été réfutée. Il n'est cependant pas douteux que Dieu peut faire des Apparitions surnaturelles. Mais qu'il en fasse tellement souvent que les hommes aient plus à les craindre qu'ils ne craignent l'arrêt ou le changement du cours des choses de la Nature, ce que Dieu peut aussi faire, n'est pas un article de la foi Chrétienne. Mais les malhonnêtes gens, sous le prétexte que Dieu

(49) Le latin dit : « a sur les Vampires et les Revenants et sur ».

(50) Le latin dit : « que pour leurs efforts d'y parvenir dans la mesure de leurs moyens ».

(51) Le latin dit : « La sorcellerie me paraît plutôt être une religion spéciale aux sorciers qu'une vraie puissance, un art ou une science ».

(52) Le latin dit : « des revenants ».

(53) Le latin dit : « , par calcul, ».

(54) L'anglais porte *Ghostly men,* le latin *hominum Spiritualium,* mots que « superstitieux » traduit peut-être mal.

peut tout faire, ont l'audace de dire n'importe quoi quand cela sert leur intérêt, même lorsqu'ils pensent que c'est faux. Il appartient au sage de ne pas les croire au-delà des limites que la saine raison assigne à la crédibilité de ce qu'ils disent. Si cette crainte superstitieuse des Esprits (55) était dissipée, et, si disparaissaient avec elle les Pronostics tirés des Rêves [, les fausses Prophéties] et beaucoup d'autres choses qui en dépendent, servant aux ambitieux et aux astucieux à abuser les simples, les Hommes seraient (56) beaucoup mieux adaptés qu'ils le sont (57) à l'Obéissance [civile].

Et, c'est ce à quoi les Ecoles devraient travailler : bien au contraire, elles entretiennent de semblables doctrines (58). (Ignorant ce que sont l'Imagination et les Sensations,) les gens d'Ecole enseignent ce qu'ils ont appris : les uns disent que les Imaginations arrivent spontanément [et sans cause] ; les autres qu'elles proviennent le plus souvent de la Volonté ; et que les Bonnes pensées sont [soufflées (] inspirées [)] par Dieu, alors que les Mauvaises le sont par le Diable, ou bien encore que les Bonnes pensées sont [versées (] infusées [)] par Dieu, et les Mauvaises par le Diable. Certains disent aussi que les Sens reçoivent les Images des choses et les transmettent au Sens commun, que le Sens commun les transmet à l'Imagination, l'Imagination à la Mémoire et la Mémoire au Jugement, [comme s'il s'agissait de

(55) Le latin dit : « cette crainte des spectres ».
(56) Le latin dit : « les citoyens seraient partout ».
(57) Le latin ajoute : « actuellement ».
(58) Le latin dit : « cependant, elles propagent (*promovent, font avancer*) de semblables doctrines plus souvent qu'elles ne les réfutent.

choses se passant de mains en mains,] et, tout cela avec beaucoup de mots qui ne font rien comprendre.

L'Entendement. — L'Imagination que produisent chez l'Homme (ou chez toute autre créature (59) [possédant la faculté d'imaginer]) les mots ou les autres signes volontaires est ce que nous appelons [généralement] l'*Entendement* (60). Il est commun aux Hommes et aux Bêtes. A la longue (61), un chien comprendra l'appel ou la réprimande de son Maître (62). Et il en est de même de beaucoup d'autres animaux. L'Entendement qui est particulier à l'Homme est l'Entendement non seulement de la volonté, mais encore des conceptions et des pensées (63), au moyen de la succession et de la contexture des noms des choses dans les Affirmations, les Négations et les autres formes de Langage (64). Et c'est de ce genre d'Entendement que je vais parler maintenant.

(59) Le latin dit : « tout autre animal ».

(60) *Intellectus* en latin.

(61) Le latin dit : « Instruit par l'habitude ». L'anglais porte d'ailleurs « *by custome* » que j'ai traduit par : « à la longue ».

(62) Le latin dit : « si son maître l'appelle ou le chasse ».

(63) Le latin ajoute : « de ses semblables ».

(64) La phrase latine est la suivante : « *Intellectus qui homini peculiaris est, est Intellectus non solum voluntatis, sed etiam conceptuum et cogitationum aliorum hominum, per sequelas et contextum Appellationum rerum, in Affirmationes, Negationes, aliasque formulas loquendi conceptio.* ». La construction de cette phrase ne me paraît pouvoir se comprendre qu'en considérant *conceptuum et cogitationum* comme le complément de *conceptio*.

CHAPITRE III.

De la Conséquence ou ENCHAINEMENT (1)
des Imaginations.

Par [*Conséquence ou*] ENCHAINEMENT de Pensées (2),
j'entends cette succession d'une Pensée (3) à une autre
que (pour la distinguer du Discours parlé) j'appelle
Discours Mental.

Quand quelqu'un pense à quelque chose, sa Pensée
suivante n'est pas [en somme] aussi fortuite qu'elle semble l'être. Et une Pensée ne succède pas indifféremment à une Pensée. De même que nous n'avons pas
d'Imagination de ce dont nous n'avons eu précédemment, soit dans l'ensemble, soit par parties, aucune
Sensation, de même nous n'avons aucune Transition
d'une Imagination (4) à une autre, si nous n'avons eu
auparavant la même transition dans nos Sensations (5).
En voici la raison : Toutes nos Imaginations (6) sont
des Mouvements internes, reliquats de ceux produits

---

(1) *Trayne* en anglais, *Series* en latin.
(2) *Thoughts* en anglais, *Imaginationes* en latin.
(3) *Thought* en anglais, *Cogitatio* en latin.
(4) *Imagination* en anglais, *Cogitatio* en latin.
(5) *in our Senses* en anglais, *in Sensione* en latin.
(6) *Fancies* en anglais, *Phantasmata* en latin.

dans la Sensation (7). Et ces mouvements qui se sont succédés immédiatement l'un l'autre dans la sensation (8) sont également liés quand la Sensation est passée (9) ; de telle manière que, quand la première pensée (10) revient et prédomine, la seconde suit du fait de la cohérence de la matière en mouvement, tout comme l'eau sur une Table plane (11) suit la direction donnée par le doigt [à une de ses parties]. Mais, par cela même que [dans la sensation (12)], à une seule et même chose perçue, tantôt une chose, tantôt une autre succède, il arrive, quand on Imagine quelque chose, qu'aucune certitude n'existe quant à ce que l'on Imaginera ensuite (13). Ce qui seulement est certain c'est que ce sera quelque chose qui a semblablement déjà succédé auparavant à un moment ou à un autre.

L'Enchaînement de Pensées non guidé. — L'Enchaînement de Pensées (14) ou Discours Mental est de deux sortes. Dans un premier *cas*, il est *Non guidé* (15), *sans But* (16), et inconstant ; il n'existe aucune Pen-

(7) *in Sensione* en latin.
(8) *in Sensione* en latin.
(9) *post Sensionem* en latin.
(10) *Cogitatio prior* dans le latin. L'anglais dit simplement *former* qui se rapporte à *motion* ; ici, le mot *pensée* n'est pas exprimé.
(11) *plain Table* en anglais ; *tabulam planam et levem* en latin (table plane et lisse).
(12) *in sense*.
(13) Le latin dit : « il arrive qu'après une longue suite de pensées aucune certitude n'existe relativement à la pensée qui devra succéder à telle autre ».
(14) *Thought* en anglais, *Cogitatio* en latin.
(15) *Unguided* en anglais, *irregularis* en latin.
(16) *without Designe* en anglais, *sine ullo Fine proposito* en latin.

sée d'ordre Passionnel, comme par exemple un désir poursuivi ou entrevu, ou bien quelqu'autre passion gouvernant ou dirigeant vers elle les pensées qui suivent (17). Les pensées sont dites alors vagabondes, elles semblent, comme dans un Rêve, ne pas s'adapter l'une à l'autre. Telles sont Communément les pensées de ceux qui non seulement sont seuls, mais sont aussi sans préoccupation. Leurs Pensées pourtant sont, même dans ce cas, aussi actives qu'à d'autres moments, mais elles sont sans harmonie. C'est comme le son que rendrait [un Luth mal accordé entre les mains de n'importe qui, ou] un Luth [bien accordé] entre les mains de quelqu'un qui ne saurait point en jouer. Et cependant, dans ce vagabondage effréné (18) de l'esprit, on peut souvent retrouver la route qu'a suivie la pensée et la dépendance d'une pensée par rapport à une autre (19). Dans une Conversation sur notre guerre civile présente, quelle question pouvait sembler plus hors de propos que celle (que quelqu'un fit) à savoir quelle était la valeur d'un Denier Romain ? Cependant, la Cohérence était, à mon avis, suffisamment manifeste. La Pensée de la guerre fit naître celle du Roi livré à ses Ennemis. Cette dernière suscita celle de la trahison du Christ (20), et celle-ci la Pensée des 30 deniers, prix de cette trahison.

---

(17) Le latin dit : « là, il n'existe aucune passion gouvernant et dirigeant les autres pensées vers un but poursuivi ».

(18) *wild ranging* en anglais ; *vagatio* en latin (divagation).

(19) Le latin dit : « et la façon dont une pensée naît d'une autre pensée ».

(20) Le latin dit : « *de proditione Jesu Christi ad Judæos*, de Jésus-Christ livré aux Juifs.

Ainsi s'en suivit aisément cette question malicieuse (21).
Tout cela en un instant, car la Pensée est rapide (22).

L'Enchaînement de Pensées réglé. — La seconde
sorte de discours mental est plus constante, en ce sens
que l'enchaînement de pensées est *réglé* par quelque
désir, quelque dessein. L'impression faite par les choses que nous désirons ou craignons est en effet forte et
durable, ou (si elle cesse pour un temps) elle ne tarde
pas à revenir ; elle est si forte parfois qu'elle trouble
et interrompt (23) notre sommeil. Du Désir naît la
Pensée des moyens que nous avons vu produire précisément un résultat semblable à celui que nous désirons ; et de cette pensée naît celle des moyens pour
parvenir à ces moyens ; et ainsi de suite jusqu'à ce que
nous arrivions enfin à quelque chose qui soit en notre
pouvoir. Et, parce qu'en raison de la grandeur de l'impression, le But se présente souvent (24) à l'esprit, si
nos pensées commencent à errer, elles sont rapidement
ment ramenées dans la bonne voie : ce fait observé par

(21) Le latin ajoute : « dont nous avons parlé ».

(22) Le passage à partir de « Dans une conversation » est
ainsi traduit par G. Lyon d'après le texte anglais (G. Lyon : La
Philosophie de Hobbes, Paris, Alcan, 1893, page 103) : « Dans
une conversation sur notre présente guerre civile, quelle question
pouvait sembler plus impertinente que de demander, comme on
fit, ce que valait le penny romain ? Néanmoins la liaison me fut
assez manifeste. Car la pensée de la guerre fit songer à l'abandon
du roi livré à ses ennemis ; cette pensée suscita celle de la trahison du Christ ; cette dernière à son tour celle des trente pence,
prix de la trahison ; d'où suivit aisément cette malicieuse question ; et tout cela dans la durée d'un instant, car la pensée est
prompte »

(23) Le latin dit : « que non seulement elle trouble, mais
interrompt ».

(24) Le latin dit : « revient souvent et facilement ».

l'un des sept (25) sages lui fit donner aux hommes ce précepte actuellement courant, *Respice finem,* et qui veut dire : dans toutes tes actions jette souvent les yeux sur le but que tu veux atteindre comme étant la chose qui dirige toutes tes pensées dans la voie de la réussite.

L'Enchaînement de Pensées réglées (26) est lui-même de deux sortes : l'une, quand un effet étant imaginé (27), on cherche les causes ou moyens de sa production (28). Et cette sorte est commune à l'Homme et à la Bête (29). L'autre, quand, imaginant une chose quelconque, on cherche tous les effets qu'elle peut produire, c'est-à-dire on imagine (30) l'usage qu'on en peut tirer [quand on la possède]. De cette dernière sorte d'enchaînement de pensées réglées, je n'ai jamais vu de signe que chez l'Homme ; une telle curiosité ne pourrait guère, en effet, être naturelle à une créature vivante (31) qui n'a que des Passions sensuelles comme la faim, la soif, l'appétit sexuel et la colère. En somme, le Discours Mental, quand il est gouverné par un dessein n'est autre chose que la *Recherche* ou la faculté d'Invention (32), ce que les Latins appellent (33) *Sagacitas* et *Solertia* ; une chasse des causes de quelque effet présent ou passé, ou des effets de quelque cause présente

(25) Le latin ajoute : « célèbres ».
(26) Le latin dit : « l'enchaînement de pensées *réglé* ».
(27) Le latin dit : « conçu ».
(28) *that produce it* en anglais ; *quibus producitur* en latin.
(29) Le latin dit : « aux homme et aux autres animaux ».
(30) Le latin dit : « on cherche ».
(31) *living creature* en anglais ; *animal,* en latin.
(32) *Seeking or the faculty of Invention,* en anglais ; *Investigationem sive facultatem Inveniendi,* en latin.
(33) Le latin dit : « qu'on appelle aussi ».

ou passée (34). Quelqu'un cherche-t-il un objet qu'il a perdu ? Du lieu et du moment où il s'est aperçu que cet objet lui manque, son esprit retourne en arrière de lieu en lieu, de moment en moment, afin de découvrir où et quand il l'avait encore, c'est-à-dire de trouver un moment et un lieu certains et définis d'où il puisse commencer à chercher méthodiquement. Et alors, à partir de là, ses pensées parcourent les mêmes lieux, revivent les mêmes moments pour découvrir quelle action ou quelle autre circonstance a pu lui faire perdre son objet. — LA REMÉMORATION. — C'est ce (35) que l'on appelle [*Remémoration* ou Rappel à l'esprit : Les Latins l'appellent] *Reminiscentia* [, comme s'il s'agissait de *Réapprendre par Cœur* ses actions antérieures].

Il arrive quelquefois que l'on sache un endroit déterminé constituant le champ à l'intérieur duquel il faut chercher ; alors, les pensées parcourent toutes les parties de ce champ de même manière que l'on balayerait une chambre pour retrouver un bijou, qu'un Epagneul va et vient dans la campagne jusqu'à ce qu'il ait trouvé une piste, ou encore que l'on parcourrait (36) l'Alphabet pour découvrir une rime.

(34) Le latin dit : « une sorte de chasse à la trace (*per vestigia*) d'une cause ou d'un effet présent ou passé ». Comparer avec le mythe de la chasse de Pan, dans Bacon.

Le passage à partir de « En somme » est ainsi traduit par G. Lyon (La Philosophie de Hobbes, Paris, Alcan, 1893, p. 104), d'après le texte anglais : « En résumé, le discours de l'esprit, quand il est gouverné par dessein, n'est autre chose que la poursuite ou la faculté d'invention, appelée par les Latins, *Sagacitas* et *Solertia*, une chasse des causes de quelque effet présent ou passé ou des effets de quelque cause présente ou passée ».

(35) Le latin dit : « C'est cette faculté de l'esprit ».

(36) Le latin ajoute : « mentalement » (*animo*).

La Prudence. — Désire-t-on savoir ce qui résultera d'une action, on pense à quelqu'autre action semblable passée, et à ses résultats, dans l'ordre où ils se sont succédés ; car l'on suppose que de semblables résultats suivront de semblables actions (37). Ainsi, celui qui veut savoir [, par avance,] ce qu'il adviendra d'un Criminel se remémore les conséquences qu'il a vues suivre un Crime semblable au sien ; il a cet ordre de pensées : le Crime, l'Agent de police, la Prison, le Juge, les Galères (38). On appelle cette sorte de pensées : *Prévision*, *Prudence* ou *Providence* et quelquefois *Sagesse*, bien qu'en raison de la difficulté d'observer toutes les circonstances, une telle conjecture soit très fallacieuse (39). Mais ce qui est certain c'est que le fait pour quelqu'un d'avoir plus d'expérience qu'un autre des choses passées le rend d'autant plus Prudent que lui et qu'il a d'autant plus rarement que lui de chances de se tromper dans ses expectations. Seul, le *Présent* existe dans la Nature ; le *Passé* n'existe que dans la Mémoire ; mais les choses *à venir* n'ont pas d'existence du tout, car le *Futur* n'est qu'une Fiction de notre esprit qui applique aux actions Présentes les séquences des actions Passées (40) ; et cela peut se faire avec d'autant plus

(37) Le latin dit : « car de semblables résultats suivent le plus souvent de semblables actions ».

(38) Le latin dit :« le gibet » (*patibulum*).

(39) Le latin dit : « bien que ce ne soit qu'une *conjecture*, et qu'elle risque fort d'être fallacieuse en raison de la difficulté d'observer toutes les circonstances ».

(40) Le passage à partir de : « Seul, le Présent existe » est ainsi traduit par G. Lyon (La Philosophie de Hobbes, Paris, Alcan, 1893, page 105) : « Il n'y a que le présent qui ait une existence dans la nature ; les choses *passées* n'ont d'existence que

de certitude que l'on a plus d'Expérience, mais non point avec une certitude suffisante (41). Et, bien que nous appelions cela Prudence, quand l'Evénement répond à notre Attente, ce n'est cependant, de par sa nature, que Présomption. La prévision des choses à venir, et c'est là la Providence, n'appartient en effet qu'à celui par la volonté (42) de qui elles sont à venir (43). Dans le domaine du surnaturel, c'est de celui-là seul que procède la Prophétie (44). Dans le domaine des choses naturelles (45), le meilleur Prophète est celui qui conjecture le mieux ; celui qui conjecture le mieux est celui qui est le plus versé dans l'étude des matières à propos desquelles il conjecture, et cela parce qu'il a le plus de *Signes* pour y conjecturer.

Les Signes. — Un *Signe* est l'Evénement Antécédent de l'Evénement Conséquent et réciproquement l'Evénement Conséquent de l'Evénement Antécédent (46), quand les mêmes Conséquences ont été observées auparavant. Et plus souvent, elles ont été observées, moins incertain est le Signe. Celui qui a le plus d'expérience

---

dans la mémoire ; mais les choses à *venir* n'ont pas d'existence du tout, l'*avenir* n'étant qu'une fiction de l'esprit qui applique les séquences des actions passées aux actions qui sont présentes ».

(41) Le latin dit : « avec une pleine certitude ».

(42) *will* en anglais ; *consilio* en latin. Il faudrait traduire le texte latin en disant : « qui a décidé qu'elles sont à venir ».

(43) Le passage à partir de : « La prévision » est ainsi traduit par G. Lyon (La Philosophie de Hobbes, Paris, Alcan, 1893, page 105) : « La prévision des choses à venir, qui est providence, n'appartient qu'à celui par la volonté de qui elles doivent arriver ».

(44) Le latin dit : « c'est de celui-là seul qu'elle procède ».

(45) Le latin dit : « Ailleurs ».

(46) Le latin intervertit l'ordre de ces deux termes.

dans un genre quelconque d'affaire est donc par conséquent celui qui a le plus de Signes pour y conjecturer
l'Avenir ; il y est aussi par conséquent le plus prudent.
Et il est tellement plus prudent que celui qui est nouveau dans ce genre d'affaire que celui-ci ne peut parvenir à l'égaler par quelque avantage naturel ou temporaire
de l'esprit, bien que beaucoup de jeunes gens pensent
peut-être le contraire.

Quoi qu'il en soit, ce n'est pas par la Prudence que
l'homme se distingue (47) de la bête. Il y a des bêtes
qui à l'âge d'un an observent et poursuivent leur intérêt avec plus de prudence que ne peut le faire un
enfant de dix ans (48).

La Conjecture du passé. — De même que la Prudence est une *Présomption* du *Futur* contractée de
l'*Expérience* du *Passé*, de même il y a une Présomption des choses Passées qui provient d'autres choses
(non futures, mais) passées aussi. Celui qui a vu suivant quelle marche (49) et par quels degrés un Etat
[florissant] en est venu d'abord à la guerre civile, et
de là à la ruine, conjecturera, en effet, en voyant les
ruines d'un autre Etat, qu'une semblable guerre et
qu' [un enchaînement] de semblables circonstances (50)

(47) « essentiellement » ajoute le latin.
(48) Cette phrase est aussi traduite par G. Lyon (La Philosophie de Hobbes, Paris, Alcan, 1893, page 107) : « Il y a des
bêtes qui, à l'âge d'un an, observent mieux et poursuivent ce qui
leur est bon avec plus de prudence que ne fait un enfant à l'âge
de dix ».
(49) *courses*, en anglais ; *moribus*, en latin. Manière générale
de se comporter ou de se conduire.
(50) *courses*, en anglais ; *mores*, en latin.. Pour la lecture du
texte latin, substituer « que » à « qu' ».

se sont trouvées là aussi. Mais cette conjecture a [presque] la même incertitude que la conjecture du Futur [, car l'une et l'autre sont basées seulement sur l'Expérience].

Autant que je puis me le rappeler (51), il n'existe pas dans l'esprit humain d'autre acte naturel (52), et qui le soit au point que, pour l'exercer, il suffise à l'homme d'être né homme et d'avoir l'usage de ses cinq Sens. Les autres Facultés dont je parlerai tout à l'heure et qui lui semblent exclusivement propres s'acquièrent et s'accroissent par l'étude et par l'industrie [; et, chez la plupart des hommes,] elles se développent par l'instruction et par la discipline (53), procédant toutes de l'invention des Mots et du Langage. Hors la Sensation (54), les Pensées (55) et l'Enchaînement de pensées, l'esprit humain n'a en effet pas d'autre mouvement ; cependant, grâce au Langage et à la Méthode, ces Facultés peuvent progresser dans une telle mesure qu'elles distinguent les hommes de toutes les autres Créatures vivantes (56).

Tout ce que nous pouvons imaginer est *Fini* ; par conséquent nous n'avons aucune Idée, aucune conception de ce que nous appelons *Infini* (57). Personne

(51) « que je sache » dit seulement le latin.

(52) *planted in him,* en anglais ; *insitus,* en latin. La force de ces expresions, et surtout de l'expression anglaise, est difficile à rendre en français.

(53) Le latin dit : « ayant pour origine l'instruction et la discipline, et... ».

(54) *Sense,* en anglais ; *Sensus,* en latin, faculté de sentir.

(55) Le latin dit : « l'imagination ».

(56) « de tous les autres animaux » dit le latin.

(57) Le latin dit : « par conséquent le mot *infini* ne peut faire naître en nous aucune idée ni aucune conception ».

ne peut avoir dans l'esprit une Image de grandeur
infinie (58), ni concevoir une vitesse infinie, un temps
infini, une force infinie, une puissance infinie. Quand
nous disons que quelque chose est infini, cela veut seulement dire que nous ne sommes pas capables d'en concevoir les extrémités et les limites ; que nous avons [non
pas la Conception de la chose, mais] seulement la Conception de notre propre impuissance. Par conséquent,
on se sert du nom de *Dieu* non pour le faire concevoir (car il est *Incompréhensible,* et sa grandeur et sa
puissance sont inconcevables), mais pour que nous
puissions l'honorer. De même, du fait que tout ce que
nous concevons a été (, comme je l'ai dit plus haut,)
perçu tout d'abord par les sens (59) [, soit d'un seul
coup, soit par parties], personne ne peut avoir de pensée se rapportant à quelque chose (60) qui ne tombe
pas sous les sens. On ne peut par conséquent concevoir
une chose que située dans quelque lieu, présentant une
grandeur déterminée, susceptible d'être divisée en parties ; mais non pas une chose qui soit tout entière dans
un lieu et tout entière dans un autre au même moment ;
ni davantage deux ou plusieurs choses pouvant être
dans un seul et même lieu en même temps. Aucune
chose de cette sorte ne tombe jamais ou ne peut jamais
tomber sous les Sens (61) ; ce sont là des propos [absur-

(58) Le latin dit : « L'esprit humain ne peut pas saisir une
image de grandeur infinie ».

(59) *by sense* en anglais ; *in Sensione* (dans la sensation) en
latin.

(60) « d'imagination de quelque chose » dit le latin.

(61) Le latin donne le passé « n'a été ou n'a pu être dans
la sensation ».

des] (sans signification aucune) que nous acceptons de l'autorité de Philosophes qui se trompent et (62) de gens d'Ecole (63) qui [se trompent ou] trompent les autres.

(62) Le latin dit : « ou ».
(63) *Schoolmen,* en anglais ; *scholasticorum,* en latin.

CHAPITRE IV

Du Langage.

L'Origine du Langage. — L'Invention de l'*Impri-merie*, quoique ingénieuse, est peu de chose quand on la compare à celle des Lettres. Nous ne savons pas qui [le premier] découvrit l ['usage d] es Lettres. Celui qui le premier les introduisit en *Grèce* fut, dit-on, *Cadmus*, fils d'*Agenor*, Roi de Phénicie. Invention éminemment utile (1) pour perpétuer le souvenir du temps passé et relier les uns aux autres les éléments de l'humanité dispersés en un si grand nombre et en de si distantes régions de la Terre ; et de plus, invention très difficile, puisque, procédant d'une observation minutieuse des divers mouvements de la Langue, du Palais, des Lèvres et des autres organes de la Parole, elle implique qu'il a fallu trouver autant de caractères différents qu'il était nécessaire pour représenter ces mouvements (2). Mais l'invention la plus noble et la plus profitable de toutes fut celle du *Langage* qui consiste dans les *Noms* ou *Appellations* et leur Connexion. C'est par le langage que les hommes enregistrent leurs Pensées, les rappel-

(1) *profitable,* en anglais ; *utilissimum,* en latin.
(2) *to remember them,* en anglais ; *quibus distinguerentur,* en latin.

lent à leur mémoire (3) [quand elles sont passées], et aussi s'en font part les uns aux autres pour leur utilité mutuelle et la conversation. Sans le langage, il n'y eût ou parmi les hommes ni Etat (4), ni Société, ni Contrat (5), ni Paix, non plus que parmi les Lions, les Ours et les Loups. Le premier auteur du Langage fut *Dieu* lui-même qui apprit à *Adam* comment nommer les créatures qu'il offrait à sa vue (6). L'Ecriture en effet n'en dit pas plus à ce propos. Mais, il suffisait de cela pour suggérer à l'Homme d'augmenter le nombre des noms à mesure que (7) l'expérience et l'usage des créatures lui en donnait l'occasion (8) et [pour lui suggérer aussi de] les joindre peu à peu de manière à se faire comprendre ; et, c'est ainsi qu'il put acquérir au cours des temps un langage aussi abondant qu'il était nécessaire pour son usage, quoique non si copieux cependant que celui dont un Orateur ou un Philosophe a besoin. Je ne trouve rien en effet, dans l'Ecriture dont on puisse conclure immédiatement ou par déduction que furent enseignés à *Adam* les noms de toutes les Figures, de (9) tous les Nombres, de toutes les Mesures, de toutes les Couleurs, de tous les Sons, de toutes

(3) Le latin dit : « *revocari in memoriam* » ; *recall* en anglais.

(4) *Commonwealth,* en anglais ; *Respublica,* en latin.

(5) *Contract,* en anglais ; *Pactum,* en latin.

(6) Le latin dit : « Le premier auteur du langage fut Adam qui nomma les créatures que Dieu présentait à sa vue ».

(7) Le latin dit : « Mais il n'en fallait pas davantage en ce temps. Car l'homme put de semblable manière donner d'autres noms aux autres choses à mesure que... ».

(8) Le latin dit : « le réclamait ».

(9) Le latin dit : « qu'Adam eut donné des noms aux différentes figures, à... à... etc... ».

les Images (10), de toutes les Relations ; beaucoup moins encore les noms des Mots et des Discours comme (11) *Général, Spécial, Affirmatif, Négatif, Interrogatif, Optatif, Infinitif,* tous vocables dont on ne peut nier l'utilité, beaucoup moins surtout (12) les noms d'*Entité,* d'*Intentionalité,* de *Quiddité,* ainsi que les autres termes dépourvus de sens de la Scholastique.

Mais, tout ce langage qu'avaient acquis et (13) augmenté *Adam* et sa postérité fut perdu (14) à la tour de *Babel,* quand, par [la main de] Dieu, les hommes furent, à cause de leur rébellion, individuellement frappés d'un oubli de leur [premier] langage (15). Ils furent ainsi forcés de se disperser en différentes parties du monde ; et il s'ensuivit nécessairement que par eux la diversité des Langues qui maintenant existe s'établit peu à peu et suivant ce que la nécessité (mère de toutes les inventions) leur suggéra ; et la richesse des langues s'accrut partout au cours du temps (16).

L'usage du Langage. — L'usage général (17) du

(10) *Fancies,* en anglais ; *Cogitationum,* pensées, en latin.

(11) Le latin dit : « beaucoup moins, encore qu'il eut donné aux noms (*nominibus*) et aux discours, des noms comme... ».

(12) Pour la compréhension de la traduction du texte latin, il faudrait lire : « et beaucoup moins surtout qu'il eut créé ».

(13) Le latin dit : « ou ».

(14) Le texte latin insiste en ajoutant : *penitus,* complètement.

(15) Dans la traduction française de B. Pommerol de l'Histoire du Matérialisme de Lange (Paris, 1877) je relève la traduction suivante de ce passage (page 494, note 26) : « Toute cette faculté périt à l'occasion de la Tour de Babel, alors que Dieu frappa tous les hommes de l'oubli de leur langue pour les punir de leur révolte ».

(16) Le latin dit : « et c'est ainsi qu'au cours des temps chaque langue devint plus riche en expressions ».

(17) Le latin dit : « L'usage le plus général ».

Langage est de transformer notre Discours Mental en Discours Verbal ou l'Enchaînement de nos Pensées en un Enchaînement de Mots ; et cela à deux fins. L'une est l'Enregistrement des [Conséquences de nos] Pensées ; ces dernières [qui], étant susceptibles de glisser hors de notre mémoire [nous obligeraient ainsi à un nouveau travail,] peuvent être rappelées par les mots qui ont servi à les marquer ; le premier usage des noms est donc de servir [de *Marques* ou] de *Notes* de souvenir. L'autre est, quand beaucoup de gens arrivent à parler la même langue, de se signifier (par la connexion et l'ordre des mots) ce que l'on conçoit ou (18) pense sur chaque sujet et aussi ce que l'on désire, ce que l'on craint ou ce qui est pour soi le sujet de quelqu'autre passion (19). Et pour cet usage les noms sont appelés *Signes.* Les usages spéciaux du Langage sont les suivants : Tout d'abord, Enregistrer ce que, par cogitation, nous découvrons être la cause d'une chose quelconque présente ou passée et (20) ce que nous découvrons que les choses présentes ou passées peuvent produire [ou accomplir], et c'est en somme de là que proviennent les Arts. En second lieu, faire part aux autres de la connaissance (21) à laquelle nous sommes parvenus, [c'est-à-dire] nous Conseiller et nous Enseigner les uns les autres. En troisième lieu, faire connaître aux autres nos volontés et nos desseins, ce qui nous permet de nous aider mutuellement. En quatrième lieu, procurer à nous-mêmes et aux autres,

(18) Le latin dit : « et ».
(19) Après : « craint », le latin dit simplement : « etc. ».
(20) Le latin dit : « ou ».
(21) *knowledge* en anglais ; *scientiam* (la science) en latin.

pour le divertissement ou pour l'ornement de la conversation, les plaisirs et le charme du jeu innocent des mots (22).

Les Abus du Langage. — A ces quatre Usages correspondent aussi quatre Abus. Premièrement, quand on enregistre mal ses pensées du fait de l'inconstance de signification de ses mots, et qu'ainsi on enregistre comme étant ses conceptions ce qu'on n'a jamais conçu (23) ; alors, on se trompe soi-même. Deuxièmement, quand on use des mots par métaphores, c'est-à-dire dans un sens autre que celui pour lequel ils sont faits ; alors, on trompe les autres. Troisièmement, quand, par des mots, on déclare être sa volonté ce qui ne l'est point. Quatrièmement, quand on emploie les mots pour se nuire réciproquement. La nature a armé les créatures vivantes les unes de dents, les autres de cornes, d'autres de mains pour nuire à leurs ennemis, mais nuire avec la langue est à la vérité abuser du Langage, à moins qu'il ne s'agisse de quelqu'un que l'on a charge de gouverner, car alors ce n'est plus nuire, mais corriger et amender (24).

La façon dont le Langage sert à la remémoration de la conséquence (25) [des causes et des effets] con-

(22) Le latin dit : « En quatrième lieu, nous pouvons faire parfois du langage un usage innocent pour le plaisir ou pour l'art.

(23) Au lieu de « conception » et « concevoir », le latin dit : « pensée » et « penser » (*cogitare*).

(24) Le latin dit : « La nature a armé d'une part les autres animaux, les uns de dents, les autres de cornes, d'autre part l'homme de mains pour que, quand il en est besoin, ils nuisent à leurs ennemis. Mais nuire avec la langue est abuser du langage, à moins qu'il ne s'agisse de quelqu'un que l'on doit gouverner. Ce n'est plus nuire alors, mais corriger et amender ».

(25) Le latin dit : « des conséquences ».

siste dans l'imposition des *Noms* et dans leur *Connexion*.

Les Noms Propres et Communs. — Parmi les Noms, les uns sont *Propres*, se rapportant à une seule chose, comme *Pierre, Jean, Cet homme, cet arbre* ; les autres sont *Communs* à plusieurs choses, comme *Homme, Cheval, Arbre* ; chacun de ces derniers Noms, bien que n'étant qu'un nom, est néanmoins le nom de plusieurs (26) choses particulières ; par rapport à toutes ces choses particulières ensemble, il est dit *Universel.* — **Les Noms Universels.** — Rien n'est en effet Universel dans le monde que les Noms (27) ; car les choses nommées sont toutes Individuelles et Singulières.

Quand on impose un seul nom Universel à plusieurs choses, c'est en raison de leur ressemblance par quelque qualité ou quelqu'autre accident ; et, alors qu'un Nom Propre éveille à l'esprit une seule chose, les noms Universels rappellent une quelconque d'entre plusieurs choses.

Les Noms Universels peuvent être de plus ou moins d'étendue, les plus étendus comprenant les moins étendus ; d'autres, par contre, sont d'égale étendue se comprenant l'un l'autre réciproquement. Par exemple, le Nom *Corps* est d'une signification plus étendue que le mot *Homme* et le comprend (28) ; les noms *Homme* et *Rationnel* sont d'égale étendue et se comprennent mutuellement [l'un l'autre]. Mais, il faut noter ici que

(26) *divers* en anglais ; *multorum* en latin.

(27) Le latin dit : « Il n'y a en effet d'universel dans la nature des choses que leurs noms ».

(28) Le latin dit : « Par exemple, le nom *corps* comprend le nom *homme* et quelque chose de plus ».

par Nom nous n'entendons pas toujours un seul Mot comme dans la Grammaire, mais bien quelquefois par circonlocution plusieurs mots ensemble. [Tous] ces mots, *Celui qui dans ses actions observe les Lois de son Pays* (29) ne fait qu'un seul Nom équivalent à ce seul mot (3o) : *Juste.*

En imposant ainsi des Noms les uns de plus vaste, les autres de plus étroite signification, nous transformons le calcul (31) des conséquences des choses imaginées dans l'esprit en un calcul des conséquences des Appellations. Par exemple, si quelqu'un qui n'a pas l'usage de la Parole (tel un sourd-muet de naissance [et qui l'est resté complètement]) a devant les yeux un triangle, et, à côté de ce triangle deux angles droits (comme sont les coins d'un carré), il peut (3₂), par méditation (33), et, en comparant, trouver que les trois angles de ce triangle sont égaux aux deux angles droits qui sont placés à côté. [Mais, si on lui montre un autre triangle différent par la forme du premier, il ne peut pas savoir sans un nouveau travail si les trois angles de ce nouveau triangle sont aussi égaux à deux angles droits.] Au contraire, celui qui a des mots à sa disposition, quand il observe que cette égalité n'était la conséquence ni de la longueur des côtés, ni de quelqu'autre particularité inhérente à son triangle, mais seulement de ce fait que les côtés de ce triangle étaient

----

(29) Le latin porte : « *qui consulta patrum, qui leges juraque servat* ».

(3o) Le latin dit : « au nom ».

(31) « *reckoning* » en anglais.

(3₂) Le latin ajoute « *tamen* ». En suivant le texte latin on peut donc traduire : il ne laisse pas de lui être possible... de...

(33) Le latin ajoute : « , en regardant ».

des lignes droites et ses angles au nombre de trois, et
que c'était seulement pour cela qu'il l'avait appelé un
Triangle, n'hésitera pas à conclure Universellement [,
qu'une telle égalité des angles se trouve dans tous les
triangles quels qu'ils soient, et, enregistrera sa découverte dans ces termes généraux] : *Tout triangle a ses
trois angles égaux à deux angles droits*. Et, ainsi, la
conséquence trouvée dans un cas particulier arrive à
se graver dans la mémoire comme règle Universelle, ce
qui élimine du calcul mental les considérations de temps
et de lieu et dispense de tout travail de l'esprit sauf du
premier ; il en résulte que ce qui fut trouvé vrai *ici*
et *maintenant* est vrai *en tous temps* et *en tous lieux*.

Mais, l'utilité des mots dans l'enregistrement de nos
pensées n'est nulle part aussi manifeste que dans la
Numération. Un imbécile (34), incapable de jamais
apprendre par cœur l'ordre des nombres, *un, deux,
trois*, peut observer chacun des coups de l'Horloge et à
chacun d'eux faire un mouvement de tête ou (35) dire
un, un, un, mais il lui est impossible de [jamais] savoir
quelle est l'heure qui sonne. Il semble qu'il fut un
temps où les noms de nombres n'étaient pas usités (36 ;
on était alors obligé d'appliquer les doigts de l'une ou
des deux (37) mains sur les choses qu'on désirait compter ; c'est de là que vient que maintenant nos noms
de nombres ne sont que de dix dans la plupart des

(34) « *naturall foole* » en anglais ; « *stultus naturalis* » en
latin.

(35) Le latin dit : « et ».

(36) Le latin dit : « *in quo numeralia pauca extabant* » c'est-
à-dire : « où il n'existait que peu de noms de nombres ».

(37) Le latin dit : « d'abord de l'une, ensuite des deux
mains ».

Peuples et de cinq seulement dans quelques autres, et, alors, on recommence (38). Celui qui a à sa disposition dix noms de nombres, s'il les récite sans ordre s'égare et ne peut savoir quand il a fini (39). Beaucoup moins est-il capable d'additionner, de soustraire et d'effectuer toutes les autres opérations d'Arithmétique. Ainsi donc, sans les mots, il n'est pas possible de calculer les Nombres, moins encore les Grandeurs, la Vitesse, la Force et tout ce dont le calcul est encore necessaire à l'existence ou au bien-être (40) de l'humanité.

Quand deux Noms sont assemblés en une Conséquence ou Affirmation (41), comme par exemple : *Un homme est une créature vivante (42)*, ou encore *s'il y a homme, il y a créature vivante* (42), si le dernier nom (*Créature vivante*) (42) signifie tout ce que le premier nom (*Homme*) signifie, alors l'affirmation ou conséquence est *vraie* ; en tout autre cas elle est *fausse*. Car le *Vrai* et le *Faux* sont des attributs du Langage (43) et non des Choses. Et là où il n'y a pas de langage (43), il n'y a ni *Vérité* ni *Fausseté*. Il peut y avoir *Erreur* quand on attend quelque chose qui ne doit point arriver ou quand on suppose avoir été ce qui n'a point été. Mais, [ni dans un cas, ni dans l'autre,] on ne peut être accusé de Fausseté.

(38) Le latin dit : « et à partir de cinq, on recommence ».

(39) Le latin dit : « et ne peut pas compter jusqu'à dix ».

(40) « *necessary to the being, or well being of Mankind* » en anglais ; « *ad generis humani necessitatem vel adjumentum necessariæ* ».

(41) Le latin dit : « sont assemblés de telle sorte qu'il en résulte une affirmation ou conséquence ».

(42) « *Animal* » en latin.

(43) « *Speech* » en anglais ; « *Oratio* » en latin.

La Nécessité des Définitions. — Etant donné alors
que la *vérité* consiste dans le bon ordonnancement des
noms dans nos affirmations, celui qui s'efforce de la
préciser doit se souvenir de ce que chaque nom dont
il use signifie et veiller à le bien mettre à sa place (44),
sinon il se trouvera empêtré dans les mots comme un
oiseau dans la glue ; plus il lutte (45), plus il s'englue.
Et c'est pourquoi, en Géométrie (la seule Science qu'il
ait plu à Dieu de donner jusqu'ici à l'humanité) (46),
on commence (47) par fixer la signification des termes ;
c'est ce fait de fixer des significations qu'on appelle
Définitions, et, on les place en tête de ses calculs (48).

Ceci montre combien il est nécessaire à qui aspire
à la vraie Science (49) d'examiner les Définitions des
anciens Auteurs, de les corriger quand elles ont été
négligemment établies ou de s'en faire de nouvelles ;
car (50), à mesure que le calcul se poursuit, les erreurs
que contiennent les Définitions se multiplient et conduisent (51) à des absurdités dont on finit par s'apercevoir, mais dont on ne peut sortir (52) sans repren-

(44) Le latin dit : « ... de ce que vaut un nom là où il est
placé, et doit placer convenablement ceux dont il use ».
(45) Le latin ajoute : « pour se libérer ».
(46) Le latin dit : « qui est à peu près la seule science établie
d'une façon exacte ».
(47) Le latin dit : « les maîtres commencent ».
(48) Le latin dit : « des termes dont ils auront à se servir,
c'est-à-dire par les définitions qu'ils placent en tête de leurs
ouvrages ».
(49) « *Knowledge* » en anglais ; « *Scientia* » en latin.
(50) Le latin ajoute : « , en toute science ».
(51) Le latin ajoute : « peu à peu ».
(52) L'anglais dit simplement : « *but cannot avoyd* ». Le
latin beaucoup plus énergique emploie le terme *se extricare*.

dre ses calculs depuis le début c'est-à-dire sans remonter là où est la source de ses erreurs. D'où il s'ensuit que
ceux qui se fient aux livres (53) font comme ceux qui
additionnent plusieurs petites sommes en une grande
sans considérer si ces petites sommes ont été bien [ou
mal] additionnées ; ils finissent par apercevoir l'erreur,
mais, ne se méfiant pas de leurs premières bases (54),
ils ne savent plus quelle route prendre pour se retrouver (55) ; ils passent leur temps à se débattre avec leurs
livres (56), comme des oiseaux qui, se trouvant enfermés dans une chambre où ils sont entrés par la chemi-
née, volètent (57) à la lumière trompeuse de la fenêtre
n'ayant pas l'esprit de se rendre compte du chemin (58)
par lequel ils sont entrés. Ainsi donc, c'est dans la
juste Définition des Noms que consiste le premier usage
du Langage, c'est-à-dire l'Acquisition de la Science (59) ; et, c'est dans une fausse Définition des noms
ou dans une absence de Définition qu'en réside le premier abus d'où procèdent toutes les Doctrines fausses
et absurdes (60) ; c'est ce qui fait que ceux qui tirent
leur instruction de l'autorité des livres et non de leur
méditation propre sont dans une condition tout autant inférieure à celle des ignorants qu'est supérieure
à cette dernière la condition de ceux qui possèdent la

(53) Le latin dit : « trop aux autres auteurs ».
(54) Le latin dit : « des principes posés par leurs maîtres ».
(55) Le latin dit : « ils ne peuvent plus se débrouiller ».
(56) Le latin dit : « à refeuilleter leurs livres ».
(57) Le latin ajoute : « en vain ».
(58) Le latin dit : « ayant oublié le chemin ».
(59) Le latin dit : « des sciences ».
(60) Le latin dit : « ; et c'est de là que procèdent les opinions
fausses et absurdes des philosophes ».

vraie Science. Car l'Ignorance tient le milieu entre la vraie Science et les Doctrines erronées. Les sens (61) et l'imagination naturels ne sont pas sujets à l'absurdité, la Nature ne peut pas se tromper ; plus on dispose d'un langage abondant, plus on dépasse le vulgaire en sagesse ou en folie. Sans les lettres, personne ne peut devenir un sage accompli, et de même, (à moins que la mémoire ne soit malade ou les organes mal constitués (62),) personne ne peut sans elles devenir absolument insensé. Les mots sont donc les jetons des sages, ils [ne] s'en servent [que] pour calculer ; mais ils sont aussi la monnaie des sots qui leur donnent une valeur sur l'autorité d'un *Aristote*, d'un (63) *Cicéron*, d'un *Thomas d'Aquin* (64) ou de quelqu'autre Docteur qui n'est pourtant qu'un homme (65).

Ce qui est Sujet aux Noms. — Est *Sujet aux Noms* tout ce qui peut entrer ou être considéré dans un compte (66), être ajouté à autre chose pour faire une somme ou soustrait d'autre chose [et laisser un reste]. Les Latins appelaient (67) les Comptes d'argent *Rationes* et le fait de compter *Ratiocinatio* ; et, ce que, dans

(61) « *sense* » en anglais ; « *sensus* » en latin.

(62) Le latin dit : « à moins que l'esprit ne soit atteint d'une grave maladie ou mal constitué organiquement ».

(63) Le latin dit : « les pièces de monnaie des sots qui les évaluent d'après l'effigie (*impressione*) de quelque personnage au nom célèbre comme celui d'Aristote, de... de... etc. ».

(64) « *Thomas* » en anglais ; « *Aquinatis* » en latin.

(65) Le latin dit : « ou de quelqu'autre docteur humain ». En anglais : « *or any Doctor whatsoever, if but a man* » ; en latin. « *aliusve doctoris cujuscunque humani* ».

(66) Le latin dit : « tout ce à quoi l'on peut penser ou que l'on peut considérer dans un compte (*ratiocinatio*) ». Le mot anglais qui correspond à *ratiocinatio* est *account*.

(67) Le latin emploie le présent dans toute la phrase.

les [mémoires ou les livres de] comptes, nous appelons *Articles* (68) ils l'appelaient [*Nomina*, c'est-à-dire] *Noms* ; d'où il [semble] ressort [ir] qu'ils étendaient le mot *Ratio* à la faculté de Compter dans [toutes] les autres matières. Les Grecs n'ont qu'un mot λόγος pour désigner à la fois le *Langage* et la *Raison*, non qu'ils pensassent qu'il n'y a pas de Langage sans Raison, mais bien qu'on ne peut pas Raisonner sans Langage. Et l'acte de raisonner ils l'appelaient *Syllogisme*, ce qui signifie [faire] la [somme des] conséquence [s] d'une proposition à une autre. Et, parce que les mêmes choses peuvent entrer dans un compte pour divers accidents, (pour pouvoir signifier cette diversité) on détourne de façons diverses et on prend leurs noms dans des sens différents. Cette diversité des noms peut se ramener à quatre catégories générales.

Premièrement, une chose peut entrer en compte pour la *Matière* ou le *Corps*, sous le nom de *vivante, sensible, rationelle, chaude, froide, en mouvement, en repos ;* dans tous ces noms le mot *Matière* ou *Corps* est sous-entendu (69) [; tous, ils sont des noms de la Matière].

En second lieu, une chose peut entrer en compte [ou être considérée] pour quelqu'accident ou qualité que nous concevons être en elle, comme en tant qu'*étant en mouvement, qu'ayant une certaine étendue, qu'étant chaude,* etc... ; et alors, du nom de la chose elle-même, par un léger changement ou une légère altération, nous faisons un nom se rapportant à l'accident

(68) « *Item* » dans les deux textes.

(69) Le latin dit simplement : « et ces noms signifient matière ou corps ». ,

que nous considérons (70) : au lieu de *vivant*, nous posons *vie*, au lieu de *mu*, nous posons *mouvement*, au lieu de *chaud*, nous posons *chaleur*, au lieu de *long*, nous posons *longueur*, et ainsi de suite. Et tous ces Noms sont les noms (71) des accidents et propriétés par lesquels une Matière et un Corps se distinguent d'un autre. On les appelle des *noms Abstraits* parce qu'ils sont séparés (non de la Matière, mais) du compte de la Matière.

En troisième lieu, nous portons en compte les Propriétés [de notre propre corps] qui nous permettent de distinguer les choses ; par exemple, quand nous *Voyons* quelque chose, nous portons en compte non pas la chose vue, mais sa *vision*, sa *Couleur*, son *Idée* (72) dans l'imagination ; de même, quand nous *entendons* quelque chose, nous portons en compte non pas la chose entendue, mais seulement le *fait de l'entendre*, c'est-à-dire le *son*, en d'autres termes ce qui est pour nous le fantôme ou la conception de cette chose par l'Oreille (73) ; et ainsi de suite pour les autres [noms de] fantômes.

En quatrième lieu, nous portons en compte, considérons et nommons *les Noms* eux-mêmes et les *Discours*. *Général, universel, spécial, équivoque* sont en effet des Noms de Noms. De même, *Affirmation, Interrogation,*

(70) Le latin dit simplement : « et alors nous changeons tant soit peu le nom de la chose ».

(71) Le latin ajoute : « non pas de la Matière ou du Corps, mais... ».

(72) Le latin dit : « *Ideam sive Phantasma* »... « son idée ou son fantôme ».

(73) Le latin dit : « au lieu de la chose même qui rend le son, nous considérons seulement le son ou l'audition ».

Commandement, Narration, Syllogisme, Sermon, Harangue et beaucoup d'autres de même sorte sont des noms de Discours (74). — L'Usage des Noms Positifs. — Et telle est toute la variété des Noms *Positifs* employés pour signifier ce qui est dans la Nature ou ce que peut feindre l'esprit humain, ce que les Corps sont ou ce que l'on peut concevoir qu'ils sont ,ce que sont les Propriétés des corps ou ce que l'on peut imaginer qu'elles sont, enfin les Mots et les Discours.

Les Noms Négatifs et leurs Usages. — Il existe aussi d'autres Noms [qu'on appelle] *Négatifs* [; ce sont des notes] pour signifier qu'un mot n'est pas le nom de la chose en question, comme par exemple : *Rien, personne, infini, inconnaissable, trois moins quatre* et autres vocables semblables ; on s'en sert pourtant dans les comptes ou dans les corrections de comptes parce que, bien que n'étant les noms d'aucune chose, ils rappellent à notre esprit nos cogitations passées et nous font rejeter les Noms incorrectement employés (75).

Les Mots dépourvus de sens. — Tous les autres Noms ne sont que des sons sans signification, et, ils sont de deux sortes : d'une part, ceux qui sont nouveaux et dont cependant le sens n'est expliqué par

(74) Le latin dit : « En quatrième lieu, nous portons quelquefois en compte les noms des noms eux-mêmes et des discours, lorsque nous disons *général, universel, spécial, univoque, équivoque,* qui sont des noms de noms. De même, *affirmation, interrogation, précepte, narration, syllogisme, harangue* et beaucoup d'autres du même genre sont des noms de discours ».

(75) Le latin dit : « ils ont cependant leur usage dans les comptes pour les corriger ou les annuler, parce que ce sont eux qui nous font rejeter les noms incorrectement imposés ou mal appropriés ». Le mot que j'ai traduit plus haut par « inconnaissable » est *indocible* en anglais, *indocile* en latin.

aucune Définition ; les Gens d'Ecole et les Philosophes à l'esprit embrouillé (76) en ont forgé beaucoup.

D'autre part, ceux que l'on fait de deux Noms dont
les significations sont [contradictoires et] discordan-
tes, comme par exemple, parmi beaucoup d'autres :
un *corps incorporel*, (ou ce qui est tout un) une *substance incorporelle*. Quand en effet une affirmation est
fausse, les deux noms dont elle est composée [mis ensemble et] réunis en un seul ne signifient rien du
tout. Si, par exemple, il est faux d'affirmer qu'un carré
est rond, le mot *carré rond* ne signifie rien, ce n'est
qu'un simple son. De même, s'il est faux de dire qu'une
vertu peut être infusée ou insufflée, les mots *vertu
Infusée, vertu Insufflée* sont [aussi absurdes et aussi]
dépourvus de sens [que *carré rond*]. Et c'est pourquoi
on ne rencontre guère de mots absurdes et dépourvus
de signification qui ne soient fabriqués de quelque
nom Latin ou Grec (77). [Il serait bien exceptionnel
qu'un Français comprît si l'on appelait notre Sauveur du nom de *Parole*, mais il comprendra d'ordinaire
si on l'appelle du nom de *Verbe* ; cependant *Verbe* et
Parole ne diffèrent qu'en ce que l'un est Latin et l'autre Français.]

La Compréhension. — Quand, en entendant un Discours, on a les pensées pour la signification desquelles
les mots de ce Discours et leurs connexions ont été
ordonnés et constitués, on dit alors qu'on com-

____

(76) « *pusled Philosophers* » en anglais ; « *laborantibus Phi-
losophis* » en latin.

(77) Au lieu de : « de quelque nom latin ou grec », le latin
dit : « de noms inintelligibles pour le vulgaire ».

(78) Le latin dit : « Quand un discours fait naître chez celui

prend (78) ; la *Compréhension* n'est donc que la conception qui résulte du Discours. Par conséquent, si le
Langage est particulier à l'homme (comme il le semble
bien) la Compréhension lui est aussi particulière. D'où
il s'ensuit qu'il ne peut y avoir de Compréhension des
affirmations absurdes et fausses, lorsqu'elles sont universelles (79). Beaucoup de gens pensent qu'ils comprennent, alors qu'ils ne font que répéter les mots (80)
ou se les dire tacitement par cœur.

De ce que sont les formes de Langages qui désignent
les Appétits, les Aversions et les (81) Passions de l'esprit humain, de leur usage et de leur abus je parlerai
quand j'aurai parlé des Passions.

Les noms Inconstants. — En raison de ce que tous
les hommes ne sont pas semblablement affectés par une
même chose, ni le même homme à tous les moments,
les noms des choses qui [nous affectent c'est-à-dire
qui] nous plaisent [et qui nous déplaisent] ont [dans
nos discours habituels] une signification *inconstante*.
Puisqu'en effet les noms sont tous imposés pour signifier nos conceptions [et que toutes nos affections ne
sont que des conceptions], quand on conçoit les mêmes
choses différemment, il est difficile d'éviter de (82) les
nommer différemment. Et bien que la nature de ce

qui l'entend la pensée de la chose pour laquelle ce discours a été
ordonné, on dit alors que celui-là comprend ».

(79) Le latin dit : « des affirmations fausses qui sont en même
temps *universelles* » ; « *easdemque universales* ». Le texte latin
me paraît mieux rendre l'exacte pensée de l'auteur que le texte
anglais : « *in case they be universall* ». Pour Hobbes le mot
absurde ne doit se rapporter qu'au général. Voir page 53.

(80) Le latin dit : « des mots entendus ».

(81) Le latin ajoute : « autres ».

(82) Le latin dit : « quand on ressent différemment les mêmes
choses, il est souvent aussi (*etiam saepenumero*) nécessaire de ».

que l'on conçoit soit la même, cependant la diversité [des modes] de réception en rapport avec les différentes constitutions corporelles des individus et les (83) préjugés de l'opinion donne à chaque chose une teinte de nos différentes passions (84). C'est pourquoi, on doit (85), quand on raisonne, se méfier des mots qui, outre la signification se rapportant à la nature de la chose imaginée, ont aussi une signification se rattachant à la nature, à la disposition et à l'intérêt de celui qui parle (86) ; tels sont les noms des Vertus et des Vices (87). Ce que l'un appelle *Sagesse* (88), l'autre l'appelle *crainte* ; ce que l'un appelle *cruauté*, l'autre l'appelle *justice* ; ce que l'un appelle *prodigalité*, l'autre l'appelle *magnanimité* ; ce que l'un appelle *gravité*, l'autre l'appelle *sottise* (89), etc. De tels noms ne peuvent donc jamais être les bases véritables d'un raisonnement quelconque, et il en est de même des Métaphores et des Figures de rhétorique ; mais celles-ci sont beaucoup moins dangereuses, parce qu'elles accusent [nettement] leur inconstance [, ce que les autres mots ne font pas].

(83) Le latin dit : « ... de réception qui provient de la diversité des natures individuelles et des... ».

(84) Le latin dit : « fait que chacun impose aux choses des noms qui ont en quelque sorte la teinte de leur façon particulière de ressentir ».

(85) Le latin ajoute : « toujours ».

(86) Le latin dit : « ... quand on raisonne, soigneusement se garder d'ajouter à la signification de la chose elle-même quelque chose qui tienne de la nature, de la tournure d'esprit et des affections de celui qui parle ».

(87) Le latin dit : « les noms de cette catégorie sont surtout ceux des vertus et des vices ».

(88) « *Wisdome* » en anglais ; « *Prudentia* » en latin.

(89) « *stupidicy* » en anglais ; « *Stupor* » en latin.

CHAPITRE V

De la RAISON *et de la* SCIENCE.

CE QU'EST LA RAISON. — *Raisonner* (1) n'est que
conclure d'une *Addition* de parties à une somme totale
ou de la *Soustraction* d'une somme d'une autre à un
Reste (2) ; c'est (si on opère sur des Mots) conclure de
la conséquence des noms de toutes les parties (3) au
nom du tout, ou, des noms du tout et d'une partie au
nom de l'autre partie (4). Et, bien que, pour certaines
choses (comme les nombres), outre l'*Addition* et la *Soustraction*, on mentionne d'autres opérations, comme la
Multiplication et la *Division*, ces dernières cependant se
ramènent aux premières, car la Multiplication n'est
qu'une Addition de choses égales et la Division n'est que
la Soustraction d'une chose aussi souvent que cela se
peut. Ces opérations ne sont pas exclusivement particu-

---

(1) « *When a man reasoneth* » en anglais ; « *Qui ratiocinatur* »
en latin. *Raisonner* doit être pris ici dans son sens étymologique
rigoureux qui est : *compter, calculer.*

(2) Le latin dit : « Raisonner c'est chercher le total d'une
addition de parties ou le reste de la soustraction d'une partie
d'une autre ».

(3) Le latin dit : « du nom de la partie ».

(4) Le latin dit : « de la partie qui reste ».

lières aux Nombres ; elles intéressent toutes les espèces de choses susceptibles de s'ajouter les unes aux autres ou de se soustraire les unes aux autres. De même en effet que les Arithméticiens enseignent à additionner et à soustraire les *nombres*, les Géomètres enseignent la même chose pour les *lignes*, les *figures* [(solides et superficielles)], les *angles*, les *proportions*, les *temps*, les degrés de *vitesse*, de *force*, de *puissance*, etc. ; et les Logiciens pour les *Conséquences des mots* ; ils additionnent *deux Noms* pour faire une *Affirmation* (5), deux *Affirmations* pour faire un *Syllogisme*, plusieurs *Syllogismes* pour faire une *Démonstration* ; et, de la *somme* ou *Conclusion* d'un *Syllogisme*, ils soustraient une *Proposition* (6), afin de trouver la suivante. Ceux qui écrivent sur la Politique additionnent des *Pactes* pour trouver les *devoirs* humains ; les Jurisconsultes additionnent des *Lois* et des *faits* pour trouver ce qui est *juste* et ce qui est *injuste* (7) dans les actions humaines privées. [En somme,] partout où il y a place pour l'*addition* et la *soustraction*, il y a place aussi pour la *Raison* (8) ; et partout où il n'y a point place pour elles, la *Raison* n'a rien à faire.

Définition de la Raison. — D'après tout ceci, nous pouvons définir (9), c'est-à-dire déterminer ce que nous entendons par ce mot [*Raison*], quand nous

(5) « *Propositio* » (proposition) en latin ; « *Affirmation* » en anglais.

(6) Ici le latin et l'anglais donnent le mot « proposition ».

(7) Le latin dit : « *Jus et Injuria* » ; l'anglais « *right and wrong* ».

(8) « *Reason* » en anglais ; « *Ratio* » en latin. Se reporter au sens étymologique de *Raison* ; voir note 1, p. 48.

(9) Le latin ajoute : « la raison ».

rangeons la Raison parmi les Facultés (10) de l'esprit.
La Raison en effet n'est en ce sens que le *Calcul* (11)
(c'est-à-dire .l'Addition et la Soustraction) [des Con-
séquences] des noms généraux convenus pour *marquer* et *signifier* nos pensées ; je dis les *marquer*
quand nous calculons pour nous-mêmes, et les *signifier* quand nous démontrons [ou exposons] nos calculs à d'autres.

Où se trouve la Droite Raison. — Mais, de même
qu'en Arithmétique, ceux qui manquent d'expérience
doivent (12), et les Professeurs eux-mêmes peuvent, souvent se tromper et tomber dans l'erreur (13), de même
dans les calculs portant sur autre chose (14) les plus
habiles, les plus attentifs, ceux qui ont le plus pra-
tiqué peuvent aussi faillir et aboutir à des Conclusions
fausses; non que la Raison en elle-même ne soit toujours
une Droite Raison (15), tout comme l'Arithmétique est
.un Art certain [et infaillible] ; mais la Raison de personne, ni la Raison d'un aussi grand nombre que ce

(10) Le latin dit : « quand nous considérons cette dernière
comme une faculté... ».

(11) « *Reckoning* » en anglais ; « *Computatio* » en latin.

(12) « *must* » en anglais qui s'oppose à « *may* » que j'ai
traduit par « peuvent ». *Must* est moins fort que ne l'eut été
ought, doivent nécessairement. Le latin dit d'ailleurs : « ceux
qui manquent d'expérience font souvent (*sæpe*) (et non pas *semper*, toujours) de faux calculs... ». *Sæpe* s'oppose ici à « *ali-
quando* » quelquefois, qui concerne les professeurs.

(13) Voir note précédente pour la légère différence que présente ici le texte latin.

. (14) « *in any other subject of Reasoning* » en anglais ; « *in
Rationibus aliarum rerum* » en latin.

(15) Le texte latin est : « *non quod Ratio non sit ipsa semper
Recta Ratio* ». L'anglais est moins clair : « *Not but that Reason
itselfe is alwayes Right Reason* ».

soit ne fait la certitude, non plus qu'un compte n'est juste du fait qu'il a l'approbation unanime d'un grand nombre. De même donc que, lorsqu'il y a discussion au sujet d'un compte (16), les parties doivent volontairement [et d'un commun accord] accepter comme droite Raison la Raison d'un Arbitre ou d'un Juge à la sentence duquel l'une et l'autre s'en tiendront, faute de quoi leur discussion ou en viendrait aux coups ou resterait indécidée, puisqu'il n'y a pas de droite Raison constituée par la Nature, de même en est-il ainsi dans les débats de tout genre. Et quand ceux (17) qui se croient plus sages que tout le monde appellent à grands cris et réclament comme juge la droite Raison, ce qu'ils veulent en somme, c'est que leur procès ne soit tranché par d'autre raison [humaine] que la leur ; et, cela est aussi intolérable dans la société humaine que, dans le jeu de cartes, [lorsque l'atout est tourné,] de se servir (18) en guise d'atout [et en chaque occasion] de la couleur dont on a le plus [dans les mains]. Ces gens-là veulent seulement en effet que, dans leurs propres litiges, on prenne comme droite Raison les passions qui les dominent : en proclamant ainsi que la droite Raison est pour eux, ils prouvent leur manque de droite Raison (19).

(16) Le latin dit : « au sujet d'un compte ou d'un calcul (*in computatione sive Ratiocinatione*) ». L'anglais porte simplement : « *in an account* ».

(17) Le latin dit : « des arrogants ».

(18) Le latin dit : « de vouloir se servir ».

(19) Le latin dit : « Que font en effet ceux qui, même dans leurs propres procès, s'efforcent de faire prendre pour droite Raison les passions qui les dominent si ce n'est montrer par cette prétention même leur manque de droite Raison ? ».

L'usage de la Raison. — L'Usage et le But de la Raison n'est pas de découvrir l'ensemble des conséquences éloignées pouvant être tirées des définitions premières et des significations établies des noms, ni la vérité d'une ou de quelques-unes de ces conséquences ; (20) mais, partant de ces définitions premières, de procéder ensuite d'une conséquence à une autre (21). Il ne peut y avoir en effet de certitude de la dernière Conclusion s'il n'y en a pas des Affirmations et des Négations sur lesquelles elle a été basée (22) et d'où elle découle. Si un maître de maison qui reçoit des comptes (23) additionne les sommes de toutes les notes de dépense en un total sans regarder comment le total de chaque note a été additionné par celui qui la fournit [et sans se rendre compte de ce qu'il acquitte], il n'en tire pas plus d'avantage que s'il admettait le compte en gros s'en remettant au savoir-faire et à l'honnêteté de chacun de ceux qui ont fait les notes (24) : de même, dans les Comptes en toutes les autres choses, celui qui base ses conclusions sur la foi des Auteurs et ne les tire pas (25) des [premiers Articles dans chaque

(20) Le latin dit : « de découvrir une ou quelques-unes des conséquences éloignées susceptibles d'être tirées des premières définitions des noms ».

(21) Le latin dit : « . La Raison commence à partir des définitions premières, procède de là à une conséquence de plusieurs définitions, puis de là à une autre ».

(22) Le latin dit : « dont elle est composée ».

(23) Le latin dit : « qui examine les comptes de son intendant (*villicus*) ».

(24) Le latin dit : « que, si, se fiant au savoir-faire et à la probité de son intendant, il ne demandait pas qu'on lui rende de comptes ».

(25) « lui-même (*ipse*) » ajoute le latin.

Compte (c'est-à-dire des significations des] noms établies par définitions) (26) perd son temps, ne parvient
pas à une connaissance, mais seulement à une croyance.

De l'Erreur et de l'Absurdité. — Quand on
raisonne sans se servir de mots, ce qui peut se faire pour
les choses particulières (27) (comme quand, à la vue
d'une chose, on conjecture ce qui doit l'avoir précédée
ou ce qui vraisemblablement la suivra), si ce qu'on
pensait devoir la suivre ne la suit pas, ou si ce qu'on
pensait l'avoir précédée ne l'a pas précédée, il y a (28)
ce qu'on appelle Erreur ; et les plus prudents eux-mêmes sont sujets à l'erreur. Mais quand on Raisonne (29)
sur des Mots de signification générale, et, qu'on
aboutit à une conclusion générale qui est fausse, quoiqu'on dise communément qu'il y ait *Erreur,* il y a en
réalité Absurdité, c'est-à-dire Discours dépourvu de
sens. L'Erreur n'est en effet qu'une déception dans la
présomption qu'est passée ou à venir une chose qui,
bien qu'elle ne soit point passée ou bien qu'elle ne soit
point à venir, ne comporte cependant à ces points de
vue aucune impossibilité discernable (30). Mais, quand
on émet une assertion générale (31), si elle n'est pas
vraie, sa possibilité (32) est inconcevable. Et les mots

(26) Le latin dit : « des articles (*nominibus*) particuliers ».
(27) « *in particular things* » en anglais ; « *in nominibus Indivi-
duis* » en latin.
(28) Le latin ajoute : « chez celui qui raisonne ».
(29) Dans la première alternative (ligne 5) l'anglais porte
« *reckons* », le latin « *ratiocinatur* ». Ici par contre le texte
anglais use du verbe *to reason.*
(30) Le latin dit : « ... dans la présomption du passé ou de
l'avenir, présomption qui, bien qu'elle ne se soit pas vérifiée, ne
peut cependant être regardée comme impossible ».
(31) Le latin dit : « conclusion universelle ».

qui ne nous font concevoir qu'un son sont ceux que nous appelons *Absurdes, Sans signification* [et *Non sens*]. Si quelqu'un par conséquent venait à me parler d'un *Carré rond*, de la *présence de Pain dans le Fromage* (33), de *Substances Immatérielles*, d'un *Sujet libre, d'une Volonté libre*, ou de quoi que ce soit qui soit *Libre* (si ce n'est libre du fait d'être délivré d'empêchements), je ne dirais pas qu'il est dans l'Erreur, mais que ses paroles n'ont aucun sens, c'est-à-dire qu'elles sont Absurdes (34).

J'ai dit plus haut [(dans le second chapitre)] que l'Homme surpasse [tous] les autres Animaux dans la faculté de pouvoir (35), quand il conçoit une chose, en chercher les conséquences et les effets qu'il peut lui faire produire (36). Et j'ajoute maintenant cet autre degré de supériorité, à savoir qu'il peut à l'aide de mots ramener les conséquences qu'il trouve à des Règles générales (37) appelées *Théorèmes* ou *Aphorismes*, c'est-à-dire qu'il peut [Raisonner ou] calculer non seulement sur les nombres, mais sur toutes les autres choses susceptibles d'être ajoutées les unes aux autres ou soustraites les unes des autres.

(3₂) Le latin dit : « elle ».

(33) « *Accidents of Bread in Cheese* ».

(34) Le laun dit : « Tels sont par exemple ces mots, *un carré est rond, des substances sont immatérielles, un sujet est libre*. Si j'entendais quelqu'un parler ainsi, je ne dirais pas qu'il est *dans l'erreur*, mais que ses propos sont *absurdes* ».

(35) En anglais : « *in this faculty* » ; en latin : « *eo quod... natus sit* » ; donc d'après le latin : « dans la faculté innée de pouvoir ».

(36) Le latin ajoute : « pour son usage ».

(3₇) Le latin dit : « qu'il peut par les conséquences des mots trouver des règles générales ».

Mais ce privilège est contrebalancé par un autre qui est celui de l'Absurdité, privilège que ne possède aucune autre créature [vivante] que l'homme. Et, de [tous le] s hommes, ceux qui sont le plus sujets à l'absurdité sont ceux qui professent la Philosophie (38). Rien n'est en effet plus vrai que ce que *Cicéron* dit [quelque part] des Philosophes, à savoir qu'il ne peut rien y avoir de si absurde qu'on ne puisse le trouver dans leurs livres. La raison en est manifeste. Il n'est pas de philosophe qui commence ses raisonnements à partir des Définitions ou des Explications des noms dont il aura à se servir ; c'est là une méthode dont on ne fait usage qu'en Géométrie [, et, c'est pour cela que les Conclusions de la Géométrie restent indiscutables].

Les Causes d'absurdité. — La première cause d'Absurdité dans les conclusions, je l'attribue au manque de Méthode, c'est-à-dire au fait de ne pas commencer son Raisonnement à partir des Définitions, c'est-à-dire des significations établies des mots (39) ; c'est comme si l'on voulait établir un compte (40), sans connaître la valeur des mots numériques [: *un, deux et trois*]. (41)

(38) Le latin dit : « ceux que l'on a coutume d'appeler Philosophes ».

(39) Le texte latin est ici assez différent du texte anglais. Il dit : « L'absurdité des conclusions dans les autres sciences est imputable au défaut de méthode » (*les autres sciences* sont mises ici en opposition avec la géométrie) « à savoir que l'on ne commence pas ses raisonnements à partir des définitions des noms ». Cette première cause est dans le texte latin envisagée comme générale, la seconde cause est alors présentée comme la première, et, il n'est énuméré que six causes en tout, alors que le texte anglais en énumère sept.

(40) Le latin dit : « compter ».

(41) Le latin ajoute : « Et cette cause est générale. ».

Et, puisque tous les corps entrent en compte sous diverses considérations (ce que j'ai mentionné dans le précédent chapitre), [ces considérations ayant différents noms,] diverses absurdités procèdent de la confusion et de la connexion impropre de leurs noms dans les assertions (42). [Et par conséquent] :

La deuxième cause des assertions Absurdes, je l'attribue au fait de donner (43) des noms de *corps* à des *accidents* ou des noms d'*accidents* à des *corps*. Ainsi font ceux qui disent : *la Foi est infusée* ou *inspirée,* alors que rien, si ce n'est un corps, ne peut être *versé* ou *insufflé* [en quelque chose] ; ou bien, *l'extension* est un *corps,* les *fantômes* sont des *esprits* (44), etc...

La troisième cause des assertions absurdes, je l'attribue au fait de donner aux accidents (45) de nos *propres corps* les noms des *accidents de corps extérieurs à nous* ; ainsi font ceux qui disent que *la couleur est dans l'objet,* que *le son est dans l'air,* etc.

La quatrième, je l'attribue au fait de donner des noms (46) de *corps* à des *noms* ou à des *discours* ; ainsi font ceux qui disent qu'*il y a des choses universelles, qu'une créature vivante* (47) *est un Genre* [ou une chose générale, etc.].

(42) Le latin dit : « procèdent d'un défaut de distinction entre ces considérations, », puis il ajoute : « d'où il s'ensuit une liaison incorrecte des noms dans les propositions. ».

(43) Le latin dit : « Comme, d'abord, lorsque l'on attribue... ».

(44) Le latin donne le singulier.

(45) Le latin dit : « En second lieu, quand on attribue aux accidents ».

(46) Le latin dit : « En troisième lieu, quand on donne des noms ».

(47) « *living creature* » en anglais ; « *animal* » en latin.

La cinquième, je l'attribue au fait de donner des noms (48) d'*accidents* à des *noms* et à des *discours* ; ainsi font ceux qui disent que la *nature d'une chose est sa définition, que ce qui commande à l'homme c'est sa volonté* [, et toutes choses semblables].

La sixième, je l'attribue à l'emploi des Métaphores (49) [, Tropes] et autres figures de Rhétorique, à la place des mots propres ; car, bien que l'on puisse [légitimement] dire (par exemple), dans le langage courant, *la route va ou conduit ici ou là, le Proverbe dit ceci ou cela* [quoique les routes ne puissent pas aller et les Proverbes parler], cependant, dans les raisonnements et dans la recherche de la vérité, un tel langage n'est pas admissible (5o).

La septième, je l'attribue à l'emploi de ces noms qui ne signifient rien, mais dont l'usage vient des Ecoles où on les apprend par routine (5i), comme [*hypostatique,*] *transubstantiation, consubstantiation, Nunc stans* (5a) et tout jargon semblable (53) des Scholastiques.

A celui qui peut éviter tout cela (54), il n'est pas facile de tomber dans l'absurde, si ce n'est (55) par le

(48) Le latin dit : « En quatrième lieu, quand on donne des noms ».

(4g) Le latin dit : « En cinquième lieu, quand on fait usage de métaphores ».

(5o) Le latin dit : « cependant, ceux qui poursuivent la vérité ne peuvent admettre un tel langage dans un raisonnement ».

(5i) Le latin dit : « En sixième lieu, quand on use de noms acceptés à la légère et qui ne signifient rien ».

(5a) L'anglais porte : « *eternal Now* » ; je reproduis ici l'expression latine.

(53) Le latin dit : « et tous les termes semblables ».

(54) Le latin dit : « ces écueils ».

(55) Le latin ajoute : « peut-être ».

fait de la longueur d'un compte, car alors il est exposé
à oublier son début (56). Tous les hommes en effet
raisonnent également de par leur nature, et, ils raisonnent bien quand ils ont de bons principes (57). Car qui
donc serait assez stupide pour [tout à la fois] se tromper
en Géométrie et persister dans son erreur quand on
la lui a montrée ?

La Science. — De ceci, il apparaît que la Raison
n'est pas, comme la Sensation et la Mémoire, née avec
nous, ni acquise par la seule Expérience, comme l'est
la Prudence, mais [qu'on l'atteint] par l'Industrie :
tout d'abord, par la juste imposition des Noms, en second lieu (58), par [l'emploi d'] une Méthode bonne
[et ordonnée] qui consiste à partir des [Eléments que
sont les] Noms pour arriver aux Assertions (59) [fai-
tes de la Connexion des noms les uns avec les autres],
et, de là (60), aux Syllogismes [qui sont les Connexions
d'une Assertion à une autre], jusqu'à ce que l'on
parvienne enfin à une connaissance de toutes les Conséquences des noms qui se rapportent au sujet dont
on s'occupe ; et c'est cela qu'on appelle Science (61).
Et, alors que la Sensation et la Mémoire ne sont que
la connaissance du Fait, [c'est-à-dire d'une chose passée
et irrévocable,] la *Science* est la connaissance des Conséquences [et de la dépendance] d'un fait par rapport

(56) Plus exactement : « quelque chose de ce qui précède ».
(57) Le latin dit : « également et bien de par leur nature,
quand ils partent de principes vrais et clairs ».
(58) Le latin dit : « ensuite ».
(59) « *Propositio* » en latin.
(60) Le latin dit : « et des propositions ».
(61) Le latin dit : « ... de toutes les conséquences des noms
qui se rapportent à la Science ».

à un autre. Et, c'est par elle, qu'en dehors de ce que
nous pouvons présentement faire, nous savons comment faire quelque chose d'autre ou la même chose,
quand nous le voulons, à un autre moment (62) ; et
cela, parce que, quand nous voyons comment une chose
arrive, par quelles causes et de quelle façon, lorsque de
semblables causes viennent en notre pouvoir, nous
voyons comment (63) leur faire produire de semblables
effets.

Les enfants donc ne peuvent en aucune manière faire
acte de Raison avant d'avoir acquis l'usage de la Parole ;
on les appelle cependant Créatures Raisonnables à cause
de leur possibilité apparente d'acquérir l'usage de la
Raison dans l'avenir (64). Et la plupart des hommes
bien qu'ils puissent quelque peu Raisonner, comme
pour compter [dans une certaine mesure], ne se servent (65) cependant que peu de la raison dans la vie
ordinaire où ils se guident les uns mieux, les autres
plus mal suivant les différences de leur expérience,
[l'acuité] de leur mémoire et [les différentes directions]
de leurs tendances, mais surtout suivant la bonne ou
la mauvaise fortune et leurs mutuelles erreurs. Quant
à ce qui est de la *Science* en effet ou des règles certai-

(62) Le latin dit : « ... présentement faire, nous apprenons
à faire, si nous le voulons, quelqu'autre chose de semblable, à
un autre moment ».

(63) Le latin : « nous sommes instruits de la manière de
(*docemur*) ».

(64) Au lieu de : « à cause de leur possibilité... » le latin plus
elliptique dit simplement : « *propter potestatem tantum* ». Il
porte aussi « *animalia* » là où l'anglais dit « *Creatures* ».

(65) Le latin dit : « ne s'aident ».

(66) Le latin dit : « tellement éloignés qu'ils ne comprennent
d'autres règles de la vie que leurs propres désirs ».

nes de leurs actions, ils en sont tellement éloignés qu'ils ne savent pas ce que c'est (66). Ils (67) n'ont vu dans la Géométrie que de la Magie ; et en ce qui concerne les autres Sciences, ceux à qui on n'en a pas enseigné les principes et qui n'y ont pas fait assez de progrès pour voir comment on les acquiert et d'où elles procèdent sont, par rapport à elles comme les enfants qui n'ayant aucune idée de la génération (68) se laissent persuader par les femmes que leurs frères et sœurs ne sont pas nés, mais ont été trouvés dans le jardin.

Cependant, ceux qui n'ont aucune *Science* sont dans une condition [meilleure et] plus noble avec leur (69) Prudence naturelle que ceux qui, en raisonnant mal ou en se fiant à ceux qui raisonnent mal, aboutissent à des règles générales fausses et absurdes. Car l'ignorance des causes et des lois n'écarte pas les hommes de leur route autant que le fait de se baser sur des lois fausses et de prendre pour causes de ce à quoi ils aspirent ce qui n'est pas ces causes, mais bien plutôt les causes du contraire (70)

[Pour conclure,] la Lumière de l'esprit humain, c'est des Termes Clairs [, mais] purifiés d'abord par des définitions exactes, et purgés de toute ambiguité ; la *Raison* est la *marche*, l'accroissement de la *Science*, le *chemin* (71), et le Profit de l'humanité le *point d'aboutis-*

(67) Le latin dit : « Certains ».

(68) Le latin dit : « comme les enfants sont par rapport à la connaissance de la génération, qui ».

(69) Le latin ajoute : « seule ».

(70) Le latin dit simplement : « Car l'ignorance des causes et des lois n'engendre pas tant d'erreurs que les lois et les causes fausses ».

(71) Le latin dit : « la Raison est la marche (*gressus*) vers la

sement. Et, au contraire, les Métaphores, avec les mots *dépourvus* de sens et (72) ambigüs, sont [comme] des *ignes fatui* ; en les prenant comme base de raisonnement, on erre (73) parmi d'innombrables absurdités, et, l'aboutissant est la discorde, la sédition ou le mépris.

La Prudence et la Sapience, et leur différence. — De même que beaucoup d'Expérience est de la *Prudence*, beaucoup de Science est de la *Sapience* [; car, bien que d'habitude nous donnions le seul nom de Sagesse à l'une et à l'autre, les Latins pourtant distinguaient toujours entre *Prudentia* et *Sapientia*, attribuant la première à l'Expérience, la seconde à la Science]. Pour rendre plus claire cette différence, supposons un homme doué d'une disposition naturelle et d'une dextérité supérieures (74) pour manier ses armes, et, un autre qui aurait en plus de cette même dextérité une Science acquise de l'endroit où il peut frapper son adversaire ou bien de celui où son adversaire peut le frapper dans n'importe quelle position (75). La capacité du premier serait à la capacité du second comme la Prudence est à la Sapience ; l'une et l'autre

Science, la Méthode le chemin qui y va ». A la place de « *gressus* », on trouve « *pace* » en anglais. Variante du texte accepté : « *place* ».

(72) Le latin dit : « ou ».

(73) Au lieu : « en les prenant comme base de raisonnement, on erre » le latin dit : « celui qui s'y laisse aller erre ».

(74) Le latin dit : « doué naturellement d'une dextérité supérieure ».

(75) L'anglais dit : « *posture or guard* » ; je n'ai point traduit *guard*. Le latin dit : « une science acquise des armes, par laquelle il aurait parfaitement appris comment, et, dans quelle partie du corps, il peut, dans n'importe quelle position, frapper son ennemi ou être frappé par lui ».

sont utiles, mais la seconde est infaillible. Cependant, celui qui se fiant seulement à l'autorité des livres suit aveuglément les aveugles est comme un présomptueux (76) qui se fiant aux fausses règles d'un maître d'Escrime s'aventure contre un adversaire (77) et se fait tuer ou désarmer.

Les Signes de Science. — Les signes de Science sont les uns certains et infaillibles, les autres incertains. Il y a signe certain, quand celui qui prétend à la Science de quelque chose peut l'enseigner, c'est-à-dire en démontrer la vérité clairement à un autre. C'est un signe incertain, quand quelques événements particuliers seulement répondent à sa prétention et que dans plusieurs occasions seulement les règles qu'il a posées se vérifient (78). Les signes de prudence sont (79) tous incertains, parce qu'observer par expérience et se souvenir de toutes les circonstances qui peuvent modifier le résultat est impossible (80). Mais, dans les affaires qu'on ne peut aborder par une Science infaillible (81), renoncer à son propre jugement et se laisser guider par des sentences [générales] lues dans les Auteurs (82)

(76) Le latin dit simplement : « celui ».

(77) Le latin ajoute : « habile ».

(78) Le membre de phrase à partir de « et que » est remplacé dans le latin par : « alors que dans beaucoup d'autres cas il n'en est point ainsi ».

(79) Le latin ajoute : « donc »,

(80) Après « incertains », le latin dit : « . Personne ne peut en effet avoir remarqué toutes les circonstances essentielles d'un événement auquel il a assisté, ni se souvenir de toutes celles qu'il a vues ».

(81) Le latin dit : « ... affaires dont il n'y a pas de science infaillible ».

(82) Au lieu de « lues dans les auteurs », le latin dit : « de livres ».

[et sujettes à beaucoup d'exceptions] est un signe de sottise que l'on flétrit généralement du nom de Pédanterie (83). Et, parmi ceux qui, dans les Conseils de l'Etat, aiment à faire montre de leurs lectures en Politique et en Histoire, il en est bien peu qui se soucient de cela dans leurs affaires domestiques [, là où leur intérêt particulier est en jeu] ; la Prudence leur suffit pour leurs affaires privées (84) ; mais, lorsqu'il s'agit de la chose publique, ils s'attachent plus à la réputation de leur esprit qu'au succès des affaires des autres (85).

(83) Le latin dit : « est de l'imprudence ».

(84) « *having Prudence enough for their private affaires* ». La traduction que je propose me paraît préférable à celle-ci : « ils ont suffisamment de Prudence pour leurs affaires privées ». Le texte latin porte : « *in sua ipsius re unusquisque satis Prudens est* ».

(85) Le latin dit : « qu'à la chose publique elle-même ».

CHAPITRE VI

Des Débuts intérieurs des Mouvements Volontaires (1)
que communément on appelle Passions. *Et des for-*
mes de Langage qui les expriment.

Le Mouvement Vital et le Mouvement Animal. —
Il y a dans les Animaux deux sortes de *Mouvements*
qui leur sont particuliers. L'un s'appelle *Vital* ; il commence à la génération et se continue sans interruption
à travers toute la vie, tel est le *cours du Sang*, le *Pouls*,
la *Respiration*, la *Digestion*, la *Nutrition*, l'*Excrétion*,
etc. (2) ; là, l'Imagination n'a pas à intervenir. L'autre est le *mouvement Animal* autrement appelé *mouve-*
ment Volontaire (3), comme par exemple : *aller, parler,*

(1) L'anglais porte le pluriel, et le latin le singulier.

(2) G. Lyon (La Philosophie de Hobbes, Bibliothèque de
Philos. contemp., Paris, Alcan, 1893, page 113) donne de ce
membre de phrase la traduction suivante d'après le texte anglais :
« mouvements commencés dans la génération des animaux et
continués sans interruption à travers toute leur vie, tels que le
cours du sang, le pouls, la respiration, la digestion, la nutrition,
la sécrétion etc... ».

Voir à propos du Mouvement vital *De Corpore*, Quatrième
partie, Chapitre XXV (*De Sensu et Motu animali*), et plus particulièrement le paragraphe 12, où la question est traitée avec plus
de détails qu'ici, dans le Léviathan.

(3) Le latin dit mot à mot : « l'autre est appelé *animal* et *volon-*
taire.

mouvoir quelqu'un de ses membres suivant la façon qu'on a imaginée d'abord dans son esprit. Que la Sensation est un Mouvement qui, se produisant dans les organes et parties intérieures du corps humain, est causé par l'action des choses (4) que nous Voyons, Entendons etc., et que l'Imagination (5) [n'] est [que] le Reliquat de ce même Mouvement [, ce qui reste] après la Sensation, je l'ai déjà dit dans le premier et dans le second Chapitres. De ce que le fait d'*aller,* celui de *parler,* ainsi que les mouvements Volontaires du même genre dépendent toujours d'une pensée qui précède (*où, par où* et *quoi*), il s'ensuit évidemment que l'Imagination (6) est ce par quoi débute en nous tout Mouvement Volontaire (7). Et, bien que les gens sans culture ne conçoivent aucun mouvement (8) là où la chose qui se meut est invisible, ou là où l'espace où elle se meut est insensible (en raison de son peu d'étendue), n'empêche cependant qu'il existe de tels Mouvements ; car il ne peut y avoir d'espace assez petit pour que ce qui est mu dans un plus grand espace dont ce petit espace est une partie ne soit tout d'abord mu dans ce dernier. — L'Effort. — Ces petits commencements de Mouvements qui se passent à l'intérieur du corps humain sont, avant qu'ils ne se tra-

(4) « *caused by the action of the things* » en anglais ; « *factum ab Objectis* » en latin.

(5) « *Fancy* » en anglais ; « *Phantasia* » en latin.

(6) « *Imagination* » en anglais ; « *Phantasia* » en latin.

(7) A partir de : « il s'ensuit », G. Lyon ,La Philosophie de Hobbes, Paris, Alcan, 1893, p. 113) donne d'après le texte anglais la traduction qui suit : « Il est évident que tout mouvement volontaire a son premier commencement interne dans l'imagination ».

(8) Le latin dit : « Et, bien qu'il y en ait qui disent qu'il n'y a pas de mouvement du tout ».

duisent par le fait de marcher, de parler, de frapper ou par quelqu'autre action visible, [communément] appelés Effort (9).

L'Appétit. Le Désir. — L'Effort, quand il est dirigé vers ce qui le cause s'appelle Appétit ou Désir ; ce dernier terme est le vocable général ; — La Faim. La Soif. — l'autre terme est au contraire souvent restreint à la signification du Désir de Nourriture, c'est-à-dire la *Faim* et la *Soif* (10). — L'Aversion. — Et quand la direction de l'Effort va en s'éloignant de quelque chose, l'Effort est alors [d'une façon générale] appelé Aversion (11). Ces mots *Appétit* et *Aversion*, nous les tenons des *Latins* ; tous deux signifient des mouvements, l'un d'approche, l'autre de retraite ; et il en est de même des mots Grecs correspondants ὁρμὴ et ἀφορμὴ (12). Il arrive souvent que la Nature nous pousse vers des vérités contre lesquelles trébuchent ceux qui veulent chercher au-delà d'elle (13). Les Ecoles ne voient en effet dans l [e simple] Appétit [d'aller ou de se mouvoir] aucun Mouvement véritable (14) ; ne pouvant pourtant

(9) « *Endeavour* » en anglais ; « *Conatus* » en latin.

(10) Le latin dit : « d'un certain appétit particulier, comme la faim ou la soif ». D'après le latin, c'est le premier terme (*Appetitus*) qui est le vocable général.

(11) A partir de « L'effort, quand... », G. Lyon (La Philosophie de Hobbes, Paris, Alcan, 1893, page 114) traduit ainsi d'après le texte anglais : « Visc-t-il ce qui le cause, on l'appelle *appétit* ou *désir*..., s'en détourne-t-il, on le nomme généralement *aversion* ».

(12) Le latin dit simplement : « Les Grecs rendent ces deux mots appétit et aversion par ὁρμὴ et ἀφορμὴ.

(13) Le latin porte : « *illi qui ultra Naturam docti esse cupiunt* ». Dans la traduction du texte latin, le mot « souvent » doit être placé après le mot « trébuchent ».

(14) « *actuall Motion* » en anglais ; ceci ne paraît guère vou-

se refuser à admettre qu'il y a là un Mouvement quelconque, elles appellent cet appétit (15) Mouvement Métaphorique, ce qui est [tout simplement] absurde, car si l'on peut dire des Mots qu'ils sont métaphoriques, on ne peut pas le dire des Corps et des Mouvements.

L'AMOUR. LA HAINE. — Ce que l'on Désire, on dit aussi qu'on l'AIME (16), et l'on dit qu'on HAIT ce pourquoi on a de l'Aversion (17), de telle sorte que Désirer et Aimer ne font qu'un, sauf que, par Désir, on signifie toujours l'Absence de l'Objet, et par Amour le plus communément sa Présence. De même, par Aversion on signifie l'Absence, et par Haine la Présence de l'Objet.

Des Appétits et des Aversions, certains sont innés, comme l'Appétit de la nourriture, celui de l'excrétion et de l'exonération (on peut aussi et plus exactement (18) appeler ces derniers des Aversions de ce dont nous sentons la présence dans notre Corps) (19) [et

loir dire mouvement actuel, présent ; il semble qu'il faille se reporter ici au sens étymologique du mot *actuall* qui dérive d'*actus* lequel veut dire action de se mouvoir ; *actuall* renforcerait alors simplement *motion*. Le latin dit : « *nullum motum omnino* (aucun mouvement du tout) ».

(15) Le latin dit : « elles disent que c'est un ».

(16) « Aimer c'est avoir besoin » (Helvetius, III, XIV). Hobbes dit plus nettement dans la Nature humaine (*Hum. nat.*, IX, § 16) : « Cependant, nonobstant tous les éloges qu'ils (les poètes) en font (de l'amour), on ne peut le définir qu'en disant que c'est un *besoin* ; en effet c'est une conception qu'un homme a du besoin où il est de la personne qu'il désire. » (tra . française, Neufchâtel, 1787).

(17) Le latin porte : « *odioque habere ea quæ fugiunt* ».

(18) Le latin dit : « et en se plaçant à un autre point de vue ».

(19) A partir de « ce dont... » le latin dit : « , parce que ce

quelques rares autres]. Le reste, c'est-à-dire les Appétits des choses particulières procèdent de l'Expérience [et de l'épreuve] de leurs effets sur nous ou sur les autres. Car, de ce que nous ne connaissons point ou que nous ne croyons pas être, nous ne pouvons avoir d'autre Désir que celui [d'y goûter et] d'en essayer. Cependant, nous avons de l'Aversion non seulement pour les choses que nous savons nous avoir fait du mal, mais aussi pour celles dont nous ne savons pas si elles nous feront ou ne nous feront pas du mal.

Le Mépris. — Ce qu'on ne Désire ni ne Hait, on dit qu'on le *Méprise* : Le Mépris n'est qu'une immobilité ou une abstention formelle du Cœur résistant à l'action de certaines choses ; il provient de ce que le Cœur se trouve déjà occupé [d'une autre façon] par d'autres objets d'une action plus puissante ou encore de ce qu'on n'a pas l'expérience de ce qu'on méprise.

Et, en raison de ce que la constitution du Corps humain change continuellement, il est impossible que les mêmes choses produisent toujours en un même homme les mêmes Appétits et les mêmes Aversions, à plus forte raison que tous les hommes se rencontrent dans le Désir (20) d'un seul et même Objet.

Le Bien. — Mais, quel que soit l'objet de l'Appétit ou du Désir de quelqu'un, c'est, en ce qui le concerne, ce qu'il appelle le *Bien*. — Le Mal. — L'objet (21) de sa Haine et de son Aversion est ce qu'il appelle le *Mal*. L'objet de son Mépris, il l'appelle

---

sont des fuites de ce qui nous donne dans le corps une sensation pénible de plénitude et de poids ».

(20) Le latin dit : « dans l'appétit ».

(21) Le latin dit : « De même, l'objet ».

Vil [et *Indigne d'être pris en considération*]. Les mots
Bon, Mauvais et Méprisable sont donc toujours employés (22) relativement à la personne qui s'en sert ;
il n'existe rien qui le soit purement et absolument ;
on ne peut non plus fonder une Mesure (23) commune
du Bien et du Mal (24) sur la nature des objets eux-
mêmes (25), mais bien (, là où il n'y a point d'Etat,)
sur la Personne de celui qui parle, ou (, dans un Etat),
soit sur la Personne qui représente l'Etat, soit sur un
Arbitre ou un Juge que les parties en présence auront
convenu de constituer et dont elles feront de la sentence la Règle du Bien et du Mal (26).

PULCHRUM. TURPE. — La Langue Latine a deux mots
dont la signification approche de celle des mots Bien
et Mal, sans être cependant précisément la même. Ce
sont *Pulchrum* et *Turpe*. Le premier signifie ce qui,
par quelques signes apparents, promet le Bien, et, le
second ce qui promet le Mal. Mais, dans notre Langue,
nous n'avons pas de noms correspondants d'une expression aussi générale. Pour *Pulchrum* nous disons, dans
certains cas, *Fayre*, dans d'autres *Beautifull* ou *Hand-
some* ou *Gallant* ou *Honourable* ou *Comely* ou *Amiable*,
et, pour *Turpe*, *Foule*, *Deformed*, *Ugly*, *Base*, *Nau-
seous*, et autres mots semblables, suivant que le sujet le

(22) Le latin dit : « compris ».
(23) « *Rule* » en anglais ; « *regula* » en latin.
(24) Le latin dit : « du bien, du mal et du vil ».
(25) A partir de « on ne peut non plus », G. Lyon (La Philosophie de Hobbes, Paris, Alcan, 1893, page 115) traduit ainsi
d'après le texte latin : « il n'existe point de commune règle du
Bien et du Mal qui puisse être empruntée à la nature des objets
eux-mêmes ».
(26) Le latin dit : « sur un arbitre ou un juge constitué ».

requiert. Tous ces mots, dans leurs emplois respectifs, signifient seulement l'*Apparence* ou la Physionomie (27) qui promet le Bien et le Mal ; — L'Agréable. L'Utile. Le Désagréable. L'Inutile. — et, ainsi, il y a trois sortes de Bien : Le Bien en tant que Promesse qui est *Pulchrum* , le Bien en tant qu'Effet, dans le sens de fin désirée, qu'on appelle *Jucundum* , *Agréable* (28), et le Bien en tant que moyens qu'on appelle *Utile, Profitable*. Et il en est de même du Mal ; le Mal, en tant que Promesse, est ce que l'on appelle *Turpe*, le Mal en tant qu'Effet et fin est *Molestum, Désagréable, Pénible* (29), et, le mal en tant que moyens est *Inutile, Improfitable, Nuisible* (30).

Le Plaisir. Le Déplaisir. — De même que, dans la Sensation (31), ce qui est [réellement] en nous (32)

(27) En anglais : « *the Mine or Countenance* ».

(28) En anglais : « *Delightfull* ».

(29) En anglais : « *Unpleasant. Troublesome* ».

(30) A partir de : « *La langue latine...* » le texte latin dit : « *Pulchrum* et *Turpe*, signifient à peu près, mais non d'une façon précise, la même chose que *Bonum* et *Malum*. *Pulchrum* signifie ce qui, par des signes apparents *promet le bien*, et *Turpe* ce qui *promet le mal*. De l'un et de l'autre, il est diverses formes : *Formosum, Honestum, Decorum, Jucundum* sont des formes de *Pulchrum* ; *Deforme, Inhonestum, Molestum* sont des formes de *Turpe*. Tous ces vocables ne signifient qu'une promesse ou de bien ou de mal. Il y a trois sortes de bien : l'une en tant que promesse, *Pulchritudo* ; l'autre par rapport à la chose elle-même (*in re*), on l'appelle *Bonitas* ; la troisième en tant que fin, et c'est *Jucunditas*. En outre, le bien qui en tant que fin s'appelle *Jucundum*, en tant que moyen s'appelle *Utile*. De même, le mal qui en tant que promesse s'appelle *Turpe*, en tant que fin s'appelle *Molestum*.

(31) En latin : « *in Sensione* ».

(32) Le latin dit : « dans le corps qui sent (*intra corpus sentiens*) ».

est seulement [(comme je l'ai déjà dit)] un Mouvement
provenant de l'action des objets [extérieurs], mais [en
apparence] la Lumière et la Couleur pour la Vue, le Son
pour l'Audition, l'Odeur pour l'Odorat, etc., de même,
[quand] l'action du même objet se poursuit (33) des
Yeux, des Oreilles et des autres organes des sens [jus-
qu'au Cœur, l'effet réel] n'est aussi qu'un Mouvement
ou Effort qui consiste en un Appétit ou une Aversion [pour ou contre l'objet qui détermine le mou-
vement]. Mais l'apparition (34) [ou sensation] de ce
mouvement est ce que l'on appelle Plaisir ou Chagrin (35).

Les choses qui plaisent. — Ce Mouvement qu'on
appelle Appétit, et en raison de son apparence *Plaisir* (36), semble être une corroboration du mouvement
Vital, une aide qui lui est apportée ; ce (37) n'est donc
pas improprement que les choses qui causent du Plaisir ont été appelées *Jucunda* (de *Juvando*) [, puisqu'elles aident et fortifient le mouvement vital] ; — Les
choses qui déplaisent. — et leurs contraires *Molesta*
[*Pénibles,* puisqu'elles le gênent et le troublent].

Le *Plaisir* (38) [(ou *Delight*)] est donc l'apparition

(33) En latin : « l'action de l'objet poursuivie ». Le latin
porte : « ... *continuata ad Oculos...* », ce qui me paraît difficilement explicable.

(34) « *Apparence* » en anglais ; « *Apparitio* » en latin.

(35) « Delight *or* Trouble of mind » en anglais.

(36) « *Delight and Peasure* » en anglais. On pourrait peut-
être dire pour faire en français cette distinction : « Agrément et
Plaisir ».

(37) Le latin dit : « Mais ce mouvement semblant être, en
raison du plaisir qui l'accompagne, une aide apportée au mouvement vital, ce... ».

(38) « *Pleasure* » en anglais ; « *Jucundum* » en latin.

ou la sensation de Bien (39), et la *Molestation* ou *Déplaisir*, l'apparition ou la sensation de Mal (40). Tout Appétit [, tout Désir] et tout Amour est par conséquent accompagné d'un Plaisir plus ou moins grand, toute Haine et toute Aversion (41) de plus ou moins de Déplaisir [et de Peine] (42).

Les Plaisirs des sens. — Parmi les Plaisirs, [ou Delights,] certains proviennent de la sensation d'un objet Présent ; et on peut les appeler *Plaisirs des Sens* (le mot *sensuel* étant employé seulement pour les condamner, il n'y a pas à en faire usage tant que les Lois n'ont pas été posées) (43). De cette sorte sont [toutes] les Onérations et Exonérations du corps, ainsi que tout ce qui plait à la *Vue*, à l'*Oreille*, à l'*Odorat*, au *Goût* ou au *Toucher*. — Les Plaisirs de l'esprit. — D'autres plaisirs proviennent de l'attente qui procède (44) de la prévision de la Fin ou Conséquence (45) des choses, que ces choses soient Agréables ou Désagréables (46) aux Sens ; — La Joie. — ce sont des *Plaisirs de l'Esprit* pour ceux qui tirent ces conséquences, et, on les appelle

---

(39) Le latin dit : « *Jucundum* est donc le bien apparent ».

(40) Le latin dit : « et *Molestum* le mal apparent ».

(41) « *Aversion* » en anglais ; « *Fuga* » en latin.

(42) « *Displeasure and Offence* » en anglais ; « *Molestia* » en latin.

(43) Le latin dit : « on peut les appeler *plaisirs sensuels*, terme qui n'implique rien de coupable tant qu'aucune loi ne les condamne ».

(44) Au lieu de « qui procède » le latin dit : « c'est-à-dire ».

(45) Le latin porte le pluriel.

(46) « *whether those things in the Sense Please or Displease* » en anglais ; « *sive illa ad Sensum jucunda, sive injucunda sint* » en latin.

du nom général de Joie. — La Douleur. Le Chagrin.
— Semblablement, il y a des Déplaisirs dans la Sensation qu'on appelle Douleur (47), d'autres dans l'Ex-
pectation [des conséquences] qu'on appelle Chagrin (48).

Les Passions simples qu'on appelle *Appétit, Désir,
Amour, Aversion, Haine, Joie et Chagrin* (49), prennent différents noms suivant les différents points de
vue auxquels on les considère. En premier lieu, et,
quand elles se succèdent, on les appelle diversement suivant l'opinion que l'on a de la vraisemblance d'atteindre
ce que l'on désire. En second lieu, suivant que l'objet
est aimé ou haï (50). En troisième lieu, suivant que l'on
considère ensemble plusieurs de ces passions. En quatrième lieu, suivant leur Mode [de changement ou]
de succession.

L'Espoir. — L'*Appétit* avec l'opinion d'atteindre
s'appelle Espoir.

Le Désespoir. — L'Appétit sans cette opinion, Désespoir.

La Crainte. — L'*Aversion* avec l'opinion de subir
un *Dommage* [du fait de l'objet s'appelle] Crainte.

Le Courage. — L'*Aversion* avec l'espoir d'éviter ce
Dommage en résistant, Courage.

(47) Le latin dit : « douleurs du corps, *Dolores corporis* » ;
en anglais : « Payne ».

(48) Le latin dit : « douleurs de l'esprit, *Dolores animi* » ; en
anglais « Griefe ».

(49) « *Dolor* » en latin ; « *Griefe* » en anglais.

(50) Le latin dit : « En premier lieu, selon qu'elles semblent
devoir se succéder ; en second lieu, selon que nous tendons
vers l'objet ou que nous le fuyons ».

La Colère. — Le *Courage* soudain s'appelle Colère.

La Confiance en soi. — L'*Espoir* constant s'appelle Confiance en soi (51).

La Défiance de soi. — Le *Désespoir* constant, Défiance (52) de soi.

L'Indignation. — La *Colère* que suscite un grand dommage fait à un autre, quand nous concevons que ce dommage a été fait Injustement, s'appelle Indignation.

La Bienveillance. La Bonté. — Le *Désir* de bien pour un autre s'appelle Bienveillance, [Bon vouloir,] Charité [, et quand cela s'applique au genre humain d'une façon générale, Bonté].

La Cupidité. — Le *Désir* des Richesses s'appelle Cupidité (53), et, c'est là un mot dont on use toujours en lui donnant la signification d'un blâme (54), [parce que] chacun luttant pour la possession des richesses [est mécontent d'en voir d'autres les obtenir]. Ce désir en lui-même est à blâmer ou à approuver suivant les moyens que l'on emploie pour le remplir (55).

L'Ambition. — Le *Désir* des Places ou des digni-

---

(51) Le latin dit : « L'espoir en soi, s'il est constant, s'appelle confiance ».

(52) « *Diffidence* » en anglais ; « *Animi Abjectio* » en latin.

(53) « *Covetousnesse* » en anglais ; « *Avaritia* » en latin. Il ne faudrait pas traduire ici par « avarice », car l'avarice est plutôt le désir de conserver que celui d'acquérir.

(54) Le latin dit : « et c'est là un mot pris presque toujours dans un mauvais sens ».

(55) Le latin dit : « suivant que les moyens employés pour rechercher les Richesse sont bons ou mauvais ».

tés (56) s'appelle Ambition ; et c'est encore là un nom qu'on emploie dans un très mauvais sens pour la raison mentionnée ci-dessus (57).

La Pusillanimité. — Le *Désir* des choses qui ne conduisent que partiellement à nos fins (58) et la crainte des choses qui n'y apportent qu'un faible obstacle s'appelle Pusillanimité.

La Magnanimité. — Le *Mépris* des secours et des obstacles de peu d'importance s'appelle Magnanimité.

La Valeur. — La *Magnanimité* dans le danger de Mort ou de Blessures s'appelle Valeur, Grandeur d'ame (59).

La Libéralité. — La *Magnanimité* dans l'usage des Richesses s'appelle Libéralité.

La Pauvreté (60). — La *Pusillanimité* dans le même cas s'appelle [Misère, Pauvreté ou] Ladrerie (61) [suivant qu'elle plaît ou qu'elle répugne].

[L'Amabilité. — L'Amour des Personnes en vue de leur fréquentation s'appelle Amabilité (62).

La Convoitise naturelle. — L'Amour des Per-

---

(56) Le latin dit : « le désir des dignités publiques ».

(57) Le latin dit : « à cause des luttes humaines, *propter contentionem hominum* ».

(58) « *Ad institutum nostrum* » en latin ; c'est-à-dire aux fins que nous poursuivons et ne pouvons pas ne pas poursuivre. Pour comprendre le sens précis de ce mot *institutum*, comparer avec la phrase connue de Spinoza « *Per jus et institutum naturae, etc...* ». *Tract. theol. polit.*, XVI, 2.

(59) « Valour, Fortitude » en anglais ; « *Virtus bellica* » en latin, valeur guerrière. Le latin dit : « mort violente ».

(60) « *Miserableness* » en anglais ; « *Tenacitas* (Ladrerie) » en latin.

(61) « *Parsimony* » en anglais ; « *Tenacitas* » en latin.

(62) « *Kindnesse* » en anglais.

sonnes en vue du Plaisir des sens seulement s'appelle
Convoitise naturelle (63).

La Luxure. — Quand il provient du Rappel à l'esprit (64), c'est-à-dire de l'Imagination d'un Plaisir
passé, il s'appelle Luxure.

La Passion d'Amour. — L'*Amour* d'une personne
prise en particulier avec le désir d'en être aimé seul
s'appelle Passion d'Amour. — La Jalousie. — Lié
à la crainte de ne pas le voir partagé, il s'appelle Jalousie.]

La Vindicativité. — Le *Désir* de faire du mal à
quelqu'un en vue de lui faire regretter l'acte qu'il a
commis s'appelle Vindicativité (65).

La Curiosité. — Le *Désir* de connaître le pourquoi
et le comment s'appelle Curiosité. Et ce désir ne se
rencontre dans aucune autre créature vivante que
l'*Homme* (66) qui se distingue ainsi des autres *Animaux*, non seulement par sa Raison, mais aussi par cette
Passion particulière (67). Chez les autres animaux en
effet, l'appétit de la nourriture et des autres plaisirs
des Sens sont à ce point prédominants qu'ils étouffent
le souci de connaître les causes (68) ; et ce souci est
une Soif (69) de l'esprit qui, par la persévérance du

(63) « Naturall lust ».

(64) L'anglais « *Rumination* » est extrêmement expressif.

(65) « *Revengefulnesse* » en anglais ; « *Vindicta* » en latin.

(66) Le latin dit : « cette passion n'existe que chez l'homme
seul ».

(67) Le latin dit : « cette passion que j'appelle *curiosité* ».

(68) « *take away the care of knowing causes* » en anglais ;
« que le souci de connaître les causes fait défaut » dit simplement le latin.

(69) « *Lust* » en anglais ; « concupiscentia » en latin.

plaisir qu'elle cause, dans la production continuelle et inlassable de la Connaissance (70), dépasse (71) la courte violence de n'importe quel Plaisir charnel (72).

La Religion. — La *Crainte* d'une puissance invisible (73), qu'elle soit une fiction de l'esprit ou qu'on se l'imagine d'après des traditions publiquement admises est la Religion. — La Superstition. — Quand les traditions ne sont pas publiquement admises, c'est la Superstition. — La Vraie Religion. — Et, quand la puissance imaginée est vraiment telle qu'on l'imagine, c'est la Vraie Religion (74).

La Terreur Panique. — La *Crainte*, lorsqu'on ne sait pas ce que l'on craint, ni pourquoi l'on craint est la Terreur Panique ; on l'appelle ainsi parce que, d'après la fable, Pan en serait l'auteur. A la vérité, dans le cas de terreur panique, il y a toujours en celui qui a eu peur le premier une certaine compréhension de la cause de sa peur, encore que ce soit à son Exemple

(70) Le latin dit : « qui jointe à la volupté perpétuelle et infatigable de la génération des connaissances ».

(71) Le latin ajoute : « de beaucoup ».

(72) Le latin dit : « des voluptés des sens ».

(73) L'anglais porte le singulier, le latin le pluriel.

(74) Dans l'Histoire du Matérialisme de Lange (Trad. Pommerol, 1877), je relève de ce passage la traduction suivante (Vol. I, page 493, note 24) : « La crainte des puissances invisibles, soit imaginaires, soit transmises par les histoires et acceptées par l'Etat constitue la *religion* ; quand l'Etat ne les a pas admises, il y a *superstition*. Quand ces puissances sont réellement telles que nous les avons reçues, c'est la *vraie religion* ». Page 255 du texte, la traduction de la première partie de la phrase est la suivante : « La crainte de puissances invisibles, imaginaire ou transmise par la tradition, s'appelle religion, quand elle est établie au nom de l'Etat ; elle s'appelle superstition, lorsqu'elle n'a pas une origine officielle ».

que les autres prennent la fuite, chacun supposant que
son voisin sait pourquoi l'on fuit. Voilà pourquoi cette
Passion ne se manifeste (75) que dans une [mêlée ou
une] foule [populaire].

L'Admiration. — La *Joie* qui survient lorsqu'on
apprend quelque chose de nouveau est l'Admiration ; et elle est propre à l'Homme, en raison de ce
qu'elle excite l'appétit de connaître la cause.

La Gloire. — La *Joie* qui provient de l'imagination
de sa propre puissance et de sa propre capacité (76)
est ce triomphe de l'esprit que l'on appelle la
Gloire (77) ; si elle est basée sur l'expérience de
ses actions [antérieures], elle se confond avec la *Confiance*. — La Vaine gloire. — Mais, si elle est basée
sur la flatterie des autres ou seulement supposée par
soi-même, par complaisance dans les conséquences
qu'elle comporte (78), on l'appelle Vaine Gloire (79)
[, et, elle est bien nommée] : une Confiance légitime
conduit en effet à Entreprendre ; mais le fait de se supposer la puissance ne l'engendre pas ; c'est donc à
juste titre que la Gloire dans ce cas est appelée
Vaine (80).

Le Découragement. — Le *Chagrin* qui résulte de

---

(75) Le latin ajoute : « jamais ».

(76) « *ability* » en anglais ; « *Virtus* » en latin.

(77) « *Glorying* » en anglais.

(78) Le latin dit : « par soi-même, en raison du plaisir qui suit
habituellement les grandes actions ».

(79) « *Gloria inanis vel vana* » dit le latin.

(80) Le latin dit simplement : « La confiance engendre l'entreprise ; la vaine gloire ne peut la produire ». « *Fiducia enim
gignit Aggressum ; id quod inanis Gloria producere non potest* ».

l'opinion de son manque de puissance s'appelle Découragement (81).

La *Vaine Gloire* qui consiste dans la fiction ou la supposition (82) [en nous-même] de capacités que nous
savons ne pas avoir est le propre ou peu s'en faut de la
jeunesse ; elle se nourrit par les Histoires ou les Légen-
des de Héros (83) ; l'Age et les Occupations en corrigent
le plus souvent (84).

La Glorification Soudaine. Le Rire. — La *Glorification Soudaine* (85) est la passion qui produit [ces
Grimaces qu'on appelle] le Rire ; elle est causée, soit
par un acte soudain que nous avons fait et qui nous
charme, soit par la conception de quelque défectuo-
sité (86) en un autre ; et alors, tout d'un coup, nous
nous félicitons par comparaison. Ceux à qui cela arrive
le plus souvent sont ceux qui, se rendant compte de ce
qu'ils n'ont que peu de capacités, s'arrachent une opinion favorable d'eux-mêmes en observant les imperfections des autres (87). Rire beaucoup [des défauts des au-
tres] est donc un signe de Pusillanimité. Ce que font
plus particulièrement les grands esprits est en effet

(81) « Dejection *of mind* » en anglais ; « *Demissio animi* » en
latin.

(82) Le latin dit : « dans la supposition feinte ».

(83) Le latin dit : « des grandes actions ».

(84) Le latin dit : « pour une grande part ».

(85) « *Sudden Glory* » en anglais ; « *Gloriatio subita* » en latin.

(86) Le latin dit : « de quelque chose de défectueux ou de
déplaisant ».

(87) Le latin dit : « ne peuvent garder d'eux-mêmes une
bonne opinion qu'en observant les imperfections des autres ».

prêter assistance aux autres, les libérer de la risée (88) et ne se comparer qu'aux plus capables (89).

LE DÉCOURAGEMENT SOUDAIN. LE PLEURER. — Au contraire, le *Découragement Subit* est la passion qui cause LES PLEURS ; elle est causée par des accidents de nature à détruire tout d'un coup un grand espoir ou quelque étai de notre puissance. Ceux qui sont le plus sujets aux larmes sont ceux qui comptent (90) surtout sur les secours étrangers, comme les Femmes et les Enfants ; les uns Pleurent parce qu'ils ont perdu leurs Amis (91), d'autres parce que leurs amis leur manquent d'amitié (92), d'autres pour l'arrêt brusque qu'apporte à leur idée de vengeance une Réconciliation (93). Mais dans tous les cas, le Rire et les Larmes sont des mouvements soudains ; l'Accoutumance les fait peu à peu disparaître [l'un et l'autre] : personne ne Rit de plaisanteries anciennes, ni ne Pleure sur un malheur ancien (94).

LA HONTE. LE FAIT DE ROUGIR. — Le *Chagrin* qui provient de la pensée qu'on a pu découvrir en nous un défaut de capacité (95) est la HONTE (96) ; c'est la pas-

(88) « *from scorn* » en anglais ; « *a contemptu,* du mépris » en latin.

(89) « *with the most able* » en anglais ; « *cum maximis hominibus* » en latin.

(90) « *rely on* » en anglais ; « *qui indigent,* qui ont besoin de, qui se sentent le besoin de » en latin.

(91) « *for the losse of Friends* » en anglais ; le latin plus précis dit : « *jacturam amicorum* ». *Jactura* est à proprement parler l'action de rejeter par dessus bord.

(92) Le latin dit simplement « pour l'ingratitude ».

(93) Le latin dit : « d'autres parce qu'ils se réconcilient, car il en résulte un obstacle soudain à la vengeance qu'ils espèrent ».

(94) Le latin porte le pluriel.

(95) Le latin dit : « quelque chose de déplaisant ».

(96) « *Shame* » en anglais ; « *Pudor* » en latin.

sion qui se trahit dans le fait de Rougir. [Elle consiste dans la conception de quelque chose de déshonorant.] Chez les jeunes gens, elle est un signe de l'amour d'une bonne réputation, et, on l'apprécie ; chez les vieillards, elle a la même signification, mais, comme elle vient trop tard, on ne l'apprécie pas (97).

L'Impudence. — Le *Mépris* de la bonne Réputation s'appelle Impudence.

La Pitié. — La *Douleur* que cause le Malheur d'un autre est la Pitié (98) ; elle provient de l'imagination (99) qu'un semblable malheur peut nous atteindre, et, c'est pourquoi on lui donne aussi le nom de Compassion [et, dans le langage moderne, de Fellow-feeling] ; ainsi s'explique que, pour un Malheur qui vient à la suite d'une grande scélératesse, les meilleurs ont le moins de pitié (100) ; et qu'en face d'un même Malheur, ceux qui ont le moins de Pitié sont ceux qui pensent être le moins sujets à un malheur semblable (101).

La Cruauté. — Le *Mépris* du malheur des autres

(97) Le latin dit : « Chez les vieillards on ne l'apprécie pas parce que les vieillards sont moins dignes d'indulgence, *minus Venia digni* ».

(98) « *Pitty* » en anglais ; « *Misericordia* » en latin.

(99) Le latin dit : « de la considération ».

(100) Le latin dit : « c'est ce qui explique qu'un malheur qui arrive à l'auteur d'un grand crime excite beaucoup moins la Pitié ».

(101) A partir de « pour un malheur », G. Lyon (La Philosophie de Hobbes, Paris, Alcan, 1893, page 126) traduit ainsi d'après le texte anglais : « Quand la calamité arrive par suite d'une grande scélératesse, les hommes les meilleurs ont le moins de pitié et, pour une même calamité, ceux-là ont le moins de pitié qui s'y jugent le moins sujets ».

[ou le fait de le ressentir peu] est ce que l'on appelle
Cruauté ; il provient de la Sécurité de sa propre fortune (102) ; car, qu'on puisse prendre gratuitement (103) plaisir aux [grands] malheurs (104) des
autres, je ne le conçois pas possible.

L'Émulation. L'Envie. — Le *Chagrin* causé par
le succès d'un Compétiteur en matière de richesses,
d'honneur ou de tout autre bien, s'il est accompagné de
l'Effort d'augmenter ses propres moyens (105) [afin
d'égaler ou de dépasser ceux de ce compétiteur] s'appelle
Émulation ; mais, s'il est accompagné de l'Effort de
l'évincer ou de le gêner, c'est l'Envie.

. La Délibération. — Quand, dans notre esprit (106), des Appétits, des Aversions, des Espoirs
et des Craintes (107) au sujet d'une seule et même
chose se produisent alternativement, et quand diverses (108) conséquences bonnes et mauvaises du fait
de faire ou de ne pas faire [la chose en question nous]
viennent successivement à la pensée, de telle sorte
que tantôt nous [en] avons l'Appétit et tantôt l'Aversion, tantôt l'Espoir [de pouvoir la faire], tantôt [la
Désespérance ou] la Crainte [de la tenter], la somme de

(102) Le latin dit : « de l'opinion que nous avons de notre
sécurité ».

(103) « *without other end of his own* » en anglais ; « *sine alio
fine* » en latin.

(104) « *in other mens great harmes* » en anglais ; « *in malis
alienis* » en latin.

(105) « *our own abilities* » en anglais ; « *propriam diligen-
tiam* » en latin.

(106) Le latin dit : « dans l'esprit humain ».

(107) Le latin met le singulier.

(108) Au lieu de « diverses » le latin dit « des ».

tous ces Désirs, Aversions, Espoirs et Craintes (109) se poursuivant jusqu'à ce que la chose soit faite ou jugée impossible (110) est ce qu'on appelle Délibé-ration.

En ce qui concerne les choses passées, il n'y a donc pas de *Délibération*, parce qu'il est manifestement impossible d'y rien changer (111) ; et il en est de même des choses reconnues impossibles ou que l'on croit telles ; on sait ou on pense en effet qu'il est vain de Délibérer de ces choses (112) ; et, si des choses impossibles que nous croyons possibles nous pouvons cependant Délibérer, c'est que nous ne savons pas que c'est en vain. Et on appelle cela *Délibération* parce que cela consiste dans le fait de mettre un terme à la *Liberté* que nous avions de faire ou de ne pas faire [suivant notre Appétit ou notre Aversion].

Cette Succession alternante d'Appétits, d'Aversions (113), d'Espoirs et de Craintes (114) ne se rencontre pas moins dans les autres Créatures vivantes que dans l'Homme (115) ; les Bêtes donc délibèrent aussi.

Une *Délibération* est dite à Terme quand la chose dont on Délibère est faite ou reconnue (116) impos-

(109) Le latin dit : « la somme de toutes ces passions réunies ».

(110) Le latin dit : « ou rejetée ».

(111) « *quia præteritum immutabile est* » dit le latin ; « parce qu'au passé on ne peut rien changer ».

(112) A partir de : « ; on sait… » le latin dit : « , parce qu'il est vain de délibérer de ces choses ».

(113) Le latin porte partout le singulier.

(114) Au lieu de « d'espoirs et de craintes » ; le latin dit « etc… ».

(115) Le latin dit : « est commune à l'homme et aux autres animaux ».

(116) « *thought* » en anglais ; « *redditum* » en latin.

sible ; jusqu'à ce moment nous conservons en effet la liberté de faire ou de ne pas faire suivant notre Appétit ou notre Aversion (117).

La Volonté. — Dans la *Délibération*, le dernier Appétit ou la dernière Aversion aboutissant immédiatement à l'action ou au fait de ne pas agir est ce qu'on appelle la Volonté, (118) l'Acte, (non la faculté) (119) de *Vouloir*. Et les Bêtes qui ont la Délibération doivent nécessairement avoir aussi la *Volonté* (120). La Définition de la *Volonté* [donnée communément] par les Ecoles, à savoir qu'elle est un *Appétit Rationnel*, est mauvaise (121), car si elle était bonne (122) il ne pourrait y avoir d'Acte Volontaire contraire à la Raison. Un *Acte-Volontaire* est en effet celui qui procède de la *Volonté* et rien autre chose. Mais, si au lieu d'un Appétit Rationnel, nous disons un Appétit résultant d'une Délibération précédente, alors la Définition est la même que celle que j'ai donnée [ici. La Volonté est donc] (123) *le dernier Appétit dans la Délibération*. Et, bien que nous disions dans le Langage usuel que quelqu'un a eu à un moment donné la Volonté

(117) Le latin dit : « de faire ou de ne pas faire à notre gré, *pro arbitrio* ».

(118) Le latin dit : « ..., aversion aboutissant immédiatement à l'action au sujet de laquelle on délibère est la Volonté ; je dis ».

(119) « *faculty* » en anglais ; « *potentia*, puissance » en latin.

(120) Le latin dit : « d'où il s'ensuit que les bêtes, puisqu'elles délibèrent, possèdent aussi la volonté ».

(121) Le latin dit : « n'est pas légitime ».

(122) Le latin dit : « légitime ».

(123) Les mots placés entre crochets sont remplacés dans le latin par « c'est-à-dire ».

de faire une chose et s'en est néanmoins abstenu (124),
ce n'est pourtant à proprement parler qu'une Inclination (125), qui ne fait pas qu'une Action soit Volontaire, parce que l'action ne dépend pas d'une Inclination (126), mais de la dernière Inclination ou Appétit (127). Si en effet les Appétits intercurrents rendaient
une action Volontaire, pour la même raison, toutes les
Aversions intercurrentes devraient rendre la même action Involontaire ; et ainsi une seule et même action
serait tout à la fois Volontaire et Involontaire (128).

De ceci, il est manifeste que sont des *actions volontaires* non seulement celles qui procèdent de l'Avidité,
de l'Ambition, du Désir sensuel ou de l'Appétit de
quelqu'autre chose (129), mais aussi celles qui tirent
leur origine de l'Aversion ou de la Crainte des conséquences qui résultent du fait de ne point faire quelque chose.

Les Formes de Langage exprimant les Passions.
— Les formes de Langage qui servent à exprimer les
Passions sont en partie les mêmes que celles par lesquelles nous exprimons nos (130) Pensées [et en diffèrent en partie]. D'abord, et d'une façon générale, toutes

----

(124) Le latin dit : « et n'a pas voulu la faire ensuite ».

(125) Le latin dit : « ce n'est cependant pas à proprement parler une volonté, mais une inclination ».

(126) Le latin dit : « d'un appétit quelconque ».

(127) Le latin dit : « du dernier appétit ».

(128) A partir de « Si en effet... » le latin moins explicite
dit simplement : « Les appétits ou inclinations intercurrents ne
sont pas des volontés ; s'ils l'étaient en effet toutes les actions
seraient en même temps volontaires et involontaires ».

(129) Le latin dit simplement : « qui procèdent de l'appétit de
quelque chose ».

(130) Le latin ajoute : « autres ».

les Passions peuvent s'exprimer *à l'Indicatif* : *j'aime,*
je crains, je me réjouis, je délibère, je veux, je com-
mande (131) ; quelques-unes d'entre elles ont cependant
leurs expressions particulières, et ces expressions ne
sont des affirmations que quand elles servent à établir
d'autres conclusions surajoutées à celles de la Passion
dont elles procèdent (132). La Délibération s'exprime
au *Subjonctif*, qui est la forme de langage propre à
signifier des suppositions avec leurs conséquences (133),
par exemple, *si telle chose est faite, telle chose s'en sui-*
vra. Ce langage ne diffère de celui du Raisonnement
qu'en ce que le Raisonnement use de termes généraux,
alors que la Délibération use la plupart du temps de termes Particuliers. Le langage du Désir et de l'Aversion,
est *Impératif : fais ceci, ne fais pas cela*, ce qui, quand
l'interlocuteur est obligé de faire ou de ne pas faire,
est (134) le *Commandement* ; dans les autres cas, c'est
la *Prière* ou le *Conseil*. Le Langage de la Vaine Gloire,
de l'Indignation, de la Pitié, de l'Esprit de vengeance (135) est *Optatif*. Mais, pour le Désir de connaître, il y a un mode particulier d'expression qu'on
appelle *Interrogatif : Qu'est-ce ? Quand ? Comment ?*
Pourquoi ? (136). Je ne trouve point d'autres formes

(131) Au lieu de : « je commande » le latin dit : « etc... ».
(132) Le latin plus elliptique dit : « que quand elles sont sous
la dépendance de conclusions ».
(133) Le latin dit : « qui est le mode de langage qui convient
aux suppositions dont on tire des conséquences ».
(134) Le latin dit : « s'appelle ».
(135) Au lieu de : « de l'esprit de vengeance » le latin dit :
« et de beaucoup d'autres désirs ».
(136) « *What is it, when shall it, how is it done and why so ?* »

de langage pour exprimer les Passions, car les Malédictions, les Serments, les Injures, et tout ce qui y ressemble n'ont pas de signification en tant que Discours, mais bien en tant qu'habitudes de parler (137).

Ces formes de Langage sont, dis-je (138) [des expressions ou] des significations volontaires de nos Passions, mais n'en sont pas des signes certains, et, cela, parce qu'on peut en user arbitrairement (139) [, que ceux qui en usent aient ou n'aient pas les Passions en question]. Les meilleurs signes (140) d'une Passion présente sont la contenance, les mouvements du corps, les actions, les buts ou visées que nous savons d'autre part que le sujet peut avoir (141).

Le Bien et le Mal apparents. — Et, parce que, dans la Délibération, les Appétits et les Aversions naissent de ce que nous voyons par avance les conséquences bonnes et mauvaises et les suites de l'action pour laquelle nous Délibérons, l'effet bon ou mauvais dépend de la prévision d'une longue chaîne de conséquences ; et, cette chaîne, on est très rarement capable d'en voir le bout. Mais, aussi loin que l'on puisse voir, si les conséquences bonnes l'emportent sur les conséquences mauvaises, la chaîne toute entière est ce que

en anglais ; « *Quid est ; Quando erit ; Quomodo factum est ; Quid ita ?* » en latin.

(137) Le latin dit : « n'expriment pas les Passions en tant que mots, mais en tant que mauvaises habitudes de langage ».

(138) Au lieu de : « dis-je », le latin dit : « à la vérité ».

(139) Le latin dit : « parce qu'ils sont volontaires ».

(140) Le latin dit : « les signes les plus certains ».

(141) Le latin dit : « sont ceux que l'on peut tirer du visage, de l'attitude, des actions, des buts et des occupations (*negotiis*) des hommes ».

les auteurs appellent *Bien Apparent* ou *Semblant*. Et,
au contraire, si le Mal dépasse le Bien, la chaîne toute
entière est dite *Mal apparent* ou *Semblant* (142).
Ainsi, celui qui a (143), par Expérience ou par Raisonnement, la plus grande et la plus sûre prospection (144)
des Conséquences est celui qui Délibère le mieux et qui
est capable [quand il le veut] de donner aux autres les
meilleurs conseils.

La Félicité. — Un *Succès constant* dans la réalisation des désirs que l'on peut avoir (145 [c'est-à-dire une
prospérité continue] est ce que l'on appelle Félicité.
Je veux dire la Félicité de cette vie (146), car il n'est pas
de Tranquillité perpétuelle de l'esprit tant que nous
vivons [ici-bas] ; et cela, parce que la Vie n'est que
Mouvement et ne peut jamais être sans Désir et sans
Crainte, pas plus qu'elle n'est sans Sensation (147).
[Quelle sorte de Félicité, Dieu réserve à ceux qui l'honorent avec dévotion, voilà ce que personne ne pourra

(142) Ces phrases, à partir de l'alinéa, sont dans le latin remplacées par ceci : « En raison de ce que, dans la délibération, les
appétits et les aversions alternent du fait de la prévision du bien
et du mal qui doit suivre l'action dont on délibère, et, que, d'autre part, ils constituent une longue chaîne de conséquences dont
souvent nous ne voyons pas le bout, si, dans cette chaîne, on voit
plus de conséquences bonnes que de conséquences mauvaises,
l'ensemble est un *Bien apparent* ; si l'on en voit plus de mauvaises que de bonnes, l'ensemble alors est un *Mal apparent*.

(143) Le latin dit : « qui s'est acquis ».

(144) Le latin dit : « la vue la plus longue ».

(145) Le latin dit : Un succès constant dans les choses désirées ».

(146) Le latin dit : « de la vie présente ».

(147) Le latin dit : « ... n'est que mouvement, et que personne ne peut vivre sans désir, sans crainte, sans passion d'aucune
sorte, plus qu'il ne vit sans sensation ».

jamais savoir avant de le goûter ; ce sont là des joies qui nous sont maintenant aussi incompréhensibles qu'est inintelligible le terme de *Vision Béatifique* des Scholastiques.]

La Louange. — La forme de Langage par laquelle on exprime son opinion de la Bonté de quelque chose s'appelle Louange. — L'Exaltation. — Celle par laquelle on exprime la puissance et la grandeur de quelque chose s'appelle Exaltation (148). — Μακαρισμός. — Et celle par laquelle on exprime l'opinion qu'on a de la Félicité de quelqu'un, les Grecs l'appelaient μακαρισμός[; mais nous n'avons pas de nom correspondant dans notre langue].Et en voilà, étant donné le but que je me propose présentement, suffisamment de dit sur les Passions.

(148) « Magnifying » en anglais ; « *Magnificatio* » en latin.

CHAPITRE VII

Des Fins [*ou* Résolutions] *du* Discours (1).

Tout *Discours* gouverné par le désir de Connaître a
un Terme, soit qu'on atteigne la connaissance, soit
qu'on renonce à l'atteindre. Et, quand la chaîne d'un
Discours se trouve être interrompue en un endroit quelconque, il y a là un terme momentané (2).

Si le Discours est purement Mental, il consiste en
des pensées alternantes que la chose sera et qu'elle ne
sera pas, ou bien qu'elle a été et qu'elle n'a pas été (3).
Quel que soit donc le point auquel la chaîne d'un Discours se brise (4), reste toujours une Présomption ou
bien que *cela sera* ou ne *sera pas* ou bien que *cela a été*
ou *n'a pas été.* C'est en cela que consiste (5) l'*Opinion.*
Et ce qui, lorsqu'on Délibère au sujet du *Bien* et du
Mal, est l'Appétit alternant est, dans la Recherche de la
vérité du *Passé* et du *Futur* (6), l'Opinion alternante. —
Le Jugement ou Sentence finale. — De même
encore que dans la Délibération le dernier Appétit s'appelle *Volonté,* de même dans la recherche [de la vérité]

(1) « *De Discursuum Determinationibus* » en latin.
(2) Le latin dit plus clairement : « Et si un enchaînement de
pensées est momentanément interrompu, on ne peut pourtant
pas dire qu'il est terminé (*Determinata*) ».
(3) Le latin dit partout : « ou ».
(4) Le latin dit : « le point où un discours finit, *desinit* ».
(5) Le latin dit : « C'est cette terminaison qu'on appelle ».
(6) Le latin dit : « d'un fait Passé ou Futur ».

du Passé ou du Futur la dernière Opinion s'appelle (7)
Jugement ou Sentence [*Résolue et*] *Finale* [de celui
qui *fait le discours*]. — Le Doute. — De même enfin
que la chaîne toute entière des Appétits alternants dans
la recherche du Bien ou du Mal (8) s'appelle *Délibération*, de même la chaîne toute entière des Opinions
alternantes dans la recherche du Vrai ou du Faux s'appelle Doute.

Aucun discours ne peut s'Achever par la connaissance
absolue (9) d'un Fait passé ou à venir ; car, pour connaître un Fait, il faut la Sensation (10) d'abord, et puis
ensuite la Mémoire. Et, quant à la connaissance
des Conséquences qui, comme je l'ai dit plus haut,
s'appelle Science, elle n'est pas Absolue, mais (11)
Conditionnelle. Par le Discours, nul ne peut savoir si
ceci ou cela est, a été ou sera ; et c'est cela qui est
connaître absolument (12). Il peut seulement savoir
que si ceci est, cela est, si ceci a été, cela a été, si
ceci doit être, cela sera ; c'est connaître conditionnellement, c'est-à-dire non pas connaître la conséquence
d'une chose à une autre, mais la conséquence d'un nom
d'une chose à un autre nom de la même chose (13).

La Science. — Quand donc le Discours est Verbal
et commence à partir des Définitions des Mots pour
procéder par leur Connexion à des Affirmations généra-

(7) Le latin dit : « est le ».
(8) Au lieu d' « *Evill* » comme d'habitude, l'anglais porte ici
par exception : « *Bad* ».
(9) « *absolute* » en anglais ; « *perfecta* » en latin.
(10) « *Sense* » en anglais ; *Sensio* » en latin.
(11) Le latin ajoute : « seulement ».
(12) « *absolutely* » en anglais ; « *perfectly* » en latin.
(13) Le latin dit : « … d'une chose à une autre, mais la conséquence d'un nom à un nom ».

les (14), et par la connexion de ces Affirmations à
des Syllogismes, la fin ou somme dernière s'appelle la
Conclusion (15) ; et la pensée de l'esprit que cette dernière signifie est cette Connaissance conditionnelle ou
Connaissance de la conséquence des mots que communément on appelle Science (16). — L'Opinion. —
Mais si le Discours ne se base pas tout d'abord sur des
Définitions (17), ou si les Définitions ne sont pas convenablement réunies en Syllogismes, alors la Fin ou
Conclusion est encore l'Opinion, celle par exemple
qu'on a de la vérité d'une proposition et qu'on exprime
pourtant parfois en termes absurdes, dépourvus de
sens et incompréhensibles (18). — La Conscience.
— Quand deux ou plusieurs personnes ont connaissance d'un même fait, on dit qu'elles sont
Conscientes [de ce fait l'une par rapport à l'autre, ce
qui revient à dire qu'elles le connaissent ensemble]. Et,
parce que de telles personnes sont les meilleurs (19)
témoins de leurs actions à l'une et à l'autre [ou de

(14) Au lieu d' « affirmations générales », le latin dit : « propositions ».

(15) Le passage à partir de « la fin... » est remplacé dans le
latin par ce texte : « il se termine par une conclusion qui est
la somme de toutes les propositions antécédentes ».

(16) Le latin dit plus simplement : « et c'est cela qui est la
Science, c'est-à-dire la connaissance des conséquences d'un mot
à un autre ».

(17) Le latin dit : « Mais si le discours ne commence pas à
partir de définitions ».

(18) Le latin dit : « alors le discours se termine encore par
une simple opinion de la vérité d'une conclusion quelquefois
absurde (*utcunque absurdæ*) et dépourvue de sens ».

(19) « *fittest* » en anglais ; « *maxime idonei* » en latin.

celles d'une troisième personne], on a toujours considéré et on considérera toujours qu'il est très Mal de parler contre sa *Conscience* ou d'induire un autre à le faire
[par la corruption ou par la violence ; et ceci au point
que le témoignage de Conscience a toujours été et de
tout temps écouté avec le plus grand soin]. Par la
suite, les hommes ont usé, par métaphore, du mot
Conscience pour désigner la connaissance de leurs (20)
actes [secrets] et de leurs [secrètes] pensées [·; et,
c'est ainsi qu'on dit par figure de Rhétorique que la
Conscience vaut mille témoins]. Finalement, il s'est
trouvé des gens qui, ardemment épris (si absurdes qu'elles soient) de leurs nouvelles opinions et s'entêtant
obstinément à les soutenir, ont aussi donné à ces
opinions le nom vénéré de Conscience semblant vouloir
que l'on considérât comme illégal d'y rien changer ou de
parler contre elles ; ils prétendent ainsi les savoir vraies,
alors qu'ils savent tout au plus que ce sont là leurs Opinions (21).

LA CROYANCE. LA FOI. — Quand un Discours ne
commence pas à partir de Définitions (22), [il commence, soit à partir de quelqu'autre considération du

---

(20) Le latin dit : « Mais on use d'habitude du mot Conscience
pour désigner la connaissance secrète de ses... ses... ».

(21) A partir de : « Finalement... » le latin dit : « Et il en
est aussi qui, par amour pour leur propre esprit, soutiennent
obstinément leurs opinions particulières et nouvelles (bien qu'elles
soient quelquefois absurdes) en leur donnant ce nom favorable de
conscience, comme si le plus grand péché pouvait être d'y porter
changement. Ils veulent paraître savoir la vérité de leur opinions,
alors qu'ils ne savent qu'une chose, c'est que ce sont leurs opinions ».

(22) Le latin met le singulier.

propre de celui qui le fait, et,] alors, on est encore en présence de ce que l'on appelle une Opinion (23), soit à partir de quelque dire d'un autre dont la capacité de connaître la vérité et dont la sincérité n'est pas mise en doute, alors le Discours n'est pas tant en rapport avec la Chose qu'avec la Personne, et il se Termine par ce que l'on appelle une Croyance et une Foi (24). On *a Foi* en la personne, on *Croit* tout ensemble elle et la vérité de ce qu'elle dit (25). [Ainsi donc, dans la Croyance, il y a deux opinions, l'une du dire de la personne, l'autre de sa vertu.] *Avoir foi en, se fier à, croire quelqu'un* signifient la même chose, à savoir une opinion de sa véracité (26). Mais *croire ce qui est dit* (27) signifie seulement une opinion de la vérité du (28) dire. Nous devons observer cependant que cette Expression *je crois en*, comme l'expression [Latine *credo in* et l'expression] Grecque πιστεύω εἰς, n'est jamais employée (29) que dans les écrits Théologiques. Partout ailleurs on

(23) Le latin dit : « il se termine toujours dans l'Opinion ».

(24) Le latin dit simplement : « . S'il commence à partir d'une affirmation d'un autre dont on ne doute, ni de la connaissance, ni de la véracité, alors, étant donné que ce dont il est question n'est pas tant la chose que la personne, le discours se termine dans la *Croyance* et dans la *Foi* ».

(25) Le latin dit : « Je veux dire qu'on a foi en la personne et qu'on croit la chose ». Le texte anglais est le suivant : « *Faith, in the man ; Beleefe, both of the man, and of the truth of what he sayes* ».

(26) Le latin dit : « *Croire en quelqu'un et croire quelqu'un* signifient le plus souvent la même chose, à savoir une opinion de sa véracité ».

(27) Le latin dit : « un certain dire ».

(28) Le latin dit : « de ce ».

(29) Le latin dit : « est très rarement employée ailleurs ».

dit (30) *je le crois, je me fie à lui, j'ai foi en lui [j'ai confiance en lui,* en Latin *Credo illi, fido illi,* et en Grec πιστεύω αὐτῷ ; et c'est cette particularité de l'usage Ecclésiastique d'un mot qui a soulevé tant de disputes à propos du véritable objet de la Foi Chrétienne].

Mais *Croire en,* comme dans le Credo, signifie non le fait de se fier en la Personne, mais celui de Confesser et de reconnaître la Doctrine (31). Non seulement les Chrétiens, mais tous les hommes croient en effet si fermement en Dieu qu'ils tiennent pour vérité toutes les paroles qui leur viennent de lui, qu'ils les comprennent ou non (32). C'est là le comble de la Foi et de la confiance que l'on puisse avoir en quelqu'un (33) ; mais, notons que tous les hommes ne croient pas la Doctrine du Credo (34).

Nous pouvons donc conclure de ceci que, quand nous croyons que ce que dit quelqu'un est vrai, en nous (35) basant sur des arguments tirés non de la chose elle-même ou des principes de la Raison naturelle, mais bien de l'Autorité et de la bonne opinion [que nous avons] de celui qui parle, alors c'est [dans sa personne

(30) Le latin dit : « Les autres auteurs disent ».

(31) Le latin dit : « Mais *croire en,* dans le Symbole de la foi chrétienne, ne veut pas dire à proprement parler la foi qu'on a dans la personne, mais l'adhésion aux nombreux articles de la doctrine proposée, c'est-à-dire la confession ».

(32) Le latin dit : « tout ce qu'il dit ou pourrait dire, qu'ils le comprennent ou non ».

(33) Le latin dit simplement : « Et aucune foi ne peut être supérieure à celle-là, *Qua Fide major esse nulla potest* ».

(34) Le latin dit : « Mais les chrétiens seulement, et non tous les hommes, croient la doctrine du Symbole ».

(35) Le latin dit : « Il est donc manifeste que si l'on pense que quelque chose est vrai en se... ».

que nous croyons ou à sa personne que nous nous fions,
et, c'est] sa parole que nous considérons comme (36)
[l'] objet de [notre] Foi [; l'Honneur de notre Croyance
n'est fait qu'à lui]. Par conséquent, quand nous Croyons
que les Ecritures sont la parole de Dieu, si nous
n'avons aucune révélation immédiate de Dieu lui-même,
notre Croyance, notre Foi et notre Confiance sont en
l'Eglise ; nous acceptons ses paroles et nous y acquiesçons (37). Et (38) ceux qui croient ce qu'un Prophète
leur raconte au nom de Dieu acceptent la parole de ce
Prophète, lui font honneur, ont confiance en lui, le
croient (39) [en ce qui concerne la vérité de ce qu'il
raconte], qu'il soit un vrai ou un faux Prophète. Il en
est de même pour toute autre Histoire ; en ne croyant
pas (40) en effet tout ce que les Historiens ont écrit
des actes glorieux d'*Alexandre* ou de *César,* je ne pense
pas qu'aient légitimement lieu de s'en offenser [l'Esprit
d'] *Alexandre* [ou de] *César,* ni personne autre que
l'Historien. En ne croyant pas *Tite Live* lorsqu'il dit
que les Dieux ont donné la parole à une Vache (41),

(36) Le latin dit : « la personne de ce dernier qui est principalement et proprement ».

(37) Le latin dit : « C'est pourquoi quand nous croyons que
les Saintes-Ecritures sont la parole de Dieu, notre foi, à moins
que nous n'ayons quelque révélation spéciale, est finalement en
l'Eglise à l'autorité de laquelle nous acquiesçons ».

(38) Le latin dit : « Et l'on doit considérer »?

(39) Le latin dit : « ... au nom de Dieu, comme ayant foi
en ce prophète, lui faisant honneur, ayant confiance en lui,
le croyant ».

(40) Le latin dit : « en me refusant à croire ».

(41) Le latin dit : « lorsqu'il prête la parole à un bœuf
(*bovem*) ».

nous ne manquons pas de confiance en Dieu, mais en *Tite Live*. Ainsi, il est évident que quoi que ce soit que nous croyions sans autre raison que celle qui est tirée de l'autorité des hommes et de leurs écrits, que ces hommes soient ou non les envoyés de Dieu (42), notre Foi est seulement dans les hommes (43).

(42) « *whether they be sent from God or not* » en anglais.

(43) La traduction de cette phrase d'après le texte latin serait la suivante : « Il est donc clair que si nous croyons quelque chose sans aucune autre raison que celle qui est tirée d'une autorité humaine, notre foi n'est pas en Dieu, mais seulement dans les hommes ».

CHAPITRE VIII

Des Vertus [*communément appelées*]
Intellectuelles, et de *leurs* Défauts *contraires*.

[D'une façon générale,] la Vertu en toutes sortes de
choses est ce que l'on estime (1) en raison de son éminence ; elle consiste dans la comparaison. Car, si toutes choses étaient égales en toùs, rien n'aurait de prix.
— Définition des Vertus Intellectuelles. — Par
Vertus Intellectuelles, on comprend [toujours] les
possibilités de l'esprit (2) que les hommes louent (3),
auxquelles ils accordent de la valeur (4) et qu'ils désirent voir en eux. On les englobe communément sous
le nom de *bon esprit* (5), bien que le mot Esprit (6)
s'emploie aussi pour distinguer des autres une certaine
capacité (7).

(1) « *valued for* » en anglais ; « *spectabile* (remarquable)
propter » en latin.
(2) « *of the mind* » en anglais ; « *animi* » en latin.
(3) Le latin dit : « ont coutume de louer ».
(4) « *value* » en anglais ; « *magnifacere* (exalter) » en latin.
(5) « *good wit* » en anglais ; « *Boni Ingenii* » en latin.
(6) « Wit » en anglais ; « *Ingenium* » en latin.
(7) Le latin dit : « ... esprit signifie quelquefois aussi une
faculté particulière distinguée des autres ».

L'Esprit, Naturel, ou Acquis. — Ces *Vertus* sont de deux sortes : *Naturelles* et *Acquises.* Par Naturelles, je ne veux point dire qu'on les ait depuis sa Naissance, car notre seul apanage est le Sens, en quoi les hommes diffèrent si peu les uns des autres et des Bêtes brutes qu'on ne peut le ranger parmi les Vertus (8). Mais, je veux parler de cet *Esprit* qui s'acquiert (9) [seulement] par l'Usage et par l'Expérience, sans qu'interviennent la Méthode, la Culture ou l'Instruction (10).

— L'Esprit Naturel. — Cet Esprit naturel consiste principalement en deux choses : *Rapidité de l'Imagination* (c'est-à-dire succession rapide (11) d'une pensée à une autre) et *direction ferme* (12) vers le but qu'on se propose. Au contraire, une Imagination lente constitue ce Défaut [ou cette faute] de l'Esprit qu'on appelle communément Lourdeur, (13) *Stupidité* et quelquefois (14) d'autres noms qui signifient lenteur de mouvement [ou difficulté à se mouvoir].

Et cette différence de rapidité provient de la différence des passions des hommes qui aiment et détestent (15) les uns une chose, les autres une autre ; d'où il s'ensuit

---

(8) Le latin dit : « Par esprit naturel, je ne veux point dire ce seulement avec quoi l'on naît et qui n'est autre chose que le sens, ce en quoi un homme ne surpasse pas beaucoup plus un autre homme qu'il surpasse une bête ».

(9) Le latin ajoute : « avec l'âge ».

(10) « *Instruction* » en anglais ; « *Doctrina* » en latin.

(11) Le latin dit : « facile ».

(12) « *steddy direction* » en anglais ; « *prosecutione constanti* » en latin.

(13) Le latin dit : « ou ».

(14) Au lieu de : « et quelquefois », le latin dit : « , ou ».

(15) « *dislike* » en anglais ; « *fugiunt,* fuient, ont de l'aversion pour » en latin.

que les pensées des uns vont dans un sens, et celles des
autres dans un autre, s'attachant différemment aux choses qui leur passent à travers l'imagination, et, les observant différemment (16). — Le Bon Esprit, ou la
Bonne Imagination. — Comme, dans cette succession
de pensées, il n'y a à observer dans les choses auxquelles
on pense que ce en quoi elles sont *semblables* ou *dissem-
blables les unes des autres,* ou bien ce à *quoi elles peuvent servir,* ou *comment elles peuvent servir à tel
but* (17), ceux qui en observent (18) des similitudes rarement observées par les autres sont dits avoir un *Bon
Esprit,* ce qui signifie [, en ce cas,] une *Bonne Imagination* (19). — Le Bon Jugement. — Mais, ceux qui
observent (20) les différences et les dissimilitudes des
choses, c'est-à-dire, ceux qui *Distinguent, Discernent*
et *Jugent* (21) entre une chose et une autre sont dits,
lorsque le discernement n'est pas facile à faire, avoir
un *bon Jugement ;* particulièrement en matière de conversation (22) et d'affaires, là où il s'agit de discerner des moments, des lieux et des personnes, cette vertu
s'appelle (23) Discrétion. — La Discrétion. — La

(16) Le latin dit : « d'où il s'ensuit que les pensées des divers
hommes procèdent différemment et s'appliquent diversement aux
choses ».

(17) Le latin dit : « on n'observe d'habitude que la similitude ou la dissimilitude, ou bien à quoi les choses peuvent servir, et comment elles y peuvent servir ».

(18) Le latin ajoute : « le mieux ».

(19) « *Fancy* » en anglais ; « *Phantasia* » en latin.

(20) Le latin ajoute : « le mieux ».

(21) Le latin ajoute : « bien ».

(22) Le latin dit : « conversation ordinaire (*conversatione
civili*) ».

(23) Le latin ajoute : « communément ».

première, c'est-à-dire l'Imagination sans l'aide du Jugement ne mérite pas le titre de Vertu ; mais la seconde
qui est le Jugement, et la Discrétion, tire sá valeur
d'elle-même sans avoir besoin du secours de l'Imagination (24). Outre la Discrétion des moments, des lieux
et des personnes, sans laquelle une Imagination ne saurait avoir de prix (25), il faut aussi une fréquente
application des pensées à leur Fin [c'est-à-dire à l'usage
qu'on doit en faire] ; dès lors, celui qui possède une
telle Vertu ne manquera pas de similitudes, qui plairont non seulement en illustrant son discours et en
l'ornant (26) de métaphores nouvelles et appropriées,
mais qui plairont aussi par la rareté de leur invention (27). Mais, sans Fermeté et sans Direction vers
quelque fin (28), une grande Imagination est une sorte
de Folie ; et c'est là le genre d'Imagination qu'ont ceux
qui, lorsqu'ils entreprennent un discours, sont entraînés loin du but qu'ils se proposent par tout ce qui vient
en leur pensée (29) en de si nombreuses et si longues
digressions et Parenthèses qu'ils s'égarent complète-

(24) La phrase à partir de : « La première... » est remplacée
dans le texte latin par : « On apprécie rarement l'imagination
sans jugement ; mais le jugement ou discrétion tire sa valeur de
lui-même, sans le secours de l'imagination ».

(25) « *necessary to a good Fancy* » en anglais ; « *quæ lau-
dari faciant Phantasiam* » en latin.

(26) Le membre de phrase à partir de « qui plairont... » est
remplacé dans le texte latin par : « pour illustrer son discours
et l'orner ».

(27) Le latin dit : « mais pour plaire aussi par la rareté de
l'invention ».

(28) Le latin dit : « Cependant, s'il n'y a pas une direction
constante des pensées vers quelque fin ».

(29) Le latin dit : « presque par chaque pensée étrangère ».

ment (3o). [Je ne connais pas de nom particulier à appliquer à cette sorte de folie ; mais] la cause en est parfois le manque d'expérience qui fait paraître à quelqu'un nouveau et rare (31) quelque chose qui pour les autres est sans intérêt ; parfois aussi la Pusillanimité qui fait paraître grand à l'un ce qui n'est que bagatelle pour l'autre (32) ; et, tout ce qui est grand ou nouveau paraissant digne d'être dit, on est détourné (33) [peu à peu] de la voie qu'on s'était proposé de suivre dans son discours (34).

Dans un bon Poème, qu'il soit *Épique* ou *Dramatique*, comme aussi dans les *Sonnets*, les *Epigrammes* et les autres Pièces de poésie (35), le Jugement et l'Imagination sont l'un et l'autre requis ; mais l'Imagination doit l'emporter, parce que ces genres de pièces plaisent (36) par leur Nouveauté (37) ; elles ne doivent pourtant pas déplaire par leur Indiscrétion.

En une bonne œuvre Historique le Jugement doit l'emporter, parce que la bonne qualité de l'Histoire consiste dans la Méthode, dans la Vérité et dans le Choix

---

(3o) Le latin dit : « qu'ils ne peuvent revenir à leur sujet ».

(31) « *rare* » en anglais ; « *dignum dictu*, digne d'être dit » en latin.

(32) Le membre de phrase à partir de « parfois aussi... » est remplacé dans le latin par : « ou bien grand ce qui pour les autres ne l'est pas ».

(33) Le latin dit : « et c'est en effet tout ce qui est nouveau, grand et digne d'être dit qui d'ordinaire détourne ».

(34) Le latin dit : « *ab instituta sermonis serie*, de l'enchaînement que l'on s'était proposé de donner à son discours ».

(35) Le latin dit simplement : « Dans les œuvres poétiques de tout genre »:

(36) Le latin ajoute : « principalement »

(37) « *Extravagancy* » en anglais ; « *novitatem* » en latin.

des actions qu'il est le plus intéressant (38) de faire connaître (39) ; l'Imagination n'y a point de place, si ce n'est pour orner le style.

Dans les Eloges et dans les Invectives, l'Imagination tient la première place, parce que là le but n'est pas de dire la vérité, mais bien d'Honorer ou de Déshonorer (40), ce à quoi on parvient par des comparaisons nobles ou viles (41). Le Jugement suggère seulement les circonstances qui peuvent permettre de louer ou de flétrir une action.

Dans les Exhortations et les Plaidoiries, suivant que dire la Vérité ou la déguiser sert le mieux le But que l'on se propose (42), le Jugement ou l'Imagination est spécialement requis.

Dans une Démonstration, dans un Conseil et dans toute recherche rigoureuse de la Vérité, le Jugement est tout (43) ; à moins que par hasard l'enténdement (44) n'ait besoin d'être ouvert par quelque comparaison appropriée [, et alors l'Imagination est utilisée d'autant]. Mais quant aux Métaphores, elles sont, dans ce cas, complètement exclues (45). Etant donné qu'elles annoncent ouvertement une supercherie, les admettre dans un Conseil ou dans un Raisonnement serait manifestement sottise.

(38) « *Profitable*, utile » en ánglais.
(39) Le latin dit : « dans le choix des faits à raconter ».
(40) Le latın dit : « parce que là le but n'est pas la vérité, mais la louange ou le blâme ».
(41) Le latin ajoute : « ou ridicules ».
(42) Le latin dit : « la cause que l'on plaide ».
(43) Le latin dit : « est seul requis ».
(44) Le latin ajoute : « de ceux qui écoutent ou qui lisent ».
(45) Le latin dit : « à exclure ».

Dans n'importe quel Discours, si le défaut de Discrétion est évident, quelqu'extraordinaire que soit l'Imagination, le discours tout entier doit être considéré comme un signe de manque d'esprit (46), et, il n'en est jamais ainsi, lorsque la Discrétion est manifeste, l'Imagination serait-elle aussi vulgaire que faire se peut (47).

Nos secrètes pensées (48) courent sur toutes choses saintes, profanes, propres, obscènes (49), graves et légères, sans honte, sans reproche, chose impossible dans le discours verbal au-delà de la limite permise par le Jugement relativement au Temps, au Lieu (50) et aux Personnes. Un Anatomiste ou un Médecin peut exprimer verbalement ou écrire ce que bon lui semble sur des choses malpropres (51) parce que son but n'est pas de plaire mais de servir ; mais qu'un autre écrive sur ces sujets ce qui lui vient à l'esprit d'extravagant et de plaisant, c'est comme si, après s'être roulé dans la fange, on venait se présenter en bonne compagnie (52). [Et, c'est le manque de Discrétion qui fait la différence.] De même, dans le laisser aller [voulu] de l'esprit et dans une société familière, on peut (53) s'amuser des

(46) Le latin dit : « quelqu'agréable que puisse être l'Imagination, l'esprit manquera (*desiderabitur Ingenium*) ».

(47) Le membre de phrase à partir de : « , et, il n'en est » est remplacé dans le texte latin par : « . Si le jugement est manifeste, l'imagination serait-elle vulgaire, on louera cependant l'esprit ».

(48) Le latin met le singulier.

(49) « *obscene* » en anglais ; « *immunda* » en latin.

(50) Le latin met le pluriel : « *circa tempora, loca* ».

(51) « *of unclean things* » en anglais ; « *de rebus obscœnis* » en latin.

(52) Toute la phrase à partir de « mais qu'un autre... » est remplacée dans le latin par ces seuls mots : « mais, à d'autres cela n'est pas permis, parce que cela ne répond à aucune utilité ».

(53) Le latin dit : « il n'est pas malséant de. . ».

sons et des significations [équivoques] des mots, et il
en résulte souvent des assauts d'Imagination extraordinaire (54) ; mais, dans un Discours ou en public (55),
ou devant des personnes inconnues, ou devant ceux à
qui on doit le respect, tout jeu de mots est tenu pour
sottise ; et ce qui fait la différence est seulement le manque de Discrétion (56). Là donc où l'esprit manque,
ce n'est pas l'Imagination qui manque, mais la Discrétion (57). Le Jugement sans l'Imagination est par
conséquent de l'Esprit, tandis que l'Imagination sans
le Jugement n'en est point.

La Prudence. — Quand, en se proposant un but,
on laisse courir sa pensée sur une multitude de choses,
et qu'on observe (58) comment ces choses conduisent
au but ou à quel but elles pourraient conduire [, si
les observations sont difficiles ou non habituelles],
l'esprit s'appelle Prudence (59) ; la Prudence dépend
de beaucoup d'Expérience et de Mémoire de choses
semblables et de leurs conséquences (6o). A ce point
de vue, il n'y a pas autant de différence entre les hommes qu'il y en a au point de vue de leurs Imaginations

(54) Le latin dit : « et cela ne laisse pas certaines fois d'être
fort agréable », le texte anglais est : « *and that many times with
encounters of extraordinary Fancy* ».

(55) Le latin dit : « mais dans un discours officiel ».

(56) Le latin dit : « et c'est la discrétion ou le jugement qui
fait la différence ».

(57) « *Judicium,* jugement » en latin.

(58) Le latin ajoute : « rapidement ».

(59) A partir de : « l'esprit », le latin dit : « on dit que
l'esprit est bon ».

(6o) Le latin dit : « un Bon esprit dépend de l'Expérience et
de la Mémoire de beaucoup de choses semblables avec de semblables conséquences ».

et de leurs Jugements (61) ; l'Expérience des hommes du même âge n'est pas très différente en effet quant à la quantité ; elle dépend seulement des circonstances différentes, chacun ayant ses desseins particuliers (62). Pour bien gouverner une famille et pour bien gouverner un royaume les degrés de Prudence ne sont pas différents, mais (63) différentes sont les sortes d'affaires ; non plus que faire une peinture en réduction ou en grandeur naturelle [, ou même en plus grand que nature] ne sont des degrés différents de l'Art (64). Un simple paysan est plus Prudent dans les affaires de sa propre maison (65) qu'un Conseiller Privé (66) dans celles des autres.

L'Astuce. — Si, à la Prudence, s'ajoute l'usage des moyens injustes ou déshonnêtes qu'inspire d'habitude la Crainte ou le Besoin, on a cette Sagesse Tortueuse (67) qu'on appelle l'Astuce, et qui est (68) un signe de Pusillanimité. Car la Magnanimité méprise le secours des moyens injustes et déshonnêtes. Et ce qu'en Latin on appelle *Versutia* (qui se traduit en Anglais par *Shifting*) et qui consiste à sortir d'un danger présent

(61) Le latin met le singulier.

(62) A partir de : « elle dépend », le latin dit : « mais les hommes diffèrent quant à l'espèce des choses qui les occupe, puisque chacun a ses affaires propres ».

(63) Le latin ajoute : « très ».

(64) Le latin dit : « de même, faire une bonne peinture en petit ou en grand ne constitue pas une distinction de degré, mais une distinction d'espèce dans l'art ».

(65) Le latin dit : « est d'ordinaire plus prudent dans ses propres affaires ».

(66) Le latin dit : « qu'un philosophe ».

(67) « *Crooked Wisdome* » en anglais ; « *Prudentia sinistra* » en latin.

(68) Le latin ajoute : « le plus souvent ».

ou d'une incommodité présente pour s'engager dans un plus grand, comme quand on vole l'un pour payer l'autre, n'est qu'une Astuce à courte vue ; on la nomme *Versutia* de *Versura* qui signifie emprunter à usure pour payer présentement l'intérêt (69).

L'Esprit Acquis. — Quant à l'*Esprit acquis* (, je veux dire acquis par la méthode et l'instruction), ce n'est autre chose que la Raison dont le fondement est le bon usage du Langage, et, qui produit les Sciences. Mais j'ai déjà parlé de la Raison et de la Science dans le cinquième et le sixième Chapitres.

Les causes de la différence des Esprits résident dans les Passions, et la différence des Passions procède en partie de la Constitution différente du corps et en partie de l'Education différente (70). [Si la différence des Esprits procédait en effet de la constitution du cerveau et des organes de Sensation, soit externes, soit internes, il n'y aurait pas moins de différence entre les hommes en ce qui concerne la Vue, l'Ouïe ou leurs autres Sens qu'il y en a en ce qui concerne leurs Imaginations et leurs Discrétions. La différence des Esprits procède donc des Passions qui sont différentes, non seulement suivant la diversité des complexions humaines, mais suivant aussi les différences que présentent les hommes quant à leurs habitudes et quant à leur éducation.]

Les Passions qui causent le plus les différences d'Es-

(69) Le latin dit : « Il est aussi un autre genre d'astuce qu'on appelle *Versutia* et qui consiste à ajourner pour un peu de temps un péril ou une incommodité en se jetant dans un plus grand. Ce mot semble venir de *Versura* qui signifie le fait d'emprunter à l'un pour payer à l'autre ».

(70) Le latin dit : « de l'éducation et des habitudes différentes ».

prit (71) sont principalement le plus ou moins grand Désir de Puissance, de Richesses, de Science (72) et d'Honneur ; tous ces Désirs peuvent se ramener au (73) [premier, c'est-à-dire au Désir de] Puissance, car les Richesses, la Science et l'Honneur ne sont qu'autant de sortes de Puissance.

Celui donc qui n'a pas une grande Passion pour quelqu'une de ces choses, mais est, comme l'on dit, indifférent, bien qu'il puisse être en tant qu'homme assez bon pour être dégagé de l'intention de faire du mal à quiconque (74), ne peut cependant avoir ni une grande Imagination, ni beaucoup de Jugement (75). Car, les Pensées sont aux Désirs comme des Eclaireurs et des Espions qui regardent au loin pour trouver la route vers les choses désirées. Toute Fermeté, toute vitesse du mouvement de l'esprit dépend d'elles (76). N'avoir pas de Désir c'est être Mort ; n'avoir que de faibles Passions (77), c'est être Engourdi ; — L'Etourderie. — et avoir des Passions indifféremment pour chaque chose est de l'Etourderie et de la *Distrac-*

(71) Le latin dit : « Les passions qui causent les plus grandes différences entre les esprits ».

(72) « *of Knowledge* » en anglais ; « *Scientiae* » en latin.

(73) Pour permettre le raccord avec la traduction du texte latin, il faut remplacer « au » par « à la ».

(74) « *as to be free from giving offence* » en anglais.

(75) Le latin dit : « Celui donc qui ne fait pas grand cas de ces choses, bien qu'il puisse être un homme bon, ne sera jamais regardé comme ayant un bon esprit ».

(76) Le latin dit : « Car les pensées sont comme les explorateurs des désirs envoyés pour explorer les routes qui conduisent aux choses désirées ; ce sont elles qui règlent et accélèrent les mouvements de l'esprit ».

(77) Le latin dit : « désirer faiblement ».

tion (78). — La Folie. — Enfin, avoir des Passions (79) plus fortes et plus violentes que cela ne se voit d'ordinaire est ce que l'on appelle Folie.

Il y a presque autant de sortes de Folies que de sortes de Passions. Parfois, la Passion extraordinaire et extravagante (80) procède de la mauvaise constitution ou d'une lésion des organes [du Corps] ; parfois aussi, le mauvais état et le dérangement des Organes dérivent de la longue continuité d'une violente Passion (81). Mais, dans un cas comme dans l'autre, la Folie est de [seule et] même nature.

La Passion dont la violence ou la continuité engendre la Folie est ou une *vaine Gloire* très accusée (82), [ce] qu'on appelle communément (83) l'*Orgueil* [et la *suffisance*], ou un grand *Découragement*.

La Rage. — L'Orgueil conduit (84) à la Colère dont l'excès est la (85) Folie qu'on appelle [Rage et] Fureur (86). Et c'est ainsi qu'un Désir excessif de Vengeance, quand il devient habituel, affecte les organes et devient de la Rage (87) ; qu'un excessif amour accompagné de jalousie (88) devient aussi de la Rage ; qu'une

---

(78) Le latin dit : « et désirer beaucoup de choses en même temps est de l'étourderie ».

(79) Le latin ajoute : « beaucoup ».

(80) Le latin dit : « Parfois, la Folie... ».

(81) Le latin dit : « parfois aussi les organes sont atteints par la violence ou la longue continuité d'une passion ».

(82) Le latin dit simplement : « ou la vaine gloire ».

(83) Le latin dit : « aussi » au lieu de : « communément ».

(84) « *subjecteth to* » en anglais ; expression très énergique.

(85) Le latin dit : « cette espèce de... ».

(86) « *Fury* » en anglais ; « *Furor* » en latin.

(87) « *Rage* » en anglais ; « *Furor* » en latin.

(88) Le latin dit : « , surtout si la jalousie l'accompagne, ».

excessive opinion de soi-même, en ce qui concerne
l'inspiration divine, la sagesse, le savoir, la beauté et
autres choses semblables devient de la Distraction et
de l'Etourderie (89). [Si l'Envie s'y ajoute, elle devient
de la Rage ; une opinion violente et contredite par les
autres de la vérité de quelque chose le devient également.]

La Mélancolie. — Le Découragement rend sujet à
des craintes sans causes, et, cette Folie est communément appelée Mélancolie ; elle se manifeste [aussi] de
diverses manières : la fréquentation des endroits solitaires [et des tombeaux], le fait d'être superstitieux,
la crainte de ceci ou de cela (90). En somme, toutes
les Passions d'où résulte une conduite étrange et inha-
bituelle sont appelées du nom [général] de Folie. [Mais
celui qui voudrait prendre la peine de passer en revue
les différentes sortes de Folies pourrait en dénombrer
une Légion.] Et, si les Excès de passion sont folie, il
n'est pas douteux que les Passions elles-mêmes, quand
elles tendent au Mal, en sont des degrés .

(Par exemple,) Bien que l'effet de la folie qui existe
chez les gens possédés de l'opinion d'être inspirés
ne se manifeste pas toujours chez un individu pris en
particulier par quelque action extravagante procédant
de cette Passion, cependant, quand beaucoup de ces
gens réunis agissent de concert, la Rage de toute cette

----

(89) Le latin dit : « en ce qui concerne la Sagesse, le Savoir,
la Beauté et les autres choses semblables, en ce qui concerne
aussi l'Inspiration (que l'on se figure faussement posséder) conduit aussi à la Folie ».

(90) Le latin dit : « la crainte de ce que les autres ne craignent pas ».

multitude devient suffisamment visible (91). Peut-on donner en effet une plus grande preuve de Folie, que conspuer, frapper, lapider ses [meilleurs] amis ? C'est cependant le moins que puisse faire une semblable multitude (92). Elle conspuera, frappera et mettra à mort ceux qui pendant toute leur vie l'avaient protégée et mise à l'abri de l'injure (93). Et si cela est Folie dans la multitude, cela est Folie aussi dans chaque homme pris en particulier. Car, de même qu'au milieu de la mer, bien que nous ne percevions aucun son provenant de la partie de l'eau qui nous environne, il est cependant bien certain (94) que cette partie de l'eau contribue tout autant au Mugissement de la Mer qu'aucune autre partie d'égale grandeur (95), de même, aussi, bien que nous ne percevions pas de grande agitation en un ou deux (96) hommes, nous pouvons cependant être bien assurés que leurs Passions singulières (97) sont parties du mugissement séditieux d'une Nation troublée. Et, lors même que rien autre ne tra-

(91) Le latin dit : « Par exemple, lorsque des gens se croient à tort inspirés, l'effet de cette folie ne se manifeste pas chez un individu pris en particulier par une action extravagante procédant de cette opinion ; quand cependant beaucoup de ces gens agissent de concert, la fureur de toute la multitude est suffisamment manifeste ».

(92) Le latin porte le pluriel.

(93) Le latin porte partout le pluriel, et, plus haut, le présent au lieu du futur. Injure est pris ici dans son sens latin de tort, préjudice.

(94) Le latin dit : « nous savons cependant ».

(95) « *of the same quantity* » en anglais ; « *ejusdem magnitudinis* » en latin.

(96) Le latin dit : « ou quelques (*paucis*) ».

(97) Le latin dit : « que les passions de cet homme ou de ces quelques hommes ».

hirait leur (98) folie, le fait seul de prétendre ainsi à l'inspiration divine en est (99) un signe suffisant. Si, à Bedlam, quelqu'un, après vous avoir entretenu en termes posés, vous disait, au moment où vous désirez, en prenant congé de lui, savoir qui il est, afin de pouvoir à un autre moment lui rendre sa politesse, qu'il est Dieu le Père, je pense que vous n'auriez pas besoin d'attendre qu'il se livre à une action extravagante pour avoir une preuve de sa Folie (100).

Cette opinion d'Inspiration communément appelée Esprit Particulier tire très souvent son origine de l'heureuse découverte d'une erreur généralement professée par d'autres (101) ; si l'on ne sait pas ou si l'on ne se rappelle plus par quelle voie de raison on est parvenu à une vérité si singulière (à ce que l'on pense du moins, car c'est bien souvent une non vérité que l'on a trouvée (102)), on en vient bientôt à s'admirer comme l'objet d'une grâce spéciale de la Toute-Puissance de Dieu de qui l'on tient cette vérité (103), surnaturellement révélée par son Esprit (104).

(98) Le latin ajoute : « genre de ».

(99) Le latin ajoute : « pour moi ».

(100) Toute cette longue phrase est remplacée dans le latin par ceci : « Qui pourrait en effet ignorer pourquoi s'y trouve enfermé, celui qui, dans un asile d'aliénés, se dit être Dieu ou le Christ ? ».

(101) Le latin dit : « Que certaines gens aient une si bonne opinion de leur esprit (*Spiritum*) particulier qu'ils se croient inspirés de Dieu vient souvent de l'heureuse découverte de quelqu'erreur généralement professée en Théologie ».

(102) A partir de : « à ce que l'on pense... » le latin dit simplement : « bien que parfois ce ne soit pas une vérité qu'on ait rencontrée ».

(103) Le latin dit : « doctrine ».

(104) Le latin dit : « par l'Esprit Saint ».

Que la Folie n'est autre chose qu'un excès des manifestations d'une Passion (105) peut se comprendre en observant les effets du Vin qui sont les mêmes que ceux de la mauvaise disposition des organes (106). Les façons de se conduire des ivrognes sont les mêmes que celles des (107) Fous : les uns sont Furieux, les autres Amoureux, d'autres Rient ; tous le font avec extravagance, mais chacun suivant ses Passions [dominantes. Car le vin a pour seul effet d'écarter toute Dissimulation et de faire ressortir chez les gens ivres la difformité de leurs Passions]. Je crois en effet que les hommes [les plus] sobres ne désireraient pas que la futilité et l'Extravagance des pensées qu'ils peuvent avoir, quand ils se promènent seuls, sans souci et l'esprit libre, éclatassent publiquement ; et ceci est reconnaître (108) que les passions non guidées (109) sont le plus souvent pure Folie.

Les opinions des hommes (110), tout aussi bien dans l'antiquité que dans les temps modernes, en ce qui concerne la cause de la Folie, ont été (111) au nombre de deux. Les uns la firent dériver des Passions ; les autres, des Démons ou Esprits bons ou mauvais qu'ils pensaient pouvoir entrer dans le corps de quelqu'un, le posséder et mettre en mouvement ses organes de la façon

(105) Le latin dit : « qu'une passion immense et excessive ».

(106) Le latin dit : « peut se comprendre d'après les effets de l'excès de vin d'où résultent les mêmes désordres des organes ».

(107) Le latin dit : « que l'on observe chez les ».

(108) Le latin ajoute : « manifestement ».

(109) « *unguided* » en anglais ; « *irregulares* » en latin.

(110) « *of the World* » en anglais ; « *hominum, des hommes* » en latin.

(111) Le latin met le présent.

étrange et singulière qui est celle des fous (112). Les premiers ont donc appelé ces hommes des Fous ; mais les seconds les ont appelés [tantôt des *Démoniaques* (c'est-à-dire possédés par les esprits), tantôt] des *Energumènes* [(c'est-à-dire agités ou mûs par les esprits)] ; actuellement en *Italie* on les appelle [non seulement] *Pazzi* (113) [fous, mais aussi] *Spiritati* [possédés].

Il y avait une fois une grande affluence de peuple à *Abdère* (114) [, ville de la Grèce] ; on y jouait la Tragédie d'*Andromède,* un jour de très grande chaleur (115) ; un grand nombre de spectateurs tombèrent dans les Fièvres tout à la fois du fait de la chaleur et de celui de la Tragédie ; ils ne pouvaient que déclamer des vers Iambiques avec les noms de *Perseus* et *d'Andromeda* (116) ; ce qui, ainsi que la Fièvre, se guérit à la venue de l'Hiver (117). Et, l'on pensa que cette folie procédait de la Passion qu'avait fait naître la Tragédie (118). De même, dans une autre Cité de la Grèce, un (119) accès de folie se déclara qui s'empara seulement des jeunes Filles et en amena beaucoup à se pendre. La plupart pensèrent alors que c'était un fait du Diable.

(112) Le latin dit : « que l'on observe chez les fous ».

(113) Le latin ajoute : « et ».

(114) Le latin dit : « dans la ville d'Abdère, au théâtre ».

(115) Le latin dit : « par un chaud jour d'été ».

(116) Le latin dit : « ils ne pouvaient que déclamer les vers iambiques qu'ils avaient entendu réciter par les acteurs, au cours de la tragédie ».

(117) Le latin dit : « ils se guérirent de cette folie lorsque vint l'hiver ».

(118) Le latin dit : « de la passion que la tragédie avait imprimée aux esprits des spectateurs ».

(119) Le latin ajoute : « autre ».

Mais quelqu'un qui soupçonnait que le mépris de la vie chez ces jeunes filles pouvait procéder de quelque Passion de l'esprit, et, supposant qu'elles ne méprisaient pas de la même façon leur honneur (120), donna le conseil aux Magistrats de déshabiller celles qui s'étaient pendues et de les laisser pendues toutes nues (121). C'est ainsi, dit l'histoire, que fut guérie cette folie (122). Mais, d'autre part, les Grecs imputèrent souvent aussi la folie soit à l'opération (123) des Euménides ou Furies, soit à celle de *Cérès*, de *Phœbus* et d'autres Dieux. On attribuait tant de choses aux Fantômes, qu'on en venait à penser qu'ils étaient des êtres vivants vaporeux, et, d'une façon générale, à les appeler des Esprits (124). Et, de même que les Romains, les Juifs (125) professèrent sur ce sujet la même opinion que les Grecs : Les Juifs en effet appelaient les fous (126) des Prophètes, ou des Démoniaques (suivant qu'ils pensaient que les esprits qui les agitaient étaient bons ou mauvais) ; certains les appelaient tout à la fois Prophètes et Démoniaques (127) [; certains

(120) Le latin ajoute : « · que leur vie ».

(121) Le latin dit : « (sous-entendu : d'ordonner...) que celles qui s'étaient pendues restassent pendues toutes nues ».

(122) Dans le latin cette phrase est remplacée par : « Ceci fait, la folie cessa ».

(123) Le latin porte le pluriel, et, dit : « imputèrent le plus souvent ».

(124) Le latin dit : « On attribuait une telle réalité aux fantômes qu'on en venait à les considérer comme des êtres vivants vaporeux et à leur donner ce nom ».

(125) Le latin dit : « Et les Romains aussi et beaucoup de Juifs ».

(126) Le latin dit : « considéraient les fous comme ».

(127) Le latin dit : « certains appelèrent le même homme prophète et démoniaque ».

autres appelaient le même homme tout à la fois Démoniaque et fou]. En ce qui concerne les Païens cela n'est point étonnant, puisque les Maladies et la bonne Santé, les Vices et les Vertus, beaucoup d' (128) accidents naturels étaient appelés par eux Démons et qu'en tant que tels on leur rendait un culte, et ceci à telles enseignes qu'on entendait (quelquefois) (129) par Démon aussi bien une Fièvre qu'un Diable. Mais que les Juifs aient eu une telle opinion est quelque peu (130) étrange. Car, ni *Moïse*, ni *Abraham* n'attribuaient leurs Prophéties à la possession d'un Esprit, mais à la voix de Dieu, à une Vision ou à un Songe. Et on ne trouve rien dans la Loi Morale ou Rituelle de Moïse qui indique qu'on ait enseigné aux Juifs qu'il y eût là le moindre Enthousiasme ou la moindre Possession (131). Quand il est dit que Dieu, *Numb.* 11, 25, prend de l'Esprit qui était en Moïse et le donne aux soixante-dix plus anciens, l'Esprit de Dieu (pris dans le sens de substance de Dieu) ne s'en trouve pas être divisé. Par l'Esprit de Dieu en un homme les Ecritures veulent dire l'esprit d'un homme porté vers Dieu. Et là où il est dit (132), *Exod.* 28. 3, *Celui que j'ai rempli de l'esprit de sagesse pour faire des vêtements à Aaron*, la signification n'est pas qu'un esprit ait été mis en eux et que cet esprit put faire des vêtements, mais cela veut dire la sagesse de leurs propres

(128) Le latin, à la place de : « beaucoup d' » dit : « les ».

(129) Le latin dit : « à de telles enseignes qu'ils donnaient quelquefois à entendre... ».

(130) Le latin dit : « plus ».

(131) Le latin dit simplement : « qui indique l'enthousiasme ».

(132) Le latin dit : « par Esprit de Dieu, on ne doit pas entendre ici la substance de Dieu, car elle est indivisible. Par l'Esprit de Dieu, les Ecritures veulent souvent dire l'Esprit d'un homme soumis à Dieu. Là où il est dit en effet ».

esprits dans ce genre de travail (133). L'esprit d'un homme,. quand il produit des actions immondes, est (134) [ordinairement] appelé [dans le même sens] un esprit immonde ; et, on a de même d'autres esprits chaque fois du moins que la vertu ou le vice que ce mot désigne est extraordinaire et atteint un très haut Degré (135). Les autres Prophètes de l'ancien Testament (136) ne prétendirent pas davantage à l'Enthousiasme, ni que Dieu ait parlé en eux, mais bien à eux par [la Voix,] la Vision ou le Songe ; *le Poids du Seigneur* n'était pas Possession, mais Commandement. Comment alors les Juifs ont-ils pu tomber dans cette opinion de possession (137) ? Je ne puis imaginer d'autre explication que celle-ci (138), à savoir qu'il est commun à tous les (139) hommes de manquer de curiosité pour rechercher (140) les causes naturelles et de placer la Félicité dans l'acquisition des grossiers plaisirs des Sens et des choses qui y conduisent le plus [immédiatement] : ceux qui voient quelque qualité ou quelque défaut [étranges et] inhabituels [dans un esprit humain], à moins qu'ils ne voient du même coup

(133) Le latin dit : « ... on ne doit pas entendre qu'il s'agit d'un *esprit insufflé* capable de faire des vêtements, mais de la sagesse des hommes dans ce genre de travail ».

(134) Le latin met ici : « de même, dans les Ecritures, ».

(135) La phrase à partir de : « ; et, on a de même... » est remplacée dans le texte latin par : « . De même, dans d'autres passages une vertu ou un vice, s'ils sont extraordinaires et atteignent un haut degré, sont appelés Esprits ».

(136) Le latin ajoute : « postérieurs à Moïse ».

(137) Le latin dit : « d'enthousiasme ».

(138) Le latin dit : « Je ne vois que cette raison ».

(139) Le latin dit : « à la plupart des ».

(140) Le latin dit : « ... hommes de ne guère rechercher ».

quelle en est la cause probable, ne peuvent pas facilement penser que cela est naturel ; si ce n'est pas naturel, ils doivent nécessairement penser (141) que c'est surnaturel ; et, alors que cela peut-il être sinon Dieu ou le Démon qui est (142) en cet esprit humain ? Lorsque notre Sauveur (*Marc*, 3, 21) était entouré par la foule, ses proches (143) se demandèrent s'il était fou et sortirent pour l'appréhender ; mais les Scribes dirent qu'il avait (144) *Belzébub*, et que c'était par lui qu'il chassait les diables [comme si un fou plus grand en eût imposé à de moindres]. Et certains disaient (*Jean*, 10. 20) *Il est possédé d'un Démon et il est fou*, tandis que d'autres qui le tenaient pour un prophète disaient *Ce ne sont pas là les paroles de quelqu'un qui serait possédé d'un Démon*. De même, dans l'ancien Testament, celui qui vint oindre (145) *Jéhu, 2 Rois* 9. 11, était un Prophète ; mais quelqu'un de la compagnie demanda à Jéhu (146) *Que vient faire ce fou ?* Ainsi donc, il est manifeste que quiconque se comportait d'une façon insolite (147) était considéré par les Juifs comme possédé, soit d'un bon, soit d'un mauvais esprit (148) ; non pas cependant par les Sadducéens qui se trompaient telle-

(141) Le latin dit : « ils pensent nécessairement ». -

(142) Le latin ajoute : « entré ».

(143) « *those of the house* » en anglais ; « *qui in domo erant,* ceux qui étaient dans la maison » en latin.

(144) Le latin ajoute : « un démon, ».

(145) Le latin dit : « celui qui fut envoyé pour oindre le roi... ».

(146) Le latin dit : « quelqu'un de ceux qui étaient avec Jéhu lui demanda ».

(147) Le latin ajoute : « et très différemment des autres ».

(148) Le latin emploie le présent dans cette phrase.

ment en sens contraire qu'ils ne croyaient pas qu'il exis-
tât d'esprits du tout (ce qui touche de très près à
l'Athéisme) ; et, c'est à cause de cela peut-être que
les autres étaient d'autant plus incités à dénommer
ces gens à conduite insolite Démoniaques plutôt que
fous (149).

Mais pourquoi alors notre Sauveur procède-t-il à
leur guérison en tant que possédés et non pas en tant
que fous (150) ? A cela je ne puis fournir d'autre
réponse que celle que l'on donne à ceux qui mettent de
semblable manière l'Ecriture en avant contre l'opinion
du mouvement de la Terre (151). L'Ecriture a été écrite
pour montrer aux hommes (152) le royaume de Dieu et
pour préparer leurs esprits à devenir ses sujets obéissants ; laissant à leur dispute le monde et sa Philosophie
pour l'exercice de leur Raison naturelle (153). Que ce
soit le mouvement de la Terre ou celui du Soleil qui fasse

(149) Dans cette phrase, assez obscure dans le texte anglais,
« les autres » désigne les Pharisiens. La traduction du texte
latin est en effet la suivante : « Mais peut-être les Pharisiens
appelaient-ils d'autant plus volontiers les fous des démoniaques
qu'ils différaient davantage d'opinion avec les Sadducéens en ce
qui concerne les Esprits ».

(150) Le latin dit : « S'il en est ainsi, pourquoi notre Sauveur
les guérit-il non en tant que fous, mais en tant que démoniaques ».

(151) Le latin dit : « Je réponds que les arguments que l'on
tire du mode d'expression ne sont pas solides. Combien souvent
la Sainte-Ecriture ne parle-t-elle pas de la Terre comme si elle
était immobile, alors que cependant presque tous les philosophes
d'aujourd'hui, se basant sur des signes de la dernière évidence,
sont d'avis qu'elle se meut ? ».

(152) « unto men » en anglais.

(153) Le latin dit : « L'Ecriture fut écrite par les prophètes
et par les apôtres pour enseigner non pas la philosophie que
Dieu abandonne aux contemplations et aux disputes des hommes

le jour et la nuit, que les actions Insolites des hommes
procèdent de la Passion (154) ou du Diable [(pourvu que
nous ne lui rendions pas un culte) (155)] c'est tout un
en ce qui concerne notre obéissance et notre soumission
à la Toute-Puissance divine, ce pourquoi l'Ecriture a été
écrite (156). Quant à ce qui est de ce que notre Sauveur parle à la maladie comme à une personne, c'est
là le mode d'expression usuel de tous ceux qui soignent
par des paroles seulement, comme le faisait le Christ (et
les Incantateurs prétendent le faire qu'ils s'adressent
à un Diable ou non) (157). Car, n'est-il pas dit aussi
que le Christ (*Math.* 8. 26) a réprimandé les vents ?
N'est-il pas dit aussi (*Luc.* 4. 39) qu'il a réprimandé
une Fièvre ? Cela ne permet pas de conclure cependant
qu'une Fièvre soit un Diable. Et là où il est
dit que beaucoup de ces Diables ont confessé le Christ,
il n'est pas nécessaire d'interpréter ces passages autrement que ce sont ces fous qui l'ont confessé (158). Et
là où notre Sauveur (*Math.* 12. 43) parle d'un Esprit

pour l'exercice de leur raison naturelle, mais la piété et le chemin du salut éternel ».

(154) Le latin porte le pluriel.

(155) « *so we worship him not* ».

(156) Le membre de phrase qui commence par : « c'est tout
un » est remplacé dans le texte latin par ces simples mots :
« n'importe nullement à la piété et au salut ».

(157) La phrase à partir de : « Quant à ce qui est » est remplacée dans le latin par : « La façon propre de s'exprimer de ceux
qui soignent les maladies par des paroles seulement, comme le
fit le Christ, et comme se vantent faussement de le faire ceux
qui procèdent par incantations, consiste en des ordres comme
va-t-en (*Exi*) ».

(158) La phrase à partir de : « Et là où il est dit... » est dans
le latin remplacée par les suivantes : « D'ailleurs, la même phrase
n'a pas partout la même signification dans les Ecritures. *In Principio erat Verbum* (au commencement était le Verbe) signifie

immonde qui étant sorti d'un homme erra à travers le désert, cherchant le repos et sans le trouver, puis retourna dans le même homme avec sept autres esprits pires encore que lui, c'est [manifestement] une Parabole qui fait allusion à celui qui après un [léger] effort pour dompter ses désirs est vaincu [par leur puissance] et devient sept fois plus mauvais qu'il n'était (159). Ainsi je ne vois absolument rien dans l'Ecriture qui oblige à croire que les Démoniaques étaient autre chose que des Fous (160).

LE DISCOURS DÉPOURVU DE SIGNIFICATION. — Il se rencontre encore une autre faute dans les Discours de certaines gens et on peut la compter aussi parmi les genres de Folie ; c'est cet abus des mots dont j'ai déjà parlé dans le cinquième Chapitre en lui donnant le Nom d'Absurdité Cela se produit lorsqu'on emploie des mots tels que rapprochés les uns des autres ils n'ont aucune signification du tout arrivant à la bouche de gens qui répètent par routine et sans comprendre les termes qu'ils ont entendu employer, ou qui ont l'intention de tromper par l'obscurité de leur langage. Et cela n'arrive qu'à ceux qui s'entretiennent de sujets incompréhensibles comme le font les Scholastiques ou qui traitent de questions de Philosophie abstruse (161). Les gens du vul-

l'éternité du Verbe. *In principio Deus creavit Cœlum et Terram* (au commencement Dieu créa le ciel et la terre) ne signifie pas que le ciel et la terre aient existé de toute éternité ».

(159) Le latin ajoute : « auparavant ».

(160) Cette phrase est dans le latin remplacée par la suivante : « Les Ecritures ne doivent donc pas toujours être prises dans le sens strict des mots ; et rien en elles ne peut nous faire rejeter que les démoniaques aient été autre chose que des *fous*, des *furieux* ou des malades d'esprit en quelqu'autre manière ».

(161) A partir de : « Il se rencontre encore... » le latin dit :

gaire tiennent rarement des discours dépourvus de
sens (162), et c'est pourquoi les personnes distinguées
les tiennent pour des Idiots (163). Mais, pour nous
assurer que les Termes des Scholastiques et des Philosophes ne correspondent à rien dans leur esprit, quelques Exemples sont peut-être nécessaires ; si on l'exige,
qu'on prenne un Scholastique et qu'on voie s'il peut
traduire de façon à le rendre intelligible un seul chapitre traitant de quelque point difficultueux comme la Tri-
nité, la Divinité, la nature du Christ, la Transsubstantiation, la Volonté libre, etc., dans l'une quelconque de
nos langues modernes ou dans un Latin tolérable, tel
que nous le firent connaître ceux qui vivaient quand la
langue Latine était Vulgaire. Que veulent dire ces mots ?
*La cause première n'exerce pas nécessairement sur la
cause seconde, en vertu de la subordination essentielle
des causes secondes, une influence qui fait que la cause
première aide la cause seconde à agir.* C'est la Traduction du Titre du sixième chapitre de Suarez, premier
Livre, *Du Concours, du Mouvement et de l'Aide de
Dieu* (164) ; quand on écrit des volumes tout entiers

« Parmi les signes de folie, on peut aussi compter les discours
absurdes ou dépourvus de sens que tiennent certaines gens ; j'en
ai parlé au Chapitre V. Et ce genre de folie est presqu'exclusif
à ceux qui se risquent à parler ou à écrire sur des choses incompréhensibles, ce que les scholastiques et les philosophes sont seuls
à faire ».

(162) Le latin dit : « incompréhensibles ».

(163) Le latin ajoute : « et les méprisent ».

(164) La phrase à partir de : « Mais pour nous assurer... »
est remplacée dans le texte latin par : « Pour nous bien rendre
compte de la façon de parler des scholastiques et des philosophes, lorsqu'ils traitent de choses difficiles, qu'on veuille bien
nous expliquer le sens des mots qui constituent le titre du Chapitre VI du premier livre de Suarez. *De Concursu, Motu et Auxilio*

de semblables balivernes n'est-on pas fou ou bien n'a-t-on pas l'intention de faire devenir les autres fous ? [Et, en particulier,] dans la question de la Transsubstantiation, quand après avoir prononcé les mots de Blan*cheur,* de Ron*deur,* de Magni*tude,* de Qua*lité* (165) [, de Corrupti*bilité*], on dit que tout cela qui est incorporel [etc...] passe de l'Hostie dans le corps de notre Sauveur [béni] (166), ne considère-t-on pas ces *Eurs,* ces *Tudes,* ces *Tés* comme autant d'esprits possédant son corps (167). Par Esprits ces gens-là veulent en effet toujours dire des choses qui étant incorporelles peuvent néanmoins se mouvoir d'un lieu à un autre (168). Cette sorte d'Absurdité (169) peut donc à juste titre être comptée parmi les nombreuses sortes de Folies, et, tout le temps que, guidés par les claires Pensées de leurs désirs terrestres, ces fous s'abstiennent de discuter et d'écrire ainsi, n'est que de Lucides Intervalles (170). Et en voilà beaucoup (171) de dit sur les Vertus et les Défauts Intellectuels.

Dei. Ces mots sont les suivants : « *Prima causa non influit necessario aliquid in secandam Virtute Subordinationis essentialis causarum secundarum, quo illam adjuvet operari* ».

(165) Le latin ajoute : « etc... ».

(166) Le latin ajoute : « Jésus-Christ ».

(167) En anglais : « *nesses, tudes and ties* » syllabes terminales des mots. Le latin dit simplement : « ne fait-on pas de ces accidents autant d'esprits ».

(168) Le latin dit, en continuant la phrase précédente : « (car ces gens qui pensent que les esprits sont incorporels, prétendent cependant qu'ils peuvent se mouvoir d'un lieu à un autre) ».

(169) Le latin dit : « Ce genre d'absurdité de langage ».

(170) Le latin dit : « et les moments où les pensées de ces fous se montrent nettement gouvernées par les désirs terrestres (*a cupiditatibus mundanis*) ne sont que de lucides intervalles ».

(171) Le latin dit : « suffisamment ».

CHAPITRE IX

Des différents Sujets *de* Connaissance (1).

Il y a deux sortes de Connaissance : L'une est la
Connaissance du Fait ; l'autre, la *Connaissance de la
Conséquence d'une Affirmation à une autre.* La pre-

(1) Dans l'édition latine, ce chapitre et le tableau qui lui fait
suite sont remplacés par un texte dont voici la traduction in
extenso :

CHAPITRE IX

De la Distribution des Sciences.

« Il y a deux sortes de connaissance. L'une du fait, et c'est
la connaissance propre aux témoins ; son registre est l'*Histoire*
(*cujus conscriptio est Historia*) qui se divise en *naturelle* et *civile* ;
ni l'une ni l'autre n'entre dans notre cadre. L'autre est la connaissance des conséquences, et on l'appelle Science. Son registre
s'appelle habituellement *Philosophie*. De ce que les corps sont le
sujet des sciences, il s'ensuit que la science doit être subdivisée
en espèces de la même façon que les corps le sont en les leurs,
c'est-à-dire, les plus universels précédant les moins universels
(*ita ut Universaliora minus Universalibus antecedant*). L'universel
est en effet essentiel au particulier ; il s'ensuit donc que la science
de l'universel (*universalium*) est essentielle à la science du particulier (*specierum*), et cela au point que ce dernier ne peut être
compris qu'à la lumière du premier » (Comparer avec Auguste
Comte... Voir Introduction, pages xxxiii et xxxiv).

« Le plus général des sujets de science est le corps dont les
deux seuls accidents sont la *grandeur* et le *mouvement.* La première question que se pose donc le philosophe à ce sujet est
qu'est-ce que le *mouvement*, qu'est-ce que la *grandeur.* Et cette

mière n'est que la Sensation (2) et la Mémoire, et,
c'est la *Connaissance Absolue* ; comme quand on voit
un fait se produire ou que l'on se rappelle que ce fait

partie de la philosophie s'appelle habituellement *Philosophie première*.

« D'autre part, une grandeur déterminée, ce qu'on dit qu'elle
est et de combien de parties dont on dit qu'elle est faite (*quæ et
Quantitas dicitur*) se définit soit par la *figure*, soit par le *nombre*
Le corps défini par la figure est donc l'objet de cette partie de
la philosophie appelée *Géométrie*. Et la science des parties d'un
corps déterminées par le nombre s'appelle *Arithmétique*.

« Dans les parties les plus ténues des corps, il y a des mouvements *visibles* ou *invisibles*. La science des mouvements visibles
est celle des ingénieurs et des architectes (*eorum qui Machinarum,
Ædificiorum secreta contemplati sunt*).

« Les mouvements *invisibles* des parties internes d'un corps
qui, en raison de leur effet sur nos sens, sont appelés *qualités*
font l'objet de la *Physique* ou *Philosophie naturelle* qui se subdi-
vise en autant de branches particulières que les hommes ont de
sens ; de ces branches, il en est une qu'on appelle l'*Optique* et
une autre la *Musique*.

« Puis, si le corps de l'Univers est considéré suivant ses parties
astrales et sublunaires par exemple, de l'observation des mouvements des astres et de la mesure de ces mouvements (*quatenus
Motorum*) résulte une science qu'on appelle l'*Astronomie*.

« Certaines parties de l'Univers ne sont pas permanentes, mais,
apparaissant seulement dans les interstices des grands corps, n'ont
qu'une existence transitoire. De l'observation de leurs mouvements résulte la science *Météorologique*.

« De même, de l'observation des parties de la Terre, des recherches pour savoir ce qu'elles sont, *minérales*, *végétales* et *anima-
les* (*qualia sunt Mineralia, Vegetabilia et Animalia*) naissent autant
de sciences particulières.

« Enfin, de l'observation de l'homme et de ses facultés naissent l'*Éthique*, la *Logique*, la *Rhétorique*, et en dernier lieu la
Politique ou *Philosophie civile*.

« Mais, de la subdivision des sujets particuliers, d'autres sciences innombrables peuvent naître qu'il n'est ni facile, ni nécessaire
d'énumérer ».

(2) « *Sense* » en anglais.

La Science, c'est-à-dire la Connaissance des Conséquences; on l'appelle aussi Philosophie.

Conséquences des Accidents des Corps Naturels; on l'appelle Philosophie naturelle.

Conséquences des Accidents communs à tous les Corps naturels, c'est-à-dire la *Quantité* et le *Mouvement*.

Conséquences de la Quantité et du Mouvements de la Philosophie, on l'appel[

Conséquences du Mouvement et de la Quantité *déterminés*.

Conséquences de la Quantité et du Mouvement déterminés.

Conséquences du Mouvement et de la Quantité des Corps en *particulier*.

Physique ou Conséquences des *Qualités*.

Conséquences des Qualités des Corps d'autres. . . . .

Conséquences des Qualités des Corps *Permanents*.

Conséquences des Qualités des *Etoiles*.

Conséquences des Etoiles, comme

Conséquences des Qualités des Corps *Terrestres*.

Conséquences des Accidents des Corps *Politiques*, appelée Politique et Philosophie civile.

1. Des Conséquences de l'*Institution* des Etats relativement aux *Droits* et aux *Devoirs* du *Corps politique* ou *Souverain*.
2. Des conséquences de la même chose relativement au *Devoir* et au *Droit* des *Sujets*.

vement *indéterminés* ; comme elle constitue les Principes ou premiers fon-
le *Philosophia Prima* . . . . PHILOSOPHIE PRE-
MIÈRE.

Par la Figure
Par le Nombre } *Mathématiques* . . . . {
GÉOMÉTRIE.

ARITHMÉTIQUE.

Conséquences du Mouvement et de la Quantité des Grandes Parties du
Monde, la *Terre* et les *Etoiles*. . . . . . *Cosmographie* . . .
ASTRONOMIE.
GÉOGRAPHIE.

Conséquences des différents Mouvements et des Figures des Corps
. . . . . . *Mécanique.* — Théorie de la *Pesanteur* . . . . .
Science des INGÉ-
NIEURS.
ARCHITECTURE.
NAVIGATION.

Passagers, c'est-à-dire apparaissant à certains moments et disparaissant à
. . . . MÉTÉOROLOGIE.

Conséquences de la *Lumière* des Etoiles. De cela et du Mouvement du
Soleil est fait la Science de la. . . . . SCIOGRAPHIE).
Conséquences de l'*Influence* des Etoiles. . . . . ASTROLOGIE.

Qualités des Corps *Fluides* qui remplissent l'espace compris entre les
l'*Air* ou la Substance éthérée.

Conséquences
des parties
de la Terre,
dépourvues
de Sensations

Conséquences des Qualités des *Minéraux*, tels que
les *Pierres*, les *Métaux*, etc.
Conséquences des Qualités des *Végétaux*.

Conséquences
des Qualités
des *Animaux*

Conséquences
des Qualités
des *Animaux*
en *général*.

Conséquences de la *Vision* . . . . OPTIQUE.
Conséquences des *Sons*. . . . . . MUSIQUE.
Conséquences du reste des *Sensa-*
tions.
Conséquences des *Passions* humai-
nes . . . . ETHIQUE.

Conséquences
des Qualités
des *Hommes*
en *particu-*
lier.

Conséquences
du *Langage*.

Dans le fait
d'*Exalter*, de
Dénigrer, etc. . POÉSIE.
Dans le fait de
Persuader . . RHÉTORIQUE.
Dans le fait de
Raisonner. . . LOGIQUE.
Dans le fait d'*Eta-*
blir des Contrats. La *Science* du
JUSTE et de l'IN-
JUSTE.

s'est produit. C'est là la Connaissance exigée (3) d'un Témoin. La seconde connaissance s'appelle *Science ;* elle est *Conditionnelle,* comme quand on sait que, *si une figure donnée est un Cercle, toute ligne droite passant par son Centre la divisera en deux parties égales.* Et c'est là la Connaissance requise en un Philosophe c'est-à-dire en celui qui prétend Raisonner.

Le Registre de la *Connaissance du Fait* s'appelle *Histoire.* Il y a deux sortes d'Histoire. L'une s'appelle *Histoire naturelle ;* c'est l'Histoire des Faits ou des Effets de la Nature, en tant qu'ils ne sont pas sous la dépendance de la *Volonté* humaine. Telle est l'Histoire des *Métaux,* des *Plantes,* des *Animaux,* des *Contrées,* etc... L'autre est l'*Histoire civile,* c'est-à-dire l'Histoire des Actions Volontaires des hommes dans les Etats.

Les Registres de la Science sont les Livres qui contiennent les *Démonstrations* des Conséquences d'une Affirmation à une autre ; on les appelle communément *Livres de Philosophie ;* il y en a de beaucoup de sortes qui correspondent à la diversité de la Matière. Et ils peuvent être divisés comme je l'ai fait dans le tableau suivant (4).

(3) « *required in* » en anglais.
(4) Voir ci-contre, pages 126 et 127.

CHAPITRE X

De la P**uissance**, *de la* V**aleur**, *de la* D**ignité**,
*de l'*H**onneur**, *et du* T**itre** *à quelque chose* (1).

La P**uissance**. — La P**uissance** *de Quelqu'un* (en prenant le mot au sens Universel) consiste en ses moyens actuels (2) de parvenir à quelque Bien apparent futur. Elle est *Originelle* (3), ou *Instrumentale*.

Puissance naturelle est l'éminence (4) des Facultés du Corps ou de l'Esprit, par exemple une Force, une Beauté, une Prudence, une Habileté, une Eloquence, une Libéralité, une (5) Noblesse [extraordinaires]. *Instrumentales*, sont les Puissances qui, acquises à l'aide des premières ou par hasard (6), sont des moyens et des Instruments d'augmentation de Puissance, comme par exemple les Richesses, la Bonne réputation, les Amis et la secrète intervention de Dieu que les hom-

----

(1) « *Of Power, Worth, Dignity, Honour and Worthinesse* ». Le latin dit simplement : « De la Puissance, de la Dignité et de l'Honneur ». A propos de la traduction du mot *Worthinesse,* voir note 110, page 148.

(2) Le latin dit : « en l'ensemble de tous ses moyens ».

(3) « *Originall* » en anglais ; « *Naturalis,* naturelle » en latin.

(4) « *Eminence* » en anglais ; « *Excellentia* » en latin.

(5) Pour la compréhension du texte latin, il faut remplacer dans toute cette phrase « une » par « la ».

(6) C'est-à-dire à la suite de circonstances dans lesquelles le sujet n'est pour rien.

mes appellent (7) Bonne Chance (8). La nature de la
Puissance est en effet semblable à celle de la Renommée en ce qu'elle s'accroit à mesure qu'elle se poursuit,
ou semblable au mouvement (9) des corps pesants qui
vont d'autant plus vite qu'ils font plus de chemin.

La plus grande des Puissances humaines est celle
qui est faite de l'ensemble des Puissances d'un très
grand nombre d'hommes unis de leur commun accord
en une personne Naturelle ou Civile (10) qui tient sous
la dépendance de sa volonté l'usage de toutes leurs Puissances (11) [, telle est la Puissance d'un Etat], ou celle
d'un très grand nombre d'hommes dont l'usage de
toutes les puissances dépend des volontés de chacun
en particulier, telle est la Puissance d'une Faction
où de diverses factions liguées (12). Par conséquent,
avoir des serviteurs est une Puissance ; avoir des
amis (13) est une Puissance : ce sont en effet des forces
unies.

De même, la Richesse jointe à la libéralité est une
Puissance, parce qu'elle procure des amis et des serviteurs. Sans la libéralité, il n'en est pas ainsi, parce

(7) Le latin ajoute : « le plus souvent ».
(8) « *Good Luck* » en anglais ; « *Fortunam* » en latin.
(9) Le latin dit : « à la chute ».
(10) Le latin dit : « en une personne naturelle c'est-à-dire un
homme, ou en une personne artificielle c'est-à-dire une cité ».
(11) Le latin dit : « de la volonté de qui dépendent les puissances de tous ».
(12) A partir de : « ... ou celle... » le latin dit : « .La plus
grande puissance après celle-ci est celle qui dépend de la volonté
d'une multitude non unie ; telle est la puissance d'une faction
ou de factions liguées ». Le texte latin sert ici à éclaircir le texte
anglais.
(13) Le latin dit : « avoir beaucoup de serviteurs, beaucoup
d'amis ».

qu'alors la richesse ne protège pas, mais expose à l'Envie [comme une Proie].

La Réputation de puissance est une Puissance, parce qu'elle [attire et] attache à soi ceux qui ont besoin de protection.

Il en est de même de la Réputation d'aimer son Pays (14) (qu'on appelle Popularité), et cela pour la même raison.

De même (15), toute qualité qui fait aimer ou craindre quelqu'un de beaucoup d'autres, ou la [seule] réputation d'une telle qualité, est une Puissance, parce que cela constitue un moyen d'obtenir l'assistance et les services de beaucoup de gens.

Le Succès est une Puissance parce qu'il donne la réputation de Sagesse (16) ou de bonne fortune, ce qui fait que l'on vous craint ou que l'on a confiance en vous.

L'Affabilité de ceux qui sont déjà puissants est un accroissement de leur Puissance, parce qu'elle engendre l'amour (17).

La Réputation de Prudence dans la conduite des affaires en Paix ou en Guerre est une Puissance, parce que c'est aux hommes prudents plus volontiers qu'aux autres que nous confions le soin de nous gouverner.

La Noblesse est une Puissance, non partout, mais seulement dans les Etats où des Privilèges lui sont attachés, car c'est dans ces privilèges que consiste la Puissance des nobles.

(14) Le latin dit : « ... de la réputation de bon citoyen et de bon patriote ».

(15) Le latin dit : « D'une façon générale ».

(16) « *Wisdome* » en anglais ; « *Prudentiæ* » en latin.

(17) « *love* » en anglais. Le latin porte : « *Amicitiam* ».

L'Eloquence est une puissance, parce qu'elle est l'apparence de la Prudence.

La Beauté est une Puissance parce qu'étant une promesse de Bien, elle recommande à la faveur [des femmes et] de ceux dont on n'est pas connu (18).

Les Sciences ne sont que de faibles Puissances, parce que n'étant pas éminentes elles sont par conséquent indiscernables ; elles n'existent que chez quelques-uns et n'est-ce encore que pour peu de choses (19). La Science est telle en effet de par sa nature que seuls peuvent se rendre compte de ce quelqu'un la possède, ceux qui [, dans une large mesure,] y sont parvenus.

Les Arts d'utilité publique, comme la Fortification, la Fabrication des machines et des autres Instruments de Guerre sont des Puissances, parce qu'ils contribuent (20) à la Défense et à la Victoire. [Et, quoique la vraie Mère de ces Arts soit la Science, nommément les Mathématiques, cependant, comme c'est la main de l'Artisan qui leur donne le Jour, on les croit issus de lui (, la Sage-femme passant pour la Mère aux yeux du vulgaire).]

La Valeur. — La *Valeur* de quelqu'un (21) est, comme la valeur de toutes les autres choses, son Prix,

---

(18) « *strangers* » en anglais ; « *ignotis hominibus* » en latin. *Ignotus*, en latin, veut aussi bien dire « qui ne connaît pas » qu' « inconnu ».

(19) Le latin dit : « La science est une puissance, mais faible, parce qu'elle est rarement éminente et n'apparaît par conséquent pas, si ce n'est en bien peu de gens et encore pour bien peu de choses ».

(20) Le latin ajoute : « très grandement ».

(21) « The *Value* or Worth ». Il me paraît difficile de traduire séparément en français ces deux mots.

c'est-à-dire ce par quoi l'on achèterait l'usage de sa Puissance. Il s'ensuit que la valeur de quelqu'un n'est pas absolue, mais dépend du besoin et du jugement des autres hommes (22). Un habile Général est d'un grand Prix en temps de Guerre actuelle ou imminente, mais en temps de Paix il est d'un moindre prix. Un juge instruit et intègre a beaucoup de Valeur en temps de Paix, mais n'en a pas autant (23) en temps de Guerre. Et, il en est des hommes comme des autres choses, ce n'est pas le vendeur, mais bien l'acheteur (24) qui en détermine le Prix. Un homme (et la plupart sont dans ce cas) s'estime lui-même à la plus haute Valeur possible ; cependant sa vraie Valeur ne saurait être supérieure à celle que fixe l'estimation d'autrui (25).

La manifestation de la Valeur que nous nous attribuons les uns aux autres est [ce que communément l'on appelle le fait d'] Honorer et [de] Déshonorer (26). Evaluer quelqu'un à un haut prix c'est l'*Honorer*, l'évaluer à un bas prix c'est le *Déshonorer* [; mais haut et bas dans ce cas doivent être compris par comparaison avec la valeur que chacun s'attribue à soi-même].

(22) Le latin dit : « La dignité de quelqu'un signifie quelquefois sa valeur ou son prix, ce par quoi l'on voudrait acheter l'usage de sa puissance. Elle est donc plus grande ou plus petite suivant l'estimation des autres ».

(23) Le latin dit : « mais il n'en est pas de même ».

(24) Le latin dit : « ce n'est pas le jugement de ceux qui vendent, mais de ceux qui achètent ».

(25) Le latin dit : « A quelque haut prix que quelqu'un s'estime, son prix n'est cependant que celui qui est estimé par les autres ».

(26) « *Dishonour* » en anglais ; « *Inhonorare* » en latin, terme de très mauvaise latinité. *Dishonour, dishonourable* ont un sens moins fort en anglais que *déshonorer, déshonorable* en français.

La Dignité. — La valeur publique de quelqu'un, c'est-à-dire celle que lui attribue l'Etat, est ce que l'on appelle communément Dignité. Et cette Valeur attribuée par l'Etat se traduit par des places de Commandement, de Judicature et des Emplois publics, ou par des Noms et des Titres dont on use pour la distinguer (27).

Honorer et Déshonorer. — Prier quelqu'un de nous venir en aide [de façon quelconque] est l'Honorer, parce que c'est là un signe de l'opinion que nous avons qu'il a la puissance de nous aider ; et plus difficile est l'aide, plus grand est l'Honneur (28).

Obéir est Honorer, parce que personne n'obéit à qui il pense n'avoir aucune puissance pour le servir ou pour lui nuire. [Et conséquemment, désobéir est *Déshonorer*.]

Faire de grands présents à quelqu'un est l'Honorer, parce que c'est acheter sa Protection et reconnaître sa Puissance. Lui faire de petits présents est le Déshonorer, parce que ce ne sont là que (29) des Aumônes et que cela signifie que l'on pense qu'il a besoin même de petits secours (30).

(27) Le latin dit : « Mais, par dignité, on veut dire le plus souvent, non l'estimation qu'un homme fait d'un autre, mais l'estimation qu'en fait l'Etat, lorsque, pour l'honorer, il lui confère un commandement, une magistrature, un emploi quelconque, ou même, un nom ou un titre ».

(28) Le latin dit simplement : « parce que c'est reconnaître sa puissance ».

(29) Le latin dit : « parce que cela ressemble à... ».

(30) « *and signifies an opinion of the need of small helps* » en anglais. Cette phrase me paraît obscure et l'on pourrait aussi en proposer cette traduction : « et que cela signifie que l'on estime n'avoir besoin que de faibles secours ». Le latin dit :

S'appliquer à faire sans cesse du bien à un autre, de même que le flatter, est l'Honorer, car c'est un signe de ce que l'on recherche sa protection ou son aide [; le négliger est le Déshonorer].

[Laisser la route libre ou] céder la place à quelqu'un pour l'obtention de quelque Avantage est l'Honorer, parce que c'est reconnaître qu'il a une plus grande puissance que soi [; lui tenir tête, c'est le Déshonorer].

Donner des signes de ce qu'on a de l'amour ou de la crainte pour quelqu'un est l'Honorer, parce que aimer et craindre est attribuer de la valeur (31). [Le mépriser, l'aimer ou le craindre moins qu'il ne s'attend à l'être est le Déshonorer, car c'est rabaisser sa valeur.]

Louer quelqu'un, l'exalter, célébrer son bonheur est l'Honorer, parce [qu'il n'y a] que les bonnes qualités (32), la puissance et la félicité qui aient une valeur (33). L'injurier, s'en moquer ou s'apitoyer sur lui est le Déshonorer.

Parler à quelqu'un avec considération, se présenter à lui avec décence et humilité est l'Honorer, parce que ce sont là des signes de la crainte qu'on a de l'offenser (34). Lui parler avec emportement, se livrer devant

« *significatque eum qui dat, illum existimare, cui datur, etiam parvis indigere* ». C'est ce qui m'a déterminé à traduire comme je l'ai fait.

(31) Le latin dit : « parce que, dans les deux cas, c'est reconnaître sa puissance ».

(32) « *goodnesse* » en anglais ; « *Bonitas* » en latin.

(33) Au lieu de : « qui aient une valeur » le latin dit : « sont ce que l'on estime le plus ».

(34) Le latin dit : « parce que cela signifie que l'on ne veut pas lui déplaire ».

lui à des actes obscènes, malpropres, effrontés (35) est le Déshonorer.

Croire quelqu'un, se fier à lui [, s'en reposer sur lui] est l'Honorer ; c'est un signe de l'opinion que l'on a [de sa vertu et] de sa puissance. [Se défier de lui ou ne pas le croire est le Déshonorer.]

Tendre l'oreille aux conseils de quelqu'un ou à ses discours quels qu'ils soient est l'Honorer, parce que c'est un signe de ce que l'on pense qu'il est sage, éloquent ou spirituel. Dormir ou s'en aller pendant qu'il parle, parler en même temps que lui est le Déshonorer(36).

Faire à quelqu'un ce qu'il accepte pour des signes d'Honneur ou ce qui est établi comme tel de par la Loi ou de par la Coutume est l'Honorer, parce que, en approuvant (37) l'Honneur qui lui est fait par d'autres [, on reconnaît la puissance que les autres reconnaissent en lui. Lui refuser ces signes d'honneur est le Déshonorer].

Partager l'opinion de quelqu'un est l'Honorer, parce que c'est un signe de ce que l'on approuve son jugement et sa sagesse. Ne pas être de son avis est le Déshonorer ; c'est l'accuser de faire erreur, et (38) (si le dissentiment porte sur beaucoup de points), d'être un sot.

Imiter quelqu'un est l'Honorer, car c'est l'approuver fortement. [Imiter l'Ennemi de quelqu'un, c'est le Déshonorer.]

(35) Le latin dit : « ... des actes effrontés ou obscènes ».

(36) Le latin dit : « est faire le contraire ». Un peu plus haut, au lieu de « sage », le latin porte « prudent ».

(37) Au lieu de : « en approuvant » le latin dit : « c'est confirmer ».

(38) Le latin dit : « ou ».

Honorer ceux qu'un autre honore est Honorer cet autre, parce que c'est un signe de ce que l'on approuve son jugement. [Honorer ses Ennemis est le Déshonorer.]

Prendre les conseils de quelqu'un ou l'utiliser pour des actions difficiles (39) est l'Honorer, parce que c'est un signe de ce que l'on pense qu'il est sage ou puissant de quelque autre manière (40). [Se refuser à employer dans les mêmes cas ceux qui le sollicitent est les Déshonorer.]

Tous ces moyens d'Honorer sont naturels, aussi bien au dedans qu'au dehors des Etats. Mais, dans les Etats, là où celui ou ceux qui ont l'Autorité suprême peuvent (41) déterminer comme ils le veulent les signes de l'Honneur, il y a d'autres façons d'Honorer.

Un Souverain Honore un Sujet par un Titre quelconque, ou une Charge, ou un Emploi, ou une Action qu'il a choisi comme signe de sa volonté de l'Honorer (42).

Le roi de *Perse* honora *Mardochée* en ordonnant de le conduire à travers les rues (43) vêtu des Habits Royaux [sur un des Chevaux du Roi, avec une Cou-

(39) « *in actions of difficulty* » en anglais ; « *in rebus arduis* » en latin.

(40) Le latin dit : « parce que c'est reconnaître sa sagesse ou sa puissance ».

(41) Le latin dit : « là où il y a une ou plusieurs personnes ayant autorité pour ».

(42) Le latin dit : « Une cité honore un citoyen en lui donnant un titre, un gouvernement de province (*provinciam*), une charge quelconque, si elle a établi que c'est là un signe d'honneur ».

(43) Le latin dit : « la ville ».

ronne sur la tête], et, précédé d'un Prince (44) proclamant : *Ainsi sera fait à celui que le Roi voudra
honorer.* Et cependant (45) un autre Roi de *Perse*, ou
le même à un autre moment (46), à quelqu'un qui lui
demandait pour quelque grand service de revêtir une
des robes Royales, lui en donna la permission, mais en
ajoutant qu'il porterait cette robe de même que le bouf-
fon du Roi [, et alors, c'était le Déshonorer]. La Source
de l'Honneur Civil est donc [dans] la personne de l'Etat ;
l'Honneur Civil dépend de la Volonté du -Souve-
rain (47), et, c'est pourquoi, il est temporaire [et qu'on
l'appelle *Honneur Civil*] ; tels sont par exemple la Magistrature, les Fonctions publiques, les Titres (48), et,
dans certains pays, les Uniformes et les Blasons ; on
Honore ceux qui les ont (49) en tant que possédant
autant de signes de faveur dans l'Etat (50), laquelle
faveur est une Puissance.

HONORABLE. — *Honorable* est toute possession,
action ou qualité qui est un indice [et un signe] de
Puissance.

Et, c'est pourquoi, être Honoré, aimé ou craint de
beaucoup de gens est Honorable, en tant qu'étant des

(44) Le latin dit : « de le faire conduire............. par un
prince ».
(45) Au lieu de : « Et cependant » le latin dit : « Par contre
ce que la cité décrète affront est affront. Ainsi... ».
(46) Le latin dit simplement : « le même roi de Perse ».
(47) Le latin dit : « de la volonté de celui qui a dans l'Etat le
souverain pouvoir ».
(48) Le latin dit : « , comme une magistrature, une charge
publique, un titre ».
(49) Le latin dit : « ceux qui les ont sont honorables »
(50) Le latin dit : « de la faveur publique ».

indices (51) de Puissance. [— Déshonorable. — Etre Honoré de peu de gens ou n'être Honoré de personne est *Déshonorable*.

La Domination et la Victoire sont Honorables, parce qu'elles s'acquièrent par la Puissance ; la Servitude résultant du besoin ou de la crainte est Déshonorable.]

La Bonne fortune (tant qu'elle dure) est Honorable, en tant que signe de la faveur de Dieu. L'Adversité, les pertes sont Déshonorables (52). Les Richesses sont Honorables, car elles sont une Puissance (53). [La Pauvreté est Déshonorable.] La Magnanimité, la Libéralité, l'Espérance, le Courage, la Confiance sont Honorables, car elles procèdent de la conscience que l'on a de sa Puissance. [La Pusillanimité, la Parcimonie, la Crainte, la Défiance sont Déshonorables.]

La Résolution ou Détermination de ce que l'on doit faire prise au moment opportun est Honorable, car elle est le (54) mépris des petites difficultés et des petits dangers. [L'Irrésolution est Déshonorable, en tant que signe de ce que l'on accorde une trop grande valeur aux petits obstacles et aux petits avantages. Quand en effet on a pesé les choses aussi longtemps que le temps le permet, et, qu'on ne se résoud pas, la différence de poids ne peut être que petite, et, par conséquent, si l'on ne se résoud pas, c'est qu'on accorde trop de valeur aux petites choses, et, c'est cela qui est la Pusillanimité.]

(51) Le latin dit : « un signe ».

(52) Le latin dit : « L'adversité est méprisable ».

(53) Le latin dit : « un signe de puissance ».

(54) Le latin dit : « Se déterminer à ce que l'on doit faire en temps opportun (c'est-à-dire ni trop tôt ni trop tard) est honorable, car cela provient du... ».

Toutes les Actions et tous les Discours qui procèdent ou semblent procéder de beaucoup d'Expérience
de Science, de Discrétion (55) ou d'Esprit sont honorables, car tout cela est des Puissances. [Les Actions
ou les Mots qui procèdent de l'Erreur, de l'Ignorance
ou de la Sottise sont Déshonorables.]

La Gravité, dans la mesure où elle paraît procéder
d'une occupation de l'esprit, est Honorable, parce
qu'être occupé est un signe de (56) Puissance. Mais, si
elle procède d'une affectation de gravité, elle est Déshonorable (57) ; la Gravité dans le premier cas est en effet
comparable à la bonne tenue sur l'eau d'un Vaisseau
chargé de Marchandises, alors que dans le second cas
elle est comparable à la bonne tenue d'un Vaisseau lesté
de Sable et d'autres choses sans valeur (58).

Être Célèbre, c'est-à-dire être connu (59) pour sa
Fortune, [la Charge qu'on occupe,] ses grandes
Actions ou quelque Avantage [éminent] est Honorable, car c'est un signe de la puissance en raison de
laquelle on est célèbre. [Au contraire, l'Obscurité est
un Déshonneur.]

Descendre de Parents célèbres est Honorable, parce
que ceux qui sont dans ce cas se concilient plus facile-

(55) Le latin dit : « de jugement ».
(56) Le latin dit : « procède ou semble procéder d'un esprit
occupé d'affaires, est honorable, parce que traiter des affaires (*res
gerere*) est une ».
(57) « *Dishonourable* » en anglais ; « *Turpis* » en latin.
(58) Le latin dit : « est en effet semblable à la marche lente
d'un vaisseau qui chargé de bonnes marchandises avance lente-
ment ; mais dans le second cas, elle est semblable au mouvement
d'un vaisseau qu'on n'a chargé que de lest pour l'empêcher de
chavirer ».
(59) Le latin ajoute : « de beaucoup de gens ».

ment (6o) les secours et les amitiés de leurs Ancêtres. [Au contraire, descendre d'une obscure Lignée est un Déshonneur.]

Les Actions qui procèdent de l'Equité et qui sont accompagnées de pertes (61) sont Honorables, parce que ce sont des signes de Magnanimité [et que la Magnanimité est un signe de Puissance. Au contraire, l'Astuce, l'Artifice, le fait de ne se point soucier de l'Equité sont Déshonorables].

La Convoitise des grandes Richesses [et l'Ambition] des grands Honneurs sont Honorables, en tant que signes de la Puissance qui les fait obtenir. La Convoitise [et l'Ambition] de petits profits [ou de petits avantages] sont Déshonorables (62).

(Pourvu qu'elle soit grande et difficile, qu'elle constitue par conséquent un signe de beaucoup de puissance,) l'Honneur ne dépend en rien (63) du fait qu'une action soit juste ou injuste ; car l'Honneur consiste seulement dans l'opinion de Puissance. C'est pourquoi les anciens Païens ne pensaient pas qu'ils Déshonoraient, mais pensaient au contraire qu'ils Honoraient grandement les Dieux, quand ils les montraient dans leurs Poèmes commettant des Rapts, des Larcins (64) et d'autres actions grandes, mais injustes ou obscènes. Et cela à un point tel que rien n'est plus célébré dans *Jupiter* que ses Adultères, dans *Mercure* que ses Frau-

(6o) Le latin dit : « reportent facilement sur eux ».
(61) Le latin dit : « de dommages (*si cum damno fiant*) ».
(62) Le latin dit : « est Déshonorable (*Turpis*) ».
(63) Le latin dit : « guère ».
(64) « *Rapes, Thefts* » en anglais ; « *Adulteria, Cædes*, des adultères, des meurtres » en latin.

des et ses Larcins ; de toutes les louanges qui lui sont faites dans un poème d'*Homère* la plus grande est celle ci (65) : Qu'étant né le matin, il inventa la Musique à midi, et, avant qu'il fut nuit vola (66) leurs Troupeaux aux Pâtres d'Apollon (67).

Jusqu'à ce que se fussent constitués de grands Etats, on ne pensa pas [parmi les hommes] qu'il y eut de déshonneur à être Pirate ou Voleur de grands chemins (68), mais bien plutôt que c'était là une profession légale (69) ; et il en fut ainsi non seulement parmi les Grecs, mais parmi toutes les autres Nations, comme il ressort manifestement des Histoires de l'Antiquité (70). Et, aujourd'hui, dans cette partie du monde, les Duels privés sont et seront [toujours] Honorables, quoiqu'illégaux, jusqu'à ce que vienne le temps où l'on établira des Honneurs pour ceux qui refuseront de se battre et où l'on décrétera qu'il est Ignominieux de faire une Provocation. Car, si les Duels aussi sont assez sou-

(65) Le latin dit : « parmi les louanges que lui fait Homère est ceci ».

(66) « *stolne away from his Herdsmen* » en anglais. *Stolne away* est pris ici comme verbe actif et qui veut dire, vola en les écartant de (leurs pâtres). Cette expression correspond bien au latin *abegit*.

(67) Cette phrase est exprimée dans le texte latin par les deux vers suivants :

    « *Natus mane, die medio factus citharaedus,*
    Armentum Phœbi fur vespertinus abegit ».

(68) Le latin dit : « à voler sur terre ou sur mer ».

(69) Le latin ajoute : « et honorifique ».

(70) La phrase à partir de : « et il en fut... » doit, d'après le texte latin, être remplacée par : « et cela ressort manifestement des histoires de l'antiquité, principalement des histoires grecques ».

vent les effets du Courage, et, si le fondement du Courage est toujours la Force ou l'Habileté qui sont des Puissances, ils résultent cependant pour la plupart de propos violents ou de la crainte du Déshonneur chez un seul ou chez les deux Combattants que la colère pousse à descendre dans l'arène pour éviter d'être disqualifiés (71).

Les Armoiries. — Les Blasons et les Armoiries héréditaires (72), si de grands Privilèges (73) leur sont attachés, sont Honorables ; autrement, ils ne le sont pas ; leur Puissance est faite en effet ou de ces Privilèges, ou de Richesses, ou de (74) quelque autre chose qu'on honore également chez les autres hommes. Cette sorte d'Honneur communément appelé Noblesse provient (75) des Anciens Germains. On ne sache pas en effet qu'il y eut jamais rien de semblable là où furent inconnues les Coutumes Germaines (76). Et, d'autre

(71) D'après le latin, ces phrases se traduisent ainsi : « Et même aujourd'hui, dans cette partie du monde qui est là nôtre, le combat singulier des particuliers, quoique illicite, est honorable ; et il en sera ainsi tant que n'auront pas été élaborées des lois qui feront regarder comme méprisable le provocateur et honorable celui qui repousse la provocation. Qu'en résulterait-il ? Je ne m'en rends pas compte ; car l'empressement au combat est toujours signe de courage, et le courage est sinon l'unique vertu, du moins la plus grande vertu des hommes à l'état de nature; refuser un combat n'est pas vertu de par la nature, mais le devient de par les lois ; et la nature est plus forte que les lois ».

(72) Dans le latin, *héréditaires* ne porte que sur blasons (*scuta picta hæreditaria*).

(73) Le latin dit : « si des privilèges ».

(74) Le latin dit : « ces insignes de puissance consistent en effet en privilèges ou en richesses ou en ».

(75) Le latin dit : « paraît provenir ».

(76) Le latin dit : « La chose fut en effet inconnue de tous, si ce n'est de ceux qui connurent les mœurs germaines ».

part, aujourd'hui, cela n'est pas en usage là où les Germains n'ont jamais habité. Les Chefs Grecs de l'antiquité, quand ils allaient en guerre, portaient peintes sur leurs Boucliers les Devises qu'il leur plaisait (77) ; un Bouclier non peint était un signe de Pauvreté, c'était celui d'un simple Soldat ; mais ils ne se transmettaient pas ces devises par Héritage (78). Les Romains se transmettaient les Marques de leurs Familles ; mais ces Marques étaient les Images et non pas les Devises de leurs Ancêtres (79). Chez les peuples d'*Asie, d'Afrique* et d'*Amérique* (80), il n'y a [et il n'y eut jamais] rien de semblable. Les Germains seuls eurent cette coutume ; et c'est d'eux qu'elle a été amenée en *Angleterre,* en *France, en Espagne* et en *Italie,* quand, en grand nombre, ils vinrent en aide aux Romains, ou quand ils firent pour leur propre compte la conquête de ces parties Occidentales du monde (81).

La *Germanie* était anciennement en effet, comme [tous] les autres Pays [à leur origine], divisée entre un nombre infini de petits Seigneurs ou Chefs de (82)

(77) Le latin dit : « ... avaient l'habitude de porter des boucliers peints, mais chacun à sa fantaisie (*suo arbitrio,* à son choix) ».

(78) Le latin dit : « mais ils ne transmettaient pas ces boucliers à leurs fils comme une partie de leur héritage ».

(79) Le latin dit : « Les familles romaines avaient des insignes qui se transmettaient à leurs descendants ; ce n'était cependant pas des blasons (*scuta*), mais les images de leurs ancêtres ».

(80) Le latin dit : « En Asie, en Afrique et en Amérique ».

(81) Le latin dit : « C'était le propre des Germains, par qui cette coutume se répandit en Angleterre, en France, en Espagne et en Italie, au temps où, en grand nombre, ils vinrent guerroyer, pour le compte des Romains ou pour leur propre compte, dans ces parties occidentales du Monde ».

(82) Le latin dit : « ou mieux, Chefs de grandes ».

Familles qui continuellement étaient en guerre les uns contre les autres. Ces Chefs ou Seigneurs (83), principalement dans le but de pouvoir être, quand ils étaient Recouverts de leurs Armes, reconnus de ceux qui les suivaient (84), et en partie aussi dans un but d'ornement, décoraient leur Armure, leur Ecu, ou leur Tunique de la peinture d'une Bête ou d'un autre emblème ; de même, ils plaçaient une marque visible sur [le Cimier de] leur Casque. Ces ornements des Armes et du Cimier (85) se transmettaient [par héritage] à leurs enfants ; ils se transmettaient à l'aîné dans leur intégrité et aux autres enfants avec les modifications que le Vieux maître (86), c'est-à-dire en Allemand le *Herr-Alt* (87), jugeait convenables. Mais, quand beaucoup de ces Familles constituèrent par leur union une Monarchie plus grande, cette fonction du Héraut d'établir la distinction des Ecus devint une Charge particulière (88). C'est la descendance de ces Seigneurs qui est la grande et l'ancienne Noblesse (89) ; elle porte [la plupart du temps] ou bien des Bêtes (90) connues pour leur courage ou leur rapine, ou bien des Châteaux, des Créneaux, des

(83) Le latin porte partout où il y a « Seigneurs » : « *Reguli* ».

(84) Le latin dit : « reconnus de leurs soldats ».

(85) Le latin dit : « ces ornements ou insignes des armes ».

(86) « *Old master* » en anglais ; « *Princeps familiæ* » en latin ; c'est-à-dire le chef de famille.

(87) Dans le texte latin, il y a « *herall* ».

(88) A partir de « ... cette fonction » le latin dit : « cette fonction du *Princeps familiæ* de constituer les écus et les insignes fut dévolue à une autre personne que maintenant l'on appelle *Héraut* ».

(89) Le latin dit : « la plus grande et la plus ancienne noblesse existant actuellement dans cette partie du monde ».

(90) « *living creatures* » en anglais ; « *animalia* » en latin.

Baudriers, des Armes, des Barrières, des Palissades (91) et autres emblèmes de Guerre, rien n'étant
alors en honneur (92) que la vertu militaire (93). Par
la suite, non seulement les Rois, mais les Etats populaires donnèrent des Blasons de diverses sortes à ceux
qui partaient en Guerre ou qui en revenaient comme
encouragement ou récompense de leur service (94).
Tout cela peut être trouvé [par un lecteur attentif] dans
les Histoires anciennes Grecques et Latines qui font
mention de la Nation Germaine et de ses Mœurs [à
leur époque].

LES TITRES HONORIFIQUES. — Les titres d'*Honneur*,
tels que Duc, Comte, Marquis et Baron sont Honorables, en tant que signifiant la valeur qu'y attache le
Souverain Pouvoir de l'Etat (95). Ces titres étaient
autrefois des titres de Fonctions (96) [et de Commande-
ment], dérivant les uns des Romains, les autres des
Germains et des Gaulois (97). Les Ducs [, en Latin
Duces,] étaient les Généraux pendant la Guerre (98) ;
les Comtes [Comites] étaient les compagnons, les
amis du Général (99), et qu'on laissait pour gouver-

(91) Le latin dit : « des châteaux, des palissades, des flèches ».
(92) Le latin dit : « rien n'ayant alors tant de prix ».
(93) Le latin dit : « guerrière ».
(94) Le latin dit : « courage ».
(95) Le latin dit : « qu'y attachent celui ou ceux qui détiennent
le souverain Pourvoir de l'Etat ».
(96) Le latin ajoute · « publiques ».
(97) « *French* » en anglais ; « *Gallis* » en latin.
(98) Le latin dit : « étaient ceux qui commandaient les armées
romaines ».
(99) *such as bare the Generall company out of friendship* »
en anglais ; « *qui comitabantur Duces* (qui constituaient la
suite des Ducs) » en latin.

ner et défendre les places conquises et pacifiées (100) ;
les Marquis [*Marchiones*] étaient des Comtes qui gou-
vernaient les [Marches ou] limites de l'Empire. Ces
titres de Duc, de Comte et de Marquis furent intro-
duits dans l'Empire (101) vers le temps de *Constantin*
le Grand, suivant les coutumes de la *Milice* Germaine.
Mais, Baron semble avoir été un titre des Gaules ; il
signifie un Grand homme (102) ; furent Barons ceux
que les Rois ou les Princes employaient (103) en
guerre [auprès de leur personne] ; ce mot paraît être
dérivé de l'*ir* devenu *Ber* et *Bar* (104), ce qui dans le
Langage des Gaules signifiait la même chose que *Vir* en
Latin, d'où (105) *Bero* et *Baro* ; de telle sorte que ces
hommes furent appelés *P·rones* et par la suite *Barones*,
et (en Espagnol) *Varones* (106). Au surplus, celui qui
désirerait connaître d'une façon plus détaillée l'origine
des Titres d'Honneur peut la trouver, comme je l'ai
trouvée moi-même, dans l'excellent Traité de M\u02b3 Selden
sur ce sujet (107). Au cours des temps, ces postes

(100) Le latin dit : « et qu'en s'en allant les ducs lais-
saient pour gouverner et défendre les places qu'ils avaient conquises et pacifiées ».

(101) Le latin ajoute : « romain ».

(102) « *vel Magnatem*, ou un Grand » ajoute le latin.

(103) Le latin ajoute : « le plus ».

(104) Le latin dit : « du latin *Vir*, d'où il est facile d'arriver
à *Ber* et *Bar* ».

(105) Le latin ajoute : « ... le passage était facile à ».

(106) A partir de : « de telle sorte que... » le latin dit : « d'où
provenait *Berones*, expression latine à la Cicéron, puis *Barones*,
expression gauloise, et *Varones*, expression hispanique ».

(107) Le latin dit : « On trouvera ces choses et beaucoup d'autres détails sur le même sujet dans le livre de Jean Selden :
De Titulis Honoris ».

d'Honneur, en raison de leurs inconvénients, et, d'autre part, la paix s'étant faite sous un bon gouvernement, furent transformés en de purs Titres, servant pour la plûpart à distinguer la préséance, la place et l'ordre des sujets dans l'Etat (108) ; et, l'on fit des gens Ducs, Comtes, Marquis et Barons de Lieux où ils ne possédaient rien (109) et n'avaient rien à commander [; d'autres Titres furent encore imaginés dans le même but].

Le Titre a quelque chose. — Le Titre de quelqu'un a quelque chose (110) n'est pas son prix, sa valeur ; cela diffère aussi de son mérite, de ce qui lui est dû (111), et, consiste dans une puissance particulière ou capacité en vue de la chose pour laquelle on dit qu'il a des titres (112). — L'Aptitude. — Cette capacité particulière est habituellement nommée Convenance ou *Aptitude*.

Celui qui a le plus de Titres pour commander, être Juge ou avoir quelque autre charge est celui qui convient le mieux, qui a le plus de qualités requises pour bien occuper cette charge ; et celui qui a le plus de Titres

(108) Le latin dit : « Au cours du temps, et en raison des inconvénients que présentait, dans le royaume d'Angleterre, la puissance de certains hommes, les fonctions de ceux qui portaient ces titres étant d'autre part tombées en désuétude ou leur ayant été enlevées, les titres en question furent finalement conférés à des gens riches ou méritants, à seule fin d'établir des catégories parmi les citoyens ».

(109) Le latin dit : « où ils ne possédaient pas de terre ».

(110) « Worthinesse » en anglais exprime l'idée d'être qualifié pour, d'être désigné pour, par conséquent d'avoir un ou des titres à quelque chose.

(111) « *and also from his merit, or desert* » en anglais.

(112) « *he is said to be worthy* » en anglais.

aux Richesses est celui qui a le plus de qualités requises pour en bien user ; si quelque-une de ces qualités manque, on peut néanmoins avoir des Titres et de la valeur pour quelque autre chose. Un homme peut avoir des titres aux Richesses, à une Place, à un Emploi, sans pouvoir néanmoins faire valoir aucun droit pour les obtenir de préférence à quelque autre ; on ne peut dire par conséquent qu'il les mérite ou qu'ils lui sont dus. Le Mérite en effet présuppose un droit, et implique que la chose méritée est due par promesse. Sur cela je m'étendrai plus longuement par la suite, quand j'aurai parlé des Contrats (113).

(113) Dans le texte latin ces deux alinéas sont remplacés par ceci : « Dignité (*Dignitas*) est quelquefois pris aussi dans le sens d'aptitude. Celui qui est digne de commander ou de juger est celui qui y est apte, c'est-à-dire celui qui est le plus doué des qualités nécessaires à l'exercice du commandement et de la magistrature, de même que celui qui est digne de richesses est celui qui sait bien en user.

« On dit aussi que quelqu'un est digne de ce qu'il mérite, mais on ne dit jamais que le mérite est la dignité. Le mérite et la dignité se distinguent en effet en ce que le premier présuppose un droit dérivant d'une promesse ,alors que la seconde ne présuppose pas de droit ».

CHAPITRE XI

De la différence des Manières (1).

Ce que l'on entend ici par Manières. — Par Manières, je ne veux point dire ici [la Décence de la tenue :] Comment il convient qu'on se salue, qu'on se nettoie la bouche ou qu'on se cure les dents en compagnie (2) et [tous] les autres détails de *Petite Morale* (3). Mais je veux dire, ces qualités qui font vivre les hommes en Paix et en Harmonie (4). Par rapport à cette fin, on doit considérer que la Félicité de cette vie ne consiste pas dans le repos d'un esprit satisfait (5) ; ce *Finis ultimus* (but final), ce *Summum Bonum* (souverain Bien) dont parlent [, dans leurs Livres,] les anciens Philosophes Moralistes ne saurait exister (6). Et pour celui dont les Désirs sont complètement réalisés la

(1) « *Of the difference of* Manners » en anglais ; « *De Varietate Morum* » en latin.

(2) Le latin dit : « comment il convient que l'on mange, que l'on se vêtisse, que l'on salue ».

(3) Le latin ajoute : « qu'on apprend à un enfant ».

(4) Le latin dit : « ces qualités humaines qui assurent la conservation de la paix et la stabilité de l'État ».

(5) Le latin dit : « Mais, il faut bien savoir que la félicité de cette vie présente ne consiste pas dans la tranquillité ou le repos de l'esprit ».

(6) Le latin ajoute : « dans cette vie présente ».

vie n'est pas plus possible que pour celui dont les Sensations et les Imaginations sont arrêtées (7). La Félicité est un progrès continu du désir d'un objet à un autre (8) ; atteindre le premier n'est encore que prendre la route pour parvenir au second. La cause en est que l'objet du désir n'est pas de se satisfaire une fois pour toutes et pour un moment, mais bien d'assurer pour toujours la route de son futur désir (9). Et par conséquent, tous les hommes, autant qu'ils sont, tendent par leurs actions volontaires [et leurs inclinations] non seulement à se procurer une vie de contentement (10), mais aussi à se l'assurer (11) ; ce qui seulement diffère ce sont les moyens, et, cette différence provient en partie (12) de la diversité des passions chez les différents hommes et en partie de la différence [de la connaissance ou] de l'opinion (13) que chacun a des causes susceptibles de produire l'effet désiré.

Le désir incessant de Puissance chez tous les hommes. — Je pose donc en premier lieu comme étant une inclination (14) [générale] de toute l'humanité le désir perpétuel et incessant de Puissance après puissance, lequel désir ne cesse qu'à la Mort (15). La cause

(7) Le latin dit : « dont les sens et la mémoire sont morts ».
(8) Le latin dit : « d'un désir à un autre ».
(9) Le latin dit : « mais d'assurer sa jouissance pour l'avenir ».
(10) Le latin dit : « à se procurer un bien ».
(11) Le latin ajoute : « pour toujours ».
(12) Le latin dit : « mais les actions de tous les hommes ne suivent pas les mêmes routes, en raison ».
(13) Le latin porte le pluriel.
(14) Le latin dit : « une manière d'être, *Morem* ».
(15) Le latin dit : « lequel désir se poursuit pendant toute la vie ».

n'en est pas toujours qu'on aspire à (16) un plaisir plus intense que celui auquel (17) on est déjà parvenu, ni qu'on ne peut se contenter d'une puissance modérée, mais bien qu'on ne peut assurer (18) la puissance et les moyens de bien vivre qu'on a présentement sans en acquérir davantage. C'est de là que vient que les Rois dont la puissance est au summum tournent leurs efforts à l'assurer à l'intérieur par des Lois ou à l'extérieur par des Guerres (19) ; et quand ils y sont parvenus, succède (20) un nouveau désir qui chez quelques-uns est celui de la Gloire d'une nouvelle Conquête, chez d'autres, celui du repos et du plaisir sensuel, chez d'autres, celui d'être admiré ou flatté pour une supériorité dans un art quelconque ou quelque autre capacité de l'esprit (21).

L'Amour de la Lutte provient de la Compétition. — La Compétition pour les (22) Richesses, l'Honneur, le Commandement ou (23) quelqu'autre puissance porte à la Lutte, à l'Inimitié et à la Guerre, parce qu'alors le moyen d'atteindre ce qu'on désire est de tuer, de vaincre, [de supplanter,] d'éliminer (24) son Compétiteur. [D'une façon particulière,] la compétition pour

(16) « *hopes for* » en anglais ; « *speret* » en latin.

(17) Le latin dit : « une Puissance plus grande ou plus intense que celle à laquelle ».

(18) Le latin dit : « conserver ».

(19) Le latin dit : « ou à l'extérieur par les armes ».

(20) « *oritur* » en latin ; (surgit).

(21) Le latin dit : « un nouveau désir, celui de la renommée, ou celui de voluptés nouvelles ».

(22) Le latin dit : « Le désir des ».

(23) Le latin dit : « des Honneurs, du Commandement ou de ».

(24) Le latin ajoute : « de façon quelconque ».

la louange porte au (25) respect de l'Antiquité, parce qu'on lutte (26) avec les vivants et non pas avec les morts. A ceux-ci, on attribue plus qu'il ne leur est dû, pour pouvoir obscurcir la gloire de ceux-là (27).

L'OBÉISSANCE CIVILE PROVIENT DE L'AMOUR DU BIEN-ÊTRE. — Le Désir de Bien-être et de Plaisir sensuel dispose les hommes à obéir à une Puissance commune, parce que de tels Désirs les font renoncer à la protection (28) qu'ils pouvaient espérer tirer de leur propre Industrie [et de leur travail]..... DE LA CRAINTE DE LA MORT OU DES BLESSURES. — La Crainte de la Mort (29) et des Blessures les dispose à la même chose et pour la même raison. [Au contraire,] ceux qui sont à la fois pauvres et audacieux (30), et qui ne sont pas satisfaits de leur condition [présente], comme aussi tous ceux qui ambitionnent des grades Militaires (31), sont enclins à entretenir les causes de guerre et à fomenter le trouble et la sédition, parce qu'il n'y a d'honneur Militaire que par la guerre (32) [et que le seul espoir d'améliorer un mauvais jeu est de battre à nouveau les cartes].

.... ET DE L'AMOUR DES ARTS. — Le Désir de Science et des Arts Pacifiques incline les hommes à obéir à une Puissance commune, parce qu'un tel Désir

(25) Le latin dit : « produit le ».
(26) Le latin dit : « parce que les vivants luttent ».
(27) Le latin dit : « pour pouvoir en retrancher à ceux-là ».
(28) Le latin dit : « puissance ».
(29) Le latin ajoute : « violente ».
(30) Le latin dit : « courageux ».
(31) « *ambitious of Military command* » en anglais ; « *Honoris militaris Ambitiosi* » en latin.
(32) Le latin dit : « sont enclins à provoquer les guerres et les séditions et à en entretenir les causes, parce que, sans guerre et sans sédition, il n'y a pas de gloire militaire ».

contient un désir de loisir et par conséquent celui de la protection d'une puissance autre que la leur propre (33).

L'Amour de la Vertu provient de l'amour de la Louange. — Le Désir de (34) Louange dispose aux actions louables, susceptibles de plaire à ceux dont on prise le jugement ; car de ceux qu'on méprise, on méprise aussi les Louanges. Il en est de même du Désir de Renommée après la mort. Et, bien qu'après la mort nous ne sentions pas, en tant que joies, les louanges qui nous sont données sur Terre (35), lesquelles sont ou absorbées dans les joies ineffables [du Ciel] ou éteintes dans les tourments extrêmes (36) [de l'Enfer], cette Renommée cependant n'est point vaine, parce que l'on trouve un plaisir présent à la prévoir et à songer au bénéfice qui peut en rejaillir sur sa postérité ; sans doute, ne voit-on pas (37) [présentement] ce bénéfice, mais on se l'imagine, et, tout ce qui est plaisir dans la sensation l'est aussi dans l'imagination.

La Haine provient de la difficulté a Reconnaître de grands Bienfaits. — Avoir reçu de quelqu'un dont on se pense l'égal des bienfaits plus grands que ceux que l'on peut espérer pouvoir Reconnaître dispose à feindre l'amour, mais en réalité porte à la

(33) Le latin dit : «... loisir qu'on ne peut satisfaire sans la protection d'une puissance autre que la sienne ».

(34) Le latin dit : « L'amour de la ».

(35) Le latin dit : « les louanges des hommes ».

(36) Le latin dit : « indicibles ».

(37) Le latin dit : « parce qu'une Renommée qu'on prévoit plaît par elle-même et à cause du bénéfice qui peut en rejaillir sur ses descendants ; sans doute ignore-t-on... ».

haine secrète (38) ; cela nous met dans la situation d'un débiteur désespéré qui, pour éviter la vue de son créancier, désire tacitement se trouver là où il ne peut courir aucun risque de le rencontrer (39). Car les bienfaits obligent, et l'obligation est un esclavage ; et une obligation dont on ne peut se délivrer est un esclavage perpétuel ; et être l'esclave de son égal est odieux. Mais, avoir reçu des bienfaits de quelqu'un que l'on reconnaît comme son supérieur incline à l'amour, parce que l'obligation n'est point dans ce cas un abaissement nouveau ; et le fait d'accepter de bon cœur [(que l'on appelle *Gratitude*)] est un honneur fait à celui qui oblige (40) ; c'est généralement (41) considéré comme sa rétribution. [Semblablement,] recevoir des bienfaits d'un égal ou (42) d'un inférieur, pourvu qu'on ait l'espoir de s'acquitter, dispose à l'amour ; car, dans l'intention de celui qui reçoit, il y a obligation d'aide ou de service mutuel (43) ; de là procède une Emulation à qui surpassera l'autre dans les bienfaits ; c'est la *plus noble et la plus utile des rivalités possibles* ; le vainqueur est charmé de sa victoire et le vaincu prend sa revanche en la reconnaissant (44).

(38) Le latin dit : « dispose à la haine secrète en même temps qu'à un amour feint ».

(39) Le latin dit : « cela nous fait ressembler à un débiteur insolvable qui hait la présence de son créancier et désire tacitement être là où il ne peut courir aucune risque de le voir davantage ».

(40) Au lieu de : « est un honneur fait à celui qui oblige » le latin dit : « oblige toujours celui qui a obligé ».

(41) Le latin dit : « partout ».

(42) Le latin ajoute : « même ».

(43) A partir de : « car, dans l'intention... » le latin dit simplement : « il y a là en effet obligation de bienfait mutuel ».

(44) Le latin dit : « de là procède une émulation dans les

.... ET DE LA CONSCIENCE QUE L'ON A DE MÉRITER D'ÊTRE HAÏ. — Avoir fait à quelqu'un un mal trop grand pour qu'il puisse ou qu'il veuille le réparer porte à le haïr (45), car on s'attend à la vengeance ou au pardon, et l'un et l'autre sont odieux.

L'EMPRESSEMENT A ATTAQUER PROVIENT DE LA CRAINTE. — La crainte de l'oppression (46) dispose à prendre les devants ou à chercher du secours en s'associant à d'autres ; il n'y a pas d'autre moyen en effet d'assurer sa vie et sa liberté.

.... ET DU MANQUE DE CONFIANCE EN SON PROPRE ESPRIT. — Ceux qui se défient de la subtilité de leur esprit sont, dans [le tumulte et] la sédition, mieux préparés à la victoire que ceux qui se supposent sages ou astucieux ; car les premiers aiment prendre conseil, et les autres (par peur d'être circonvenus) (47) préfèrent commencer par frapper. Et, comme dans la sédition on est toujours sur le point de se battre, se soutenir les uns les autres et user de tous ses avantages de force (48) est un meilleur stratagème que tout ce qui peut (49) procéder de la subtilité de l'Esprit.

Les hommes épris de Vaine gloire et qui, sans avoir conscience d'une grande capacité, se plaisent à se

bienfaits ; c'est la rivalité la plus utile et la plus noble de toutes ; c'est à savoir qui surpassera l'autre dans les bienfaits ; le vainqueur est charmé de sa victoire, et, la vengeance du vaincu tient dans les efforts qu'il a faits (*et victo ipsum certasse ultio est*) ».

(45) « *enclineth the doer to hate the sufferer* » en anglais ; « *disponit eum qui læsit ad odium læsi* » en latin.

(46) Le latin dit : « de subir un dommage de la part d'un autre ».

(47) « *to be circumvented* » en anglais ; « *decipi* » en latin.

(48) Le latin ajoute : « toutes les fois qu'on le peut ».

(49) Le latin ajoute : « facilement ».

supposer braves (50) sont enclins seulement à (51) l'ostentation, mais non pas à l'entreprise, parce que, lorsque le danger [ou la difficulté] survient, la seule chose à laquelle ils s'attendent est que l'on découvre leur (52) insuffisance (53).

LES VAINES ENTREPRISES PROVIENNENT DE LA VAINE GLOIRE. — Les hommes épris de Vaine gloire et qui jugent de leurs capacités d'après la flatterie des autres ou le succès fortuit de quelque précédente action, mais dont l'espérance n'est pas fondée d'une façon certaine sur une vraie connaissance d'eux-mêmes, sont enclins à se lancer inconsidérément dans des entreprises, mais à l'approche du danger à se retirer s'ils le peuvent ; ne voyant pas de moyen de salut, ils préfèrent en effet hasarder leur honneur qu'ils peuvent sauver par une excuse, que leur vie dont la perte serait irréparable (54).

L'AMBITION PROVIENT DE L'OPINION DE SUFFISANCE.

(50) « *gallant men* » en anglais.

(51) Le latin dit : « La vaine gloire qui, dépourvue de fondement, n'est que le fait de s'attribuer en imagination des vertús qu'on n'a pas pousse ceux qu'elle possède à... ».

(52) Le latin dit : « parce que, lorsque de vrais dangers surviennent, la seule chose à laquelle puissent s'attendre de tels gens est de voir découvrir leur ».

(53) « *insufficiency* » en anglais ; « *vanitas* » en latin.

(54) Le latin dit : « La vaine gloire qui a pour fondement ou la flatterie des autres ou le succès fortuit d'une action précédente pousse ceux qui en sont possédés à entreprendre, mais les abandonne en face du danger. Aussi les voit-on pâlir, trembler et prendre la fuite se souciant plutôt de leur vie dont la perte est irréparable que de leur honneur qu'ils espèrent toujours pouvoir réparer de quelque manière, au besoin par un mensonge ». Le membre de phrase à partir de : « dont la perte » est traduit du texte anglais de façon un peu libre. Le texte anglais porte : « *for which no salve is sufficient* ».

— Ceux qui ont une forte opinion de leur sagesse en matière de gouvernement (55) sont enclins à l'Ambition, parce que sans un Emploi public [dans les conseils ou dans la magistrature] leur sagesse reste sans honneur (56) ; aussi les orateurs Eloquents sont-ils enclins à l'Ambition, car l'Eloquence est une apparence de sagesse (57) aussi bien pour (58) ceux qui la possèdent que pour les autres.

L'IRRÉSOLUTION PROVIENT DU TROP GRAND CAS QUE L'ON FAIT DES PETITES CHOSES. — La Pusillanimité dispose à l'Irrésolution (59), et, par conséquent, à manquer les occasions et les meilleures opportunités d'agir (60). Car, lorsqu'on a délibéré jusqu'au moment où le temps d'agir est proche (61), si le meilleur parti à prendre n'est pas alors manifeste, c'est un signe de ce que la différence des Motifs pour agir ou ne pas agir n'est pas grande (62). Ne pas se résoudre alors, c'est donc laisser passer l'occasion (63) en soupesant des bagatelles [; et, c'est cela qui est la Pusillanimité].

(55) Le latin dit : « de leur habileté en matière de politique ».

(56) Le latin dit : « parce que en dehors des affaires publiques, une telle habileté reste sans honneur ».

(57) Le latin dit : « est tenue pour sagesse ».

(58) Le latin dit : « par ». Il en est de même à la ligne suivante.

(59) « *disposeth to Irresolution* » en anglais ; « *facit cunctatorem* » en latin. Il s'agit ici de l'irrésolution proprement dite et non pas de la temporisation raisonnée et voulue.

(60) Le latin dit : « et fait le plus souvent perdre les occasions d'agir ».

(61) Le latin dit : « autant que le permet la nécessité de la chose à faire ».

(62) Le latin dit : « il est certain qu'il importe peu qu'on agisse d'une façon ou d'une autre ».

(63) Le latin ajoute : « de grandes choses ».

La Sobriété (, bien qu'elle soit une Vertu chez les pauvres,) (64) rend inapte à mener à bien les actions qui requièrent les forces de beaucoup d'hommes ensemble ; car, elle affaiblit l'effort que la Récompense doit nourrir et maintenir en vigueur.

La Confiance dans les autres provient de l'Ignorance des marques de la Sagesse et des Bonnes intentions. — L'Éloquence accompagnée de flatterie dispose les hommes à se fier en ceux qui la possèdent (65), parce que la première est un semblant de Sagesse, et que la seconde est un semblant de Bonté (66) ; si s'y ajoute la réputation Militaire, elle dispose aussi à se rallier et à se soumettre à ceux qui la possèdent (67) ; l'éloquence et la flatterie donnent caution contre le danger qui pourrait venir de l'orateur, la réputation militaire contre le danger qui pourrait venir des autres.

..... et de l'Ignorance des causes naturelles. — [Le Manque de Science, c'est-à-dire] l'Ignorance des causes dispose, ou mieux contraint à s'en remettre à l'avis et à l'autorité des autres. Car tous ceux à qui il importe de connaître la vérité, s'ils ne s'en remettent pas à leur propre opinion, doivent nécessairement s'en remettre à celle de quelque autre (68) qu'ils pensent plus sage (69) qu'eux et en qui ils ne voient aucune raison de vouloir les tromper.

(64) Le latin dit : « chez un homme privé ».
(65) Le latin dit : « L'éloquence accompagnée de flatterie procure l'amitié de ceux qui y ont confiance ».
(66) Le latin dit : « d'amour ».
(67) Le latin dit : « elle entraîne l'obéissance ».
(68) Le latin dit : « d'autres ».
(69) Le latin dit : « sages ».

.... ET AUSSI DU MANQUE DE COMPRÉHENSION. —
L'Ignorance de la signification (70) des mots, c'est-à-
dire le manque de compréhension (71), dispose à accepter de confiance non seulement la vérité qu'on ne connaît pas, mais aussi les erreurs et qui plus est (72) les
non-sens [de ceux en qui on a confiance] ; car ni
l'Erreur ni le non-sens (73) ne peuvent se découvrir
sans une parfaite compréhension [des mots].

[De l'ignorance de la signification des mots résulte
que l'on donne différents noms à une seule et même
chose selon la différence des passions individuelles.
Ainsi, ceux qui approuvent une opinion particulière
l'appellent Opinion, mais ceux qui ne l'approuvent pas
l'appellent Hérésie ; et pourant le mot hérésie ne signifie rien plus qu'opinion particulière, avec seulement
une nuance de colère plus marquée.]

De l'ignorance de la signification des mots résulte
[aussi] que l'on ne peut pas distinguer sans étude et
sans une grande intelligence (74) entre une seule action
de plusieurs hommes et plusieurs actions d'une multitude ; par exemple, (75) entre l'action unique de tous
les Sénateurs de *Rome* mettant à mort *Catilina* et les
multiples actions [d'un certain nombre] de ces Sénateurs mettant à mort *Cæsar*. Et, c'est pourquoi, ceux

(70) Le latin ajoute : « propre ».

(71) Le latin dit : « ou, ce qui est la même chose, l'impossibilité de comprendre exactement ».

(72) Le latin dit : « fait accepter, de la part d'une autorité
étrangère, non seulement la vérité et la fausseté, mais aussi ».

(73) « *non sense* » en anglais ; « *contradictio verborum*, la
contradiction des termes » en latin.

(74) « *without great understanding* » en anglais ; « *sine intellectu claro*, sans une intelligence lumineuse », en latin.

(75) Le latin ajoute : « la différence est grande ».

qui ne comprennent pas suffisamment le sens des mots (76) sont portés à prendre pour l'action du peuple ce qui est une multitude d'actions d'une multitude d'hommes (77) agissant peut-être à l'instigation d'un seul.

Adhérer a la Coutume provient de l'Ignorance de la nature du Droit et du Tort. — L'Ignorance des causes et de la constitution première du Droit, de l'Equité, de la Loi et de la Justice dispose à prendre la Coutume et l'Exemple (78) pour règle de ses actions, de telle sorte qu'on pense qu'est Injuste ce que l'on a la coutume de punir, et Juste ce dont on peut produire un Exemple d'impunité [et d'approbation, ou un Précédent (comme l'appellent d'une façon barbare les hommes de Loi qui n'usent que de cette fausse mesure de la Justice)]. De même, les petits enfants n'ont d'autre règle de la bonne et de la mauvaise conduite que les corrections [qu'ils reçoivent] de leurs Parents et de leurs Maîtres ; cependant les enfants sont (79) constamment soumis à la même règle, alors que les hommes (80) [ne le sont pas : devenus forts et entêtés, ils] en appellent (81) [en effet] de la coutume à la raison et de la raison à

(76) L'anglais porte simplement : « ils » ; mais, pour la compréhension, il est nécessaire de développer le sujet comme le fait le texte latin.

(77) Le latin dit : « prennent souvent pour l'action d'un peuple les actions d'une multitude ».

(78) Le latin ajoute : « du passé ». Un peu plus loin, il dit : « que n'est injuste que ce que ».

(79) Le latin ajoute : « toujours ».

(80) Le latin ajoute : « adultes ».

(81) Le latin dit : « s'entêtent à en appeler ». Au lieu de « forts, *strong* » le second tirage de 1651 dit : « vieux, *old* ».

la coutume suivant que cela les sert (82) [refusant de
s'en remettre à la coutume quand c'est leur intérêt et]
s'opposant à la raison chaque fois que la raison est contre eux (83). Et voilà pourquoi la doctrine du Juste et
de l'Injuste (84) est perpétuellement discutée tant par
la Plume que par l'Epée ; tandis qu'il n'en est point
de même de la doctrine des Lignes et des Figures : on
ne se soucie pas de savoir (85) où est la vérité dans
cette question, car là la vérité ne contrecarre l'ambition,
les profits ou les convoitises de personne. S'il y eut eu
quelque chose de contraire [au droit de domination de
quelqu'un ou] à l'intérêt de ceux qui dominent dans
ce (86) que *les trois Angles d'un Triangle sont égaux
à deux Angles Droits*, je ne doute pas que, lors même
qu'on n'eût pas discuté cette doctrine, ceux qui y eussent été intéressés l'eussent supprimée dans la mesure
de leur pouvoir en brûlant tous les livres de Géométrie (87).

S'EN PRENDRE AUX INDIVIDUALITÉS PRIVÉES (88)
PROVIENT DE L'IGNORANCE DES CAUSES DE PAIX. —
L'Ignorance des causes éloignées dispose les hommes
à attribuer tous les événements aux causes immédiates

(82) Au lieu de : « suivant que cela les sert », le latin dit :
« autant de fois qu'ils le veulent ».

(83) Le latin dit : « chaque fois que la raison s'oppose à leurs
intérêts ».

(84) « *of Right and Wrong* » en anglais ; littéralement, du
Droit et du Tort: « *Justi et Injusti* » en latin.

(85) Le latin dit : « pourquoi ? parce qu'on ne se soucie guère
de savoir ».

(86) Le latin dit : « dans cette proposition d'Euclide ».

(87) Le latin dit simplement : « on l'eût cependant supprimée ».

(88) « *Adherence to private men* » en anglais.

et Instrumentales ; ce sont en effet là les seules causes qu'ils perçoivent (89) ; et, il s'ensuit que, partout, ceux que les Impôts accablent (90) déchargent leur colère sur les Publicains c'est-à-dire sur les Fermiers, les Collecteurs (91) et les autres Fonctionnaires du Fisc ; ils s'associent aussi aux reproches de ceux qui combattent le Gouvernement ; et, lorsqu'ils se sont laissé entraîner ainsi au-delà des limites dans lesquelles on peut espérer se justifier (92), ils vont alors jusqu'à (93) s'attaquer à l'Autorité Suprême par crainte du Châtiment (94) ou par honte d'être pardonnés.

LA CRÉDULITÉ PROVIENT DE L'IGNORANCE DE LA NATURE. — L'Ignorance des causes naturelles dispose à (95) la Crédulité, jusqu'au point de faire croire souvent à des choses impossibles ; car on ne voit rien qui s'oppose à ce qu'elles soient vraies, quand on est incapable d'en découvrir l'Impossibilité (96). Et, parce que l'on aime (97) à se faire écouter en compagnie, la Crédulité

(89) Le latin dit : « ils ne voient pas en effet d'autres causes ».

(90) Le latin dit : « que chaque fois que les impôts les accablent, ils ».

(91) « *Farmers, Collectors* » en anglais ; « *Conductores, Exactores* » en latin.

(92) Le latin dit : « lorsqu'ils se sont enfoncés dans le crime ».

(93) Le latin dit : « ils font cause commune avec eux pour » (*eux*, c'est-à-dire ceux qui combattent le gouvernement, plus exactement le *régime public*).

(94) Le latin dit : « du supplice ».

(95) Le latin dit : « physiques engendre ».

(96) Le latin dit : « car ce n'est pas tout le monde qui discerne les choses qui sont impossibles de celles qui ne sont pas impossibles ».

(97) Le latin dit : « la plupart des gens aiment ».

dispose les hommes à mentir (98) ; l'Ignorance seule sans Malice est donc capable de rendre quelqu'un tout à la fois apte à croire des mensonges, apte à en dire, et quelquefois aussi à en inventer.

La Curiosité de connaître provient de l'Anxiété du futur. — L'Anxiété du futur porte les hommes à s'enquérir des causes [des choses], parce que c'est la connaissance de ces causes qui leur permet le mieux d'organiser le présent pour leur plus grand avantage (99).

La Religion Naturelle provient de la même cause. — La Curiosité ou amour (100) de la connaissance des causes conduit de la considération de l'effet à la recherche de la cause, puis à la recherche de la cause de cette cause, et, ainsi de suite, jusqu'à ce qu'on doive nécessairement à la fin penser qu'il y a quelque cause qui ne dépend d'aucune cause antérieure, mais qui est éternelle (101) [, et c'est ce qu'on appelle Dieu]. Ainsi, il est impossible de faire une profonde enquête sur les causes naturelles (102) sans incliner par cela même à croire qu'il y a un Dieu Eternel (103), et, cela, bien que l'on ne puisse en avoir dans son esprit

(98) Le latin dit : « rend d'habitude le crédule menteur ».

(99) Le latin dit : « parce que la connaissance des causes des choses passées éclaire d'habitude les choses présentes ».

(100) Le latin dit simplement : « L'amour... ».

(101) Le latin dit : « jusqu'à ce qu'on en vienne à cette pensée qu'il y a une cause éternelle, c'est-à-dire une cause que nulle autre ne peut précéder ».

(102) Le latin dit : « de se plonger profondément dans la Contemplation des choses de la Nature ».

(103) « *one God Eternall* » dit l'anglais ; le latin insiste davantage et dit : « un Dieu unique et éternel, *unum esse Deum et Æternum* ».

aucune Idée répondant à sa nature (104). En effet, de même qu'un aveugle né qui entend les autres parler de se chauffer au feu et que l'on amène près du feu pour s'y chauffer aussi peut aisément concevoir et s'assurer personnellement (105) qu'il y a là quelque chose que l'on appelle *Feu* et que cela est la cause de la chaleur qu'il sent (106), sans pouvoir imaginer cependant à quoi cela ressemble (107), ni en avoir [dans l'esprit] une Idée semblable à celle qu'en ont ceux qui le voient ; de même, d'après les choses visibles de ce monde et leur ordre admirable, on peut concevoir qu'il est (108) une cause de ces choses que l'on appelle Dieu, mais on ne peut avoir dans l'esprit aucune Idée, ni aucune Image (109) de Dieu.

Et ceux qui ne s'inquiètent que peu ou ne s'inquiètent pas des causes naturelles des choses (110) sont cependant, en raison de la crainte qui procède de l'ignorance même dans laquelle ils se trouvent au sujet de la nature de la puissance capable de leur faire du bien ou du mal, enclins à supposer et à imaginer différentes sortes de Puissances Invisibles, enclins aussi [à respec-

(104) Le latin dit : « bien que l'on ne puisse concevoir dans son esprit l'idée de la nature divine ».

(105) Le latin dit : « peut aisément reconnaître ».

(106) Le latin dit : « et qui chauffe ».

(107) « *what it is like* » en anglais ; « *cui rei similis sit* » en latin.

(108) Le latin dit : « en contemplant l'ordre des choses visibles, on est certain qu'il existe ».

(109) « *Idea, or Image* » en anglais ; « *Imaginem, aut Phantasma* » en latin.

(110) Le latin dit : « des causes des choses naturelles ».

ter et] à craindre (111) ces objets de leurs propres imaginations (112), aux moments de détresse à les invoquer, comme aussi aux moments de prospérité [inattendue] à leur faire des remerciements (113), faisant ainsi leurs Dieux des créatures de leur propre imagination (114) ; et c'est ainsi que de la variété innombrable de leurs Imaginations les hommes ont créé (115) [dans le monde] d'innombrables [sortes de] Dieux. Et cette Crainte des choses invisibles est la Semence naturelle de ce que chacun appelle en soi-même la Religion et en ceux qui adorent ou craignent cette puissance autrement qu'il le fait lui-même, la Superstition.

Et beaucoup de gens ayant remarqué que telle était la semence de la Religion, quelques-uns d'entre eux ont été portés à nourrir cette semence, à l'habiller et à la transformer en Lois, à lui adjoindre une opinion quelconque de leur propre invention relativement aux causes des événements futurs, opinion à l'aide de laquelle ils pensaient qu'ils parviendraient le mieux à gouverner les autres et à faire sur eux le plus grand usage de leur Pouvoir (116).

(111) « *to stand in awe of* » en anglais ; « *metuunt* » dit simplement le latin.

(112) « *sua ipsorum Phantasmata* » en latin... leurs propres fantômes.

(113) Le latin dit : « à les louer ».

(114) « *Fancy* » en anglais. Le latin dit : « et à en faire enfin des dieux ».

(115) Le latin dit : « se sont créé ».

(116) Le latin dit : « Et beaucoup de gens ayant remarqué que telle était le semence de la Religion, certains cultivèrent, transformèrent en lois cette semence, en même temps qu'ils inventaient des explications variées relativement aux causes des choses futures, explications grâce auxquelles ils pensaient arriver le mieux à asservir les autres à leur profit ».

CHAPITRE XII

De la Religion.

La Religion n'existe que chez l'Homme. — Etant
donné que c'est chez l'Homme seul que la *Religion*
s'observe et produit des fruits, on n'a aucune raison
de douter que la semence de la *Religion* existe aussi
chez l'homme seul et consiste en quelque qualité à lui
particulière ou tout au moins en un certain degré de
cette qualité [supérieur à celui que l'on peut rencontrer
dans d'autres créatures Vivantes].

**Elle provient en premier lieu de son désir de
connaître les Causes.** — Il est particulier à la nature
de l'Homme, en premier lieu de s'enquérir des Causes
des Evénements qu'il voit ; certains le font plus, d'autres le font moins, mais tous ont assez de curiosité pour
rechercher (1) les causes de leur bonne et de leur mauvaise fortune.

**.... de la considération du Commencement des
choses.** — En second lieu de penser, à la vue d' (2) une
chose qui Commence, que cette chose a eu une cause

(1) Le latin dit : « mais tous recherchent autant qu'ils le peuvent », et plus loin « ou » au lieu de « et ».

(2) Le latin dit : « En second lieu, tous les hommes concluent,
dès qu'ils voient... ».

qui l'a déterminée à commencer à ce moment même plutôt qu'à un autre [avant ou après].

.... DE SON OBSERVATION, DES SÉQUENCES DES CHOSES. — En troisième lieu, alors que les Bêtes (3) n'ont d'autre Bonheur que celui de jouir de la Nourriture quotidienne, du Repos et des Plaisirs sexuels (4), et cela parce qu'elles n'ont que peu ou pas de prévision du temps à venir, en raison de leur manque d'observation et de leur manque de mémoire de l'ordre, de la conséquence et de la dépendance des choses qu'elles voient (5), l'Homme au contraire observe comment un Evénement a été produit par un autre (6), et se rappelle l'Antécédence et la Conséquence des Evénéments. Et, quand il ne peut pas s'assurer des vraies causes des choses [(car les causes de la bonne et de la mauvaise fortune sont invisibles le plus souvent)], il leur suppose les causes que son imagination lui suggère, ou se fie sur ce point à l'Autorité d'autres gens qu'il pense être ses amis et plus sages que lui-même (7).

(3) Le latin dit : « les bêtes brutes ».

(4) Le latin dit simplement : « de jouir des plaisirs des sens ».

(5) Le membre de phrase qui commence par : « parce qu' » est remplacé dans le texte latin par : « parce qu'en raison de la lourdeur de leur esprit elles n'observent pas l'ordre des conséquences et des dépendances ».

(6) Le latin dit : « observe quelle est la cause qui produit tel effet ».

(7) Le latin dit : « il leur suppose les causes qu'il imagine ou que lui suggèrent ceux qu'il estime plus sages que lui ». — Le passage à partir de : « l'homme au contraire » est ainsi traduit par G. Lyon d'après le texte anglais (G. Lyon. La Philosophie de Hobbes. Paris, Alcan, 1893, page 80) : « l'homme... observe comment un événement a été produit par un autre ; il se rappelle quelle en fut l'antécédence et la conséquence, et quand il ne peut s'assurer lui-même des vraies causes... il en est quitte pour les

LA CAUSE NATURELLE DE LA RELIGION EST L'ANXIÉTÉ DU TEMPS A VENIR. — [Des deux premières] de ces propriétés de la nature humaine résulte l'Anxiété. En effet, étant bien assuré que toutes les choses qui sont arrivées jusqu'ici ou arriveront par la suite ont des causes, l'homme qui s'efforce continuellement de se préserver du mal qu'il craint et de se procurer le bien qu'il désire ne peut pas ne pas être dans une (8) perpétuelle inquiétude de l'avenir. Tous les hommes, donc, et particulièrement les plus prévoyants, sont dans une situation semblable à celle de *Prométhée* (9). (On peut en effet regarder Prométhée comme représentant *L'homme prudent par excellence*) (10). Il était lié au sommet du *Caucase*, d'où un large espace s'ouvrait à sa vue ; là un Aigle lui mangeait le foie, dévorant pendant le jour ce qui en renaissait pendant la nuit (11) ; de même, l'homme qui [, anxieux de l'avenir,] regarde trop loin devant soi a [tout le long du jour] le cœur rongé par la crainte de la mort, de la pauvreté ou de quelque autre calamité (12) ; il n'a de repos ni

supposer soit telles que son imagination les suggère, soit conformément à l'autorité des autres hommes ».

(8) Le latin dit : « ne peut éviter la... ».

(9) Le latin dit : « Tout homme donc, et particulièrement celui qui regarde très loin dans l'avenir, mène une vie semblable à celle de Prométhée ».

(10) « *which interpreted, is, The Prudent Man* » en anglais ; le latin dit : « *id est, Providentia excellens*, c'est-à-dire la Prudence par excellence ».

(11) Le latin dit : « et chaque jour un aigle venait lui dévorer le cœur, de telle sorte que tout ce qui en renaissait pendant la nuit était à mesure dévoré pendant le jour ».

(12) Le latin dit : « ...de la mort, des calamités, ou, mordu par quelque autre souci ».

de cesse de son anxiété que (13) pendant son sommeil (14).

Ce qui fait que les hommes craignent la Puissance des choses Invisibles. — Cette crainte perpétuelle qui accompagné toujours l'humanité dans l'ignorance des causes, comme si c'était dans les Ténèbres, doit nécessairement avoir un objet. [Et] quand donc les hommes ne voient rien à quoi ils puissent attribuer leur bonne ou mauvaise fortune, force leur est de la rapporter à quelque *Puissance* ou à quelque *Agent Invisible* (15) ; et c'est peut-être dans ce sens que des anciens Poètes ont dit (16) que les Dieux furent à l'origine créés par la Crainte [humaine] ; c'est [très] vrai [si l'on parle] des Dieux (c'est-à-dire des nombreux Dieux des Païens). Mais on peut plus facilement faire dériver le fait de reconnaître un Dieu unique, Eternel, Infini et Omnipotent du désir qu'ont les hommes de connaître les causes des corps naturels, leurs différentes propriétés et leurs effets que de la crainte de ce qui doit leur arriver dans l'avenir (17). Car, celui qui, en partant d'un certain effet qu'il voit se produire, remonte par le raisonnement à sa cause prochaine [et immédiate], et, de là, à la

(13) Le latin dit : « et cela sans aucune cesse, si ce n'est ».

(14) Comparer avec F. Bacon : De la Sagesse des Anciens, XXIII, Prométhée.

(15) Le latin dit : « ne voient aucune autre cause de leur fortune, ils ne peuvent s'en prendre qu'à quelque *Puissance* et à quelque *Agent invisible* ».

(16) Le latin dit : « et c'est peut-être pour cela que des anciens poètes ont dit ».

(17) Le latin dit : « omnipotent, de l'investigation des causes des corps naturels, de leurs propriétés et de leurs effets que du souci de l'avenir ».

cause (18) de cette cause et se plonge profondément dans la poursuite (19) des causes, en arrive finalement à ceci (dont les Philosophes Païens eux-mêmes ont convenu) (20) qu'il faut qu'il y ait un Premier et unique Moteur c'est-à-dire une Première (21) et Eternelle cause de toutes choses, en d'autres termes, ce que l'on (22) appelle Dieu (23). Et tout cela, sans que l'on pense (24) à sa fortune dont la sollicitude porte à la crainte, en même temps qu'elle détourne de la recherche des causes des autres choses (25), donnant ainsi occasion d'imaginer (26) autant de Dieux qu'on est d'hommes à les imaginer.

.... ET QU'ILS LES SUPPOSENT INCORPORELLES. —

(18) Le latin ajoute : « prochaine ».

(19) Le latin dit : « dans la série (*in ordinem*) ».

(20) Le latin dit · « avec les plus sensés des philosophes de l'antiquité ».

(21) Le latin dit : « unique » au lieu de : « première ».

(22) Le latin dit : « tout le monde ».

(23) La phrase à partir de : « Mais on peut plus facilement... » est ainsi traduite par G. Lyon, d'après le texte anglais (G. Lyon : La Philosophie de Hobbes. Paris, Alcan, 1893, page 80) : « L'aveu qu'il y a un Dieu éternel, infini, omnipotent, peut se dériver plus aisément du désir qu'ont les hommes de connaître les causes des corps naturels ainsi que leurs diverses vertus et opérations que de la crainte de ce qui doit leur arriver plus tard. Car, si d'un effet que l'on voit s'accomplir on passe par le Raisonnement à sa cause prochaine, de là à la cause de la cause et que l'on se plonge profondément dans la poursuite des causes, on en viendra enfin à ceci : qu'il doit y avoir (ainsi que les philosophes païens eux-mêmes en convenaient) un premier moteur, à savoir une première et éternelle cause de toutes choses, qui est ce que les hommes désignent du nom de Dieu ».

(24) Le latin ajoute : « du tout ».

(25) Le latin dit : « détourne l'esprit de la recherche des causes naturelles ».

(26) Le latin ajoute : « presqu' ».

En ce qui concerne la matière ou substance des Agents Invisibles (27) [imaginés de cette façon], les hommes ne purent, par cogitation naturelle, aboutir qu'à ce concept, à savoir qu'elle est la même que celle (28) de l'Ame humaine ; et comme l'Ame humaine était pour eux de même substance que ce qui leur apparaissait en Rêve pendant le sommeil ou dans un Miroir à l'état de veille, apparitions que les hommes ne sachant pas que ce ne sont que des créations de l'imagination croient être des substances réelles et extérieures à eux, ce pourquoi ils les appellent des Esprits (29), de même que les Latins les appelaient *Imagines* et *Umbræ* (30) et pensaient que c'étaient des Esprits (31), c'est-à-dire des corps légers et vaporeux, ils ont cru que ces Agents Invisibles qu'ils craignaient étaient de même nature, sauf qu'ils apparaissent et s'évanouissent quand cela leur plaît. Mais, il est impossible que l'opinion que de tels Esprits sont Incorporels ou Immatériels entre jamais naturellement dans l'esprit de personne, parce que, bien qu'on puisse assembler des mots de signification contradictoire, comme *Esprit* et *Incorporel*, on ne

(27) Le latin dit : « des Dieux ».

(28) Le latin dit : « ne purent guère la regarder comme différente de ce qu'ils pensaient être la substance ».

(29) « *Ghosts* » en anglais.

(30) La phrase à partir de : « les hommes » est ainsi traduite par G. Lyon d'après le texte anglais (G. Lyon. La Philosophie de Hobbes. Paris, Alcan, 1893 p. 109) : « Les hommes, ignorant que de telles apparitions sont simplement des créations de la fantaisie, les croient des substances réelles et extérieures : aussi les appellent-ils spectres, comme les Latins les appelaient *Imagines* et *Umbræ* ».

(31) « *Spirits* » en anglais.

(32) « *thin aëreall bodies* » en anglais.

peut cependant rien imaginer qui réponde à cet assemblage (33). Ceux donc qui par leurs propres méditations en arrivent (34) à admettre un Dieu unique, Infini, Omnipotent et Eternel préfèrent (35) confesser qu'il est Incompréhensible et au-dessus de leur entendement que définir (36) sa Nature par *Esprit Incorporel* et reconnaître alors par là que leur définition est inintelligible ; ou, s'ils donnent à Dieu un tel titre, ce n'est pas (37) *Dogmaticalement,* avec l'intention de faire comprendre (38) la Nature Divine, mais *par Piété,* pour l'honorer avec des attributs de signification aussi éloignée qu'ils le peuvent de la grossièreté des Corps Visibles (39).

(33) A partir de : « et comme l'âme humaine... » le latin dit : « ils pensèrent en outre que la substance de l'âme hmuaine était la même que celle des apparences humaines ou autres que l'on voit dans le sommeil ou dans une glace ; et comme ils ne savaient pas que ce ne sont là que des fantômes, ils crurent que c'était une substance réelle mais peu dense que pour cela ils appelaient *Esprit*. Sont *Esprits* en effet les corps les moins denses de tous. Tels furent les *Agents invisibles* des païens, les Dieux et les Démons. Pour le motif que tantôt ils apparaissaient et tantôt s'évanouissaient à la manière des fantômes, ils préférèrent les appeler spectres et ombres plutôt qu'esprits et substances, bien qu'ils pensassent pourtant que ce fussent des corps. Mais, qu'une même chose soit à la fois un *Esprit* et *Incorporelle* est incompréhensible ; l'Esprit se détermine en effet par le lieu et la figure, c'est-à-dire par une certaine limitation et une certaine grandeur ; c'est donc par conséquent un corps, mais en tous cas un corps peu dense et ne tombant pas sous les sens ».

(34) Le latin dit : « en vinrent ».

(35) Le latin dit : « préférèrent ».

(36) Le latin ajoute : « (contre l'autorité de l'Ecriture) ».

(37) Le latin dit : « s'ils appelèrent Dieu esprit incorporel, ce n'est probablement pas ».

(38) Le latin dit : « d'exprimer par ces mots ».

(39) Le latin dit : « pour l'honorer d'un attribut qui éloigne de lui toute la grossièreté des corps visibles ».

ILS IGNORENT CEPENDANT LA FAÇON DONT LES CHOSES INVISIBLES RÉALISENT LEURS EFFETS. — Quant à la manière dont [ils pensent que] ces Agents Invisibles ont réalisé leurs effets, c'est-à-dire aux causes immédiates (40) employées par eux [dans la production des choses], les hommes qui ignorent (41) ce qu'est [ce qu'on appelle] une *cause* (et c'est presque tous) ne peuvent la supposer qu'en observant et en se rappelant ce qu'ils ont vu auparavant à un autre moment ou à d'autres moments précéder un effet semblable (42), bien qu'ils n'aperçoivent (43) entre l'Evénement antécédent et l'Evénement subséquent (44) aucune [dépendance ou] connexion. Des mêmes choses passées ils attendent (45) donc les mêmes choses à venir ; [superstitieux,] ils comptent (46) (que la bonne ou la mauvaise fortune leur viendra (47) de choses qui n'ont aucune part (48) [dans leur causalité]. Ainsi firent les Athéniens qui, pour leur guerre à Naupacte (49), s'adressèrent à un autre *Phormion* ; ainsi fit aussi la faction de Pompée qui, pour sa guerre en *Afrique*, s'adressa à un autre *Scipion* ; et d'àutres par la suite ont fait de même

(40) Le latin dit : « secondes ».

(41) Le latin dit : « qui ne savent pas ».

(42) A partir de : « ne peuvent » le latin dit : « l'ignoraient complètement, et, ne purent la supposer qu'en observant et en se rappelant l'ordre dans lequel ils avaient vu auparavant une chose en précéder ou en suivre une autre ».

(43) Le latin dit : « n'aperçussent ».

(44) Le latin dit : les antécédents et les conséquents ».

(45) Le latin dit : « attendaient ».

(46) Le latin dit : « espéraient ».

(47) Le latin dit : « viendrait ».

(48) Le latin dit : « qui n'y ont aucune part ».

(49) « *Lepanto* » en anglais.

dans diverses autres occasions (50). Semblablement,
ils attribuent (51) leur fortune à la présence d'une
personne, à un endroit portant bonheur ou mal-
chance (52) [,] (53) à la prononciation de phrases,
spécialement si elles contiennent le nom de Dieu, phrases Magiques, Conjurations (54) [(la Liturgie des Sor-
cières)] ; et cela au point d'en venir à croire que ces
phrases peuvent avoir le pouvoir de changer une pierre
en pain, un pain en homme ou n'importe quoi en n'importe quoi (55).

Ils les honorent cependant comme ils honorent
des êtres humains. — En troisième lieu, et quant au
culte que rendent naturellement les hommes (56) aux
Puissances invisibles, il ne peut être différent des modes
d'expression de respect dont ils useraient à l'égard de
leurs semblables ; c'est par des (57) Dons, [des] Prières, [des] Remerciements, [des signes Extérieurs de]

(50) Le latin dit : « Ainsi les Athéniens, à cause des succès
de Phormion à Naupacte contre les Lacédémoniens, choisirent
un autre Phormion pour remplacer celui qui était mort. De même
aussi les Romains, à cause des succès de Scipion en Afrique
contre Annibal, choisirent un autre Scipion pour commander
leurs armées contre Cæsar dans cette même Afrique. Ce fut
sans succès dans les deux cas. Et l'on fit souvent de même dans
d'autres endroits et à d'autres moments ».

(51) Le latin dit : « Se basant sur la constatation de deux ou
trois cas semblables, d'autres attribuèrent ».

(52) Ici la phrase finit, dans le texte latin.

(53) Le latin ajoute : « D'autres attribuent une telle vertu ».

(54) Le latin dit : « de certaines phrases qu'ils appellent Incantations ».

(55) Le latin dit : « qu'ils pensent que par elles le pain peut
se changer en homme et n'importe quoi en n'importe quoi ».

(56) Le latin dit : « que la seule nature enseigne de rendre »

(57) Le latin dit : « des modes de respect dont on use d'ordinaire envers ses supérieurs ; signes d'honneur et de respect tels
que... ».

Soumission, [des] Discours Respectueux (58) [, une
Tenue convenable, un Langage mesuré, des Serments
(c'est-à-dire des assurances mutuelles de promesse)
qu'ils les invoquent] (59). La raison (60) ne suggère
rien de plus et laisse à chacun la liberté ou bien de s'en
tenir là ou bien de s'en remettre pour un plus complet
cérémonial à ceux qu'on croit plus sages que soi (61).

.... ET LEUR ATTRIBUENT TOUS LES ÉVÉNEMENTS
EXTRAORDINAIRES. — Finalement, en ce qui concerne
les moyens (62) qu'emploient ces Puissances (63) Invisibles pour dévoiler aux hommes (64) l'avenir et [spé-
cialement ce qui a trait soit à] leur bonne ou [à] leur
mauvaise fortune [en général, soit à la réussite ou à
l'échec de quelqu'une de leurs entreprises particulières],
la nature laisse les hommes en suspens ; sauf cependant que, se basant sur le passé pour conjecturer
l'avenir, ils sont très capables non seulement de prendre
des choses accidentelles dont ils ont observé une fois ou
deux la rencontre pour des Pronostics d'une semblable rencontre devant toujours se faire à l'avenir, mais

(58) Le latin ajoute : « et gestes respectueux et autres choses
de ce genre ».

(59) Le latin ajoute : « Car les sacrifices sanglants ne sont pas
dictés par la nature ; ils furent institués d'abord par les cités
pour nourrir les sacrificateurs. Et le serment ne semble pas davantage faire partie du culte naturel, puisqu'en dehors de l'Etat
Civil il n'y a pas place pour le serment ».

(60) Le latin ajoute : « naturelle ».

(61) Le latin dit : « ne suggère, quant au culte, rien de plus
que ce que j'ai dit, et, pour ce qui en est davantage, elle en
laisse le soin aux lois de chaque cité ».

(62) Le latin use du singulier.

(63) Le latin dit : « agents ».

(64) Le latin ajoute : « le passé, ». A la ligne suivante, au
lieu de « ou », le latin dit : « et ».

aussi de croire à de semblables Pronostics lorsqu'ils les tiennent d'autres hommes dont ils ont une fois conçu une bonne opinion (65).

LES QUATRE SEMENCES NATURELLES DE LA RELIGION. — Et c'est dans ces quatre choses : Croyance à l'existence des Esprits (66), Ignorance des causes secondes, Dévotion pour (67) ce que l'on craint, Interprétation comme Pronostics des choses Accidentelles (68) que consiste la semence Naturelle de la *Religion*. La diversité des Imaginations, des Jugements et des Passions (69) des différents hommes a fait que cette semence a donné naissance à des cérémonies si différentes que celles que l'un pratique sont la plupart du temps ridicules pour l'autre (70).

ELLES SE DIVERSIFIENT SUIVANT LA FAÇON DONT ON LES CULTIVE. — Deux sortes d'hommes ont cultivé ces semences de la religion, d'une part ceux qui les ont fait pousser et en ont réglé la croissance suivant leur propre fantaisie (71), d'autre part ceux qui les ont fait pousser et en ont réglé la croissance sur l'ordre et sous

(65) Le latin dit : « la nature n'enseigne rien. C'est pourquoi ceux qui conjecturent l'avenir d'après le passé considèrent comme pronostic d'un effet semblable devant s'en suivre ce qui est semblable à ce qui quelquefois précède un certain effet ».

(66) « *Opinion of Ghosts* » en anglais ; le latin dit : « crainte des Esprits ».

(67) Le latin dit : « Culte de ».

(68) « *Casuall* » en anglais ; « *fortuitorum* » en latin.

(69) Le latin dit : « des passions et des desseins ».

(70) Le latin dit : « que celles qu'admet la loi d'une cité paraissent ridicules dans une autre ».

(71) Le latin dit : « ceux qui ont fondé des religions d'après leur propre fantaisie ».

la direction de Dieu (72) ; mais des uns et des autres le but était de rendre leurs adeptes (73) plus Obéissants [, plus disposés à l'observance des Lois, plus Pacifiques, plus Charitables, plus aptes à la Société civile]. Il s'ensuit que la Religion des premiers est une partie de la Politique [humaine : elle enseigne quelques-uns des devoirs que les Rois de la Terre requièrent de leurs Sujets]. Celle des seconds est la Politique Divine, elle contient des Préceptes pour ceux qui se sont donnés comme sujets du Royaume de Dieu. Des premiers furent tous les fondateurs d'Etats, tous les Législateurs des Païens ; des seconds, furent *Abraham*, *Moïse* et notre *Sauveur Béni* par qui sont venues jusqu'à nous les Lois du Royaume de Dieu (74).

L'OPINION ABSURDE DU PAGANISME. — Et quant à ce qui est de cette partie de la Religion qui consiste en opinions sur la nature des Puissances Invisibles (75), il n'est [presque] rien ayant un nom qui n'ait été considéré parmi les Païens [dans un lieu ou dans un autre] comme un Dieu ou comme un Diable (76), ou qui n'ait été imaginé par leurs Poètes comme animé,

(72) Le latin dit : « ceux à qui la Religion a été enseignée et prescrite par Dieu lui-même ».

(73) Le latin dit : « initiés ».

(74) Le latin dit : « La politique des seconds est une partie de la Religion, et les préceptes qu'elle contient sont les préceptes qui conviennent à ceux que Dieu admet dans son Royaume. Les religions des premiers furent instituées par les législateurs des païens ; la religion des seconds le fut par Abraham, par Moïse et par Jésus-Christ qui nous enseignèrent les lois du royaume céleste ».

(75) Le latin dit : « Et quant à ce qui est des noms des agents invisibles ».

(76) « *Divell* » en anglais ; « *Dæmone* » en latin.

habité ou possédé par un Esprit ou par un autre (77).

La matière informe (78) du Monde était considérée comme un Dieu sous le nom de *Chaos*.

Le Ciel, l'Océan, les Planètes, le Feu, la Terre, les Vents étaient autant de Dieux

Des Hommes, des Femmes, un Oiseau (79), un Crocodile, un Veau, un Chien, un Serpent, un Oignon, un Poireau étaient déifiés. En outre, les Païens remplissaient presque tous les lieux d'esprits qu'ils appelaient Démons (80) ; les plaines avaient *Pan* (81) et les *Sylvains* (82) [ou Satyres] ; les Bois, les Faunes et les Nymphes ; [la Mer, les Tritons et d'autres Nymphes ;] chaque Rivière, chaque Source avait un Esprit qui portait son nom [et avait aussi des Nymphes], chaque maison avait ses *Lares* (83) [ou Dieux Familiers], chaque homme avait son *Génie*, l'Enfer avait des Esprits (84) [et des Fonctionnaires spirituels comme *Charon, Cerbère* et les *Furies*] ; et, partout (85), [la nuit,] il y avait des *Larves* et des *Lémures*, Esprits (86) des morts [, et tout un Royaume de Fées et d'Epouvantails]. Les Païens avaient aussi Divinisé les [simples]

(77) A partir de : « ou qui n'ait été » le latin dit : « aucun lieu ou aucune chose qui n'ait été imaginé par quelqu'un comme animé, habité ou occupé par un esprit ».

(78) « *unformed* » en anglais ; « *informis* » en latin.

(79) Le latin dit : « des oiseaux ».

(80) A partir de : « En outre » le latin dit : « Presque tous les lieux étaient pleins de Démons ».

(81) Le latin dit : « les Pans ».

(82) « *Panises* » en anglais ; « *Paniscis* » en latin.

(83) Le latin dit : « son Lare ».

(84) Le latin dit : « . L'enfer était plein de démons ».

(85) Le latin dit : « presque partout ».

(86) Le latin dit : « ombres ».

Accidents [et Qualités] et leur avaient construit des Temples, comme par exemple au Temps, à la Nuit, au Jour, à la Paix, à la Concorde, à l'Amour, à la Dispute (87), à la Vertu, à l'Honneur, à la Santé, à la Rouille, à la Fièvre [et à toutes les autres choses semblables] ; et, quand ils priaient pour les obtenir ou les écarter, ils s'adressaient à eux comme s'il eut existé des Esprits de ces noms suspendus au-dessus de leur tête (88) [et pouvant laisser tomber ou retenir ce Bien ou ce Mal pour ou contre lequel ils priaient]. Ils invoquaient aussi leur propre Esprit sous le nom de *Muses*, leur propre Ignorance sous le nom de *Fortune*, leur propre Luxure sous le nom de *Cupidon*, leur Colère sous le nom de *Furies*, leurs parties honteuses sous le nom de *Priape*, et, ils attribuaient leurs pollutions aux *Incubes* et aux *Succubes* ; au point qu'il n'était rien qu'un Poète ne put introduire en le personnifiant dans un Poème pour en faire un *Dieu* ou un *Diable* (89).

Les fondateurs (90) de la Religion Païenne ayant observé en outre que le [second] fondement de la Religion est l'Ignorance des causes [où se trouvent les hommes], et aussi par conséquent leur propension (91)

____

(87) « *Contention* » en anglais ; « *Contentioni* » en latin. Le latin ajoute : « à la Victoire ».

(88) Le latin dit : « et lorsqu'ils les désiraient ou les craignaient, ils les invoquaient comme des Dieux suspendus au-dessus de leur tête ».

(89) Le latin dit : « . Au point qu'il n'était rien dont un poète ne put parler comme d'une personne, et qu'on ne crut être un Dieu ou un Démon ».

(90) « *authors* » en anglais ; « *authores* » en latin.

(91) « *aptnesse* » en anglais ; « *innatum hominibus morem* ». Le latin dit : « et ayant par conséquent observé aussi la tendance

à attribuer leur fortune à des causes dont elle ne semble apparemment aucunement dépendre (92), en profitèrent pour (93) imposer à leur ignorance, au lieu de causes secondes une suite de Dieux seconds et ministériels, attribuant ainsi la [cause de la] Fécondité à *Vénus,* celle des (94) Arts à *Apollon,* [celle de] la Subtilité (95) [et de la Ruse] à *Mercure,* celle des Tempêtes et des orages (96) à *Eole,* et celle des (97) autres effets à d'autres Dieux ; de telle sorte qu'il y avait chez les Païens une presque aussi grande variété de Dieux que de genres d'affaire (98).

Et au Culte que, suivant la conception naturelle des hommes, il était convenable de rendre aux Dieux (99) à savoir les Offrandes, les Prières, les Actions de grâce et tout ce qui a été précédemment indiqué, les mêmes Législateurs Païens ajoutèrent les Images Peintes et Sculptées de ces Dieux, pour que les plus ignorants (c'est-à-dire la plus grande partie ou la généralité du peuple) qui croyaient que les Dieux dont ils voyaient ainsi la représentation étaient réellement inclûs dans ces images, comme s'ils eussent habité leur intérieur,

(*morem* est à proprement parler une manière de faire, un élément de conduite) innée aux hommes ».

(92) Le latin dit : « dont elle ne dépend en rien ».

(93) Le latin dit : « eurent l'audace d'... ».

(94) Au lieu de : « celle des » le latin dit : « les ».

(95) « *Subtility* » en anglais ; « *Ingenium* » en latin (le génie inventif).

(96) Le latin dit simplement : « les vents ».

(97) Le latin dit : « et les ».

(98) Le latin dit : « de telle sorte que les anciens païens avaient une presque aussi grande variété de Dieux qu'il y avait de genres d'affaires ».

(99) Le latin dit : « Et au culte divin que dicte la nature ».

pussent être d'autant mieux maintenus dans leur crainte ; ils dotèrent aussi les Dieux de terres, de maisons, de fonctionnaires, de revenus mis à part de tous les autres usages humains, c'est-à-dire consacrés et sacrifiés à ces Dieux, leurs Idoles, comme des Cavernes, des Bosquets, des Bois, des Montagnes et des Iles tout entières (100) ; ils leur attribuèrent aussi non seulement des formes (101) d'Hommes, de Bêtes ou de Monstres, mais aussi les Facultés et les (102) Passions [des hommes et des bêtes] comme [la Sensation,] le Langage, le Sexe, le Désir, la Génération (celle-ci non seulement par l'accouplement des Dieux entre eux propageant la race des Dieux (103), mais encore par leur accouplement avec des hommes [et avec des femmes] d'où naissaient des Dieux hybrides [simples habitants du Ciel] comme *Bacchus, Hercule* [, par exemple]). Ils attribuèrent également aux Dieux la Colère, le désir de la Vengeance et les autres passions des créatures vivantes, ainsi que les actions qui en procèdent comme la Fraude, le Vol, l'Adultère, la Sodomie, et tout vice qui peut être considéré comme un effet de Puissance ou une cause de Plaisir, enfin d'une

(100) Le latin dit : « ces mêmes fondateurs ajoutèrent l'adoration des images tant peintes et sculptées que coulées, pour que le peuple, c'est-à-dire la multitude des ignorants, pût croire que les dieux eux-mêmes habitaient dans ces images et les dotât de champs, de temples, de revenus et de prêtres ; et tout cela était tenu pour sacré, c'est-à-dire destiné au seul usage du prêtre ; des cavernes, des bois, des forêts, des montagnes, des îles tout entières se trouvaient être consacrées aux Dieux ».

(101) Le latin ajoute : « variées ».

(102) Le latin dit : « l'ensemble des Facultés charnelles et des ».

(103) Le latin dit : « ... d'où naissaient des Dieux ».

façon générale tous les Vices qui, parmi les hommes, sont regardés comme contraires plutôt à la Loi qu'à l'Honneur (104).

Et quant à ce qui est enfin des Pronostics du temps à venir, lesquels, en se plaçant au point de vue naturel, ne sont que [des Conjectures basées sur] l'Expérience du passé, et, au point de vue surnaturel que la Révélation divine, les fondateurs de la Religion Païenne (105) ajoutèrent [, tant à leur prétendue Expérience qu'à la Révélation qu'ils prétendaient avoir,] d' [autres] innombrables pratiques [superstitieuses] de Divination ; et, ils firent croire aux hommes qu'ils pourraient apprendre leurs destins [, tantôt] dans les réponses ambigües ou absurdes des Prêtres de *Delphes, de Delos* [, *d'Ammon*] et d'autres fameux Oracles (106) ; et ces réponses étaient ou ambigües à dessein, pour que, dans un cas comme dans l'autre, l'événement put s'y approprier, ou absurdes en raison des vapeurs intoxicantes qui se dégageaient dans le lieu de l'oracle, comme il est fréquent dans les Cavernes sulfureuses (107) ; tantôt (108) dans les feuil-

(104) A partir de : « Ils attribuèrent également... » le latin dit : « Ils prêtaient aussi aux Dieux l'adultère, la fraude, le vol, et, les souillaient de tous les autres vices qui, procédant de la puissance, paraissent plutôt violer les lois humaines que l'honneur ».

(105) Le latin porte le pluriel et ajoute : « , imaginant des fables et simulant des entretiens avec les Dieux, »

(106) Le latin dit : « et d'autres lieux célèbres par leur oracles ».

(107) Le latin dit : « réponses absurdes qui, en raison de leur ambiguïté même ou des troubles que les vapeurs apportaient à l'esprit de celui qui les faisait (*Vatis*) (ce qui n'est pas étonnant dans les cavernes), pouvaient s'accommoder aux événements contraires ».

(108) Le latin dit : « ou ».

lets des Sybilles, des Prophéties (semblables peut-être à celles de *Nostradamus* ; car les fragments qui en existent actuellement paraissent être de fabrication postérieure) desquelles il existait quelques livres renommés du temps de la République Romaine ; tantôt, dans les Discours insensés de Fous que l'on supposait possédés d'un Esprit divin ; cette possession on l'appelait Enthousiasme, et ces sortes de prédictions des événements, on les mettait au compte de la Théomancie ou de la Prophétie ; tantôt, dans l'aspect (109) des Etoiles [au moment de la Naissance], et c'était [ce qu'on appelait] l'Horoscopie [que l'on regardait comme une partie de l'Astrologie judiciaire] ; tantôt, dans (110) leurs propres espoirs et leurs propres craintes (111), et c'était ce qu'on appelait la Thumomancie ou Présage ; tantôt, dans (112) les Prédictions des Magiciennes (113) [qui prétendaient converser avec les morts], et, c'était ce qu'on appelait la Nécromancie (114), [la Conjuration et la Magie, alors que ce n'est en réalité qu'un mélange de jonglerie et de fourberie] ; tantôt, dans les circonstances Accidentelles du vol ou

(109) Le latin dit : « dont quelques livres furent considérés à Rome comme des oracles, bien que les livres qui existent maintenant sous ce nom paraissent être de fabrication postérieure ; ou dans l'esprit des hommes en proie à ces délires qu'on appelait Enthousiasme. On peut appeler tout cela Théomancie. On prédisait aussi l'avenir d'après les aspects.... »

(110) Le latin dit : « ou d'après ».

(111) Le latin porte le singulier (son propre, etc...).

(112) Le latin dit : « ou d'après ».

(113) « *Witches* » en anglais ; « *Sagarum*, des magiciennes » en latin.

(114) Le latin dit : « et, c'était ce qu'on appelait la Nécromancie, à cause de prétendues conversations avec les morts ».

du mode de se nourrir (115) des oiseaux, et c'était [ce qu'on appelait] l'Augure ; tantôt, dans (116) les Entrailles des bêtes sacrifiées, et, c'était *l'art des Aruspices* ; tantôt, dans les Songes (117) ; tantôt, dans (118) le Croassement des Corbeaux [ou le caquetage des Oiseaux] ; tantôt, dans (119) les Traits du visage [ce qu'on appelait la Métoposcopie, ou dans la disposition des lignes de la Paume] de la main (120), ou dans (121) certaines paroles prononcées par hasard [que l'on appelait *Omina*] ; tantôt, dans (122) [les Monstres ou] les événements extraordinaires (123) [comme les Eclipses, les Comètes, les Météores rares, les Tremblements de Terre, les Inondations, les Naissances étranges et autres choses semblables qu'on appelait *Portenta et Ostenta*, parce que l'on pensait qu'elles annonçaient ou présageaient quelque grande Calamité à venir ; tantôt, dans un simple jeu de Loterie, comme Croix ou Pile (124), comme le dénombrement des trous dans un tamis, comme le fait de prendre au hasard des Vers d'*Homère* et de *Virgile*, et, tant d'autres présomptions tout aussi vaines], tellement il est facile à ceux qui ont acquis près d'eux du crédit et sont capables de mettre douce-

(115) Le latin dit : « ou d'après le vol ou le mode de nourriture ».

(116) Le latin dit : « ou d'après ».

(117) Le latin dit : « ou d'après un songe quelconque ».

(118) Le latin dit : « ou d'après ».

(119) Le latin dit : « ou d'après ».

(120) Le latin dit : « et des mains ».

(121) Le latin dit : « ou d'après ».

(122) Le latin dit : « ou d'après ».

(123) Le latin dit : « quelque événement extraordinaire ».

(124) « *Crosse and Pile* ». Nous dirions aujourd'hui : Pile ou face.

ment et adroitement la main sur leur crainte et leur
ignorance de faire croire quelque chose aux hommes (125).

LES DESSEINS DES AUTEURS DE LA RELIGION DES
PAÏENS. — Les premiers Fondateurs et Législateurs
d'Etats parmi les Païens, dont le but était [seulement]
de maintenir le peuple en obéissance [et de le faire rester
en paix] ont donc [partout] pris soin : Premièrement,
d'imprimer dans l'esprit des hommes la croyance que
ces préceptes qu'ils donnaient concernant la Religion
devaient être considérés non comme procédant de leur
invention à eux, mais bien comme dictés par quelque
Dieu ou quelque autre Esprit (126) ; ou bien encore
qu'eux-mêmes étaient d'une nature supérieure à celle
des simples mortels (127), et, cela pour faire plus aisément accepter leurs Lois : Ainsi, *Numa Pompilius*
prétendait tenir de la Nymphe *Egérie* les Cérémonies
qu'il instituait parmi les Romains (128) ; [le premier
Roi et fondateur du Royaume de *Pérou* prétendait que
lui et sa femme étaient les enfants du Soleil ;] et *Maho-
met* [, pour établir solidement] sa [nouvelle] Religion,
prétendait avoir des conférences avec le (129) Saint-Es-

(125) Le latin dit : « tellement il est facile d'amener à ce que
l'on veut celui dont on a su tout doucement travailler (*tractare*)
l'ignorance ».

(126) Le latin dit : « Premièrement, de faire croire au peuple
que les préceptes de la religion ne venaient pas de leur invention
propre, mais qu'ils leur avaient été dictés par quelque Dieu ou
quelque Démon ».

(127) Le latin dit : « à celle des autres ».

(128) Le latin dit : « les cérémonies de la religion romaine ».

(129) Le membre de phrase : « prétendait avoir des conférences avec le... » est remplacé dans le latin par : « du ».

prit apparu à lui sous la forme d'une Colombe. (130) En second lieu, de faire croire que ce qui était défendu par les Lois était aussi ce qui déplaisait aux Dieux. En troisième lieu, de prescrire des Cérémonies, des Prières, des Sacrifices et des Fêtes, de faire croire que l'on pouvait ainsi apaiser la colère des Dieux (131) et que les revers à la Guerre, les grandes Epidémies, les Tremblements de terre, la Misère de chacun en particulier venaient de la Colère des Dieux ; que cette Colère avait pour cause la Négligence de leur Culte, un oubli ou une méprise au cours des Cérémonies (132). Et, bien que, chez les anciens Romains, il ne fut pas défendu de se refuser à croire ce qu'ont écrit les Poètes des peines et des plaisirs après cette vie, ce dont des gens d'une grande autorité et d'un grand poids se sont ouvertement (133) moqués [dans leurs *Harangues*], on favorisait cependant toujours plus volontiers cette croyance que la croyance contraire.

C'est par ces Institutions et par d'autres semblables que les premiers législateurs parvinrent à leur but (c'est-à-dire la paix de l'Etat) : le peuple attribuant ses malheurs, soit à des négligences ou à des erreurs (134) au cours des Cérémonies (135), soit à sa propre déso-

(130) Le latin ajoute : « De même, le premier Roi du Pérou se vantait que lui et sa femme fussent nés du Soleil ».

(131) Le latin dit : « En troisième lieu, de faire croire que les Dieux pouvaient être apaisés par des cérémonies soigneusement pratiquées suivant les rites, et, irrités si on négligeait ces cérémonies ».

(132) Le latin dit : « venaient de la négligence du culte ou de l'omission de quelque cérémonie ».

(133) Le latin dit : « et que beaucoup de gens importants et d'un très grand poids s'en soient publiquement ».

(134) Le latin porte le singulier.

(135) « *in agendis Sacris* » en latin.

béissance aux lois était ainsi aussi peu porté que possible à se mutiner (136) contre ses Gouvernants [. Et], amusé par la pompe et le passe-temps des Fêtes et des Jeux publics (137) [institués en l'honneur des Dieux] il (138) n'avait (139) besoin que de pain (140) pour [se satisfaire, ne point murmurer,] ne point se révolter contre (141) l'Etat. C'est ce qui explique pourquoi les Romains qui avaient conquis (142) la plus grande partie du Monde [connu de leur temps] ne se faisaient aucun scrupule de tolérer n'importe quelle (143) Religion [dans la Cité même de *Rome*], pourvu que cette religion n'eut en elle-même rien d'incompatible avec leur (144) Gouvernement Civil ; et on ne rapporte pas qu'une seule Religion y ait été prohibée (145), hormis celle des Juifs qui (en tant que Royaume particulier de Dieu) considéraient comme illégal de se reconnaître sujets de quelque Roi ou de quelque Etat temporel que ce fut (146). Il est donc bien évident que la Religion chez les Païens était une partie de leur Politique.

(136) Le latin dit : « était ainsi d'autant moins excité ».

(137) Le latin dit : « amusé qu'il était par les jeux et les pompes des jours de fête ».

(138) Le latin dit : « . Il ».

(139) Le latin ajoute : « donc ».

(140) Le latin ajoute : « et de jours de fête ».

(141) Le latin dit : « troubler ».

(142) Le latin dit : « qui étaient les maîtres de ».

(143) Le latin dit : « toléraient facilement toute ».

(144) Le latin dit : « qui en soi n'avait rien de contraire au... ».

(145) Le latin dit : « que la religion d'une seule nation ait été prohibée à Rome ».

(146) Le latin dit : « qui (étant depuis longtemps les sujets de Dieu) crurent illicite d'obéir à un roi mortel ».

Lᴀ ᴠʀᴀɪᴇ Rᴇʟɪɢɪᴏɴ ᴇsᴛ ʟᴀ ᴍᴇ̂ᴍᴇ ᴄʜᴏsᴇ ǫᴜᴇ ʟᴇs ʟᴏɪs
ᴅᴜ ʀᴏʏᴀᴜᴍᴇ ᴅᴇ Dɪᴇᴜ. — Mais là où, par Révélation
surnaturelle, il a établi (147) la Religion, Dieu s'est
établi aussi un Royaume particulier ; il a donné (148)
des Lois ne se rapportant pas seulement à la conduite
que l'on doit avoir à son égard, mais aussi à la conduite que l'on doit avoir entre soi. Et c'est ce qui fait
que (149), dans le Royaume de Dieu, la Politique
et (150) les lois Civiles sont une partie de la Religion.
Là par conséquent, il ne peut exister de distinction (151)
entre la Domination Temporelle et la Domination Spi-
rituelle. Dieu, à la vérité, est Roi de toute la Terre ;
mais rien n'empêche qu'il soit Roi d'une Nation particulière [et de son choix]. Il n'y a [point] là en effet plus
d'incongruité qu'il n'y en a dans le fait que le général
qui commande à toute l'Armée ait (152) un Régiment
ou une Compagnie particulièrement à lui. [Dieu est
Roi de toute la Terre de par sa Puissance, mais du
peuple qu'il a choisi, il est Roi en vertu d'un Pacte.]
Mais pour m'étendre plus longuement sur le Royaume
de Dieu, tant par Nature que par Pacte, j'ai choisi une
autre place dans la suite de ce discours (153).

Lᴇs ᴄᴀᴜsᴇs ᴅᴇs ᴄʜᴀɴɢᴇᴍᴇɴᴛs ǫᴜɪ s'ᴏᴘᴇ̀ʀᴇɴᴛ ᴅᴀɴs

(147) « *planted* » en anglais ; « *plantavit* » en latin.
(148) Le latin ajoute : « à ses sujets ».
(149) Le latin dit : « Il est donc manifeste que... ».
(150) Le latin ajoute : « toutes ».
(151) Le latin dit : « Dans le royaume de Dieu, il n'a donc
jamais existé de distinction ».
(152) Le latin dit : « en effet aucune incongruité. Le général
de toute l'armée peut avoir... ».
(153) Le latin dit : « Mais du royaume de Dieu, tant par pacte
que par nature, je parlerai plus longuement par la suite ».

La Religion. — De la façon dont la Religion (154) s'est développée, on comprend [facilement] comment elle se ramène à ses [premières semences ou] premiers principes qui consistent seulement dans le fait d'admettre une Divinité et (155) des Puissances [invisibles et] surnaturelles (156) ; ces premières semences, rien ne peut les extirper de la nature humaine ; mais on peut en voir sortir de nouvelles Religions, lorsqu'elles se trouvent être cultivées par des hommes réputés capables de réaliser un tel dessein (157).

Etant donné que toute Religion constituée a été fondée d'abord sur la foi d'une multitude en quelqu'un considéré non seulement comme sage et comme travaillant à lui procurer le bonheur (158), mais aussi comme un saint à qui Dieu [lui-même] a daigné révéler sa volonté par des voies surnaturelles, il s'ensuit nécessairement que, quand ceux qui sont préposés au Gouvernement de la Religion viennent à être suspectés quant à leur sagesse, leur sincérité ou leur amour (159), ou quand il ne leur est pas possible de donner quelque

(154) Le latin porte le pluriel, en accord avec lequel la suite de la phrase est construite.

(155) Le latin dit : « ou simplement ».

(156) Le latin porte le singulier.

(157) Le latin dit : « cette reconnaissance d'une divinité ou d'une Puissance surnaturelle rien ne peut l'abolir ; mais de nouvelles religions peuvent germer de cette semence (si, pour la cultiver, se présentent des hommes capables d'obtenir un tel résultat) ».

(158) Le latin dit : « comme sage et de bonne volonté, *Benevolum* ».

(159) « *wisedome, sincerity, love* » en anglais ; « *Sapientia, Benevolentia, Sanctitas* (sainteté) » en latin

signe probable de la Révélation Divine (160), la Religion qu'ils désirent édifier [se trouve suspectée de semblable façon, et] (si n'intervient la crainte du Glaive Civil) (161) [elle] est [contredite et] rejetée.

Le fait d'Ordonner de croire des Impossibilités. — Ce qui ôte la réputation de Sagesse à un fondateur de Religion ou à celui qui ajoute quelque chose à une religion déjà constituée (162) est d'ordonner la croyance de choses contradictoires ; car, il n'est pas possible que les deux termes d'une contradiction soient également vrais (163) ; et, par conséquent, ordonner la croyance de choses contradictoires (164) est un signe d'ignorance qui met l'Auteur à découvert et le discrédite dans tout ce qu'il pourrait présenter dorénavant comme venant d'une révélation surnaturelle (165) ; on peut évidemment avoir la révélation de choses au-dessus de la raison naturelle, mais jamais de choses contraires à la raison naturelle (166).

Le fait d'Agir contrairement a la Religion que l'on établit. — Ce qui ôte la réputation de Sincé-

(160) Le latin dit : « ou quand manque tout signe de *Révélation* ».

(161) Le latin dit : « si le glaive civil ne l'empêche, ».

(162) Le latin dit : « ... la réputation de Sagesse aux docteurs ».

(163) Le latin dit : « car tout le monde, même les gens sans instruction qui ne savent pas ce qu'est une contradiction, savent bien que, de deux choses contradictoires, l'une est fausse ».

(164) Le latin dit : « vouloir que l'on croie l'une et l'autre ».

(165) Le latin dit simplement : « qui rend suspecte toute la doctrine ».

(166) Le latin dit : « Peuvent être vraies des choses qui sont au-dessus de la raison naturelle, mais rien ne peut être vrai de ce qui est contre la raison ».

rité (167) est d'agir ou de parler de façon à montrer (168) que l'on ne croit pas soi-même ce qu'on demande aux autres de croire ; on appelle Scandaleux (169) tous les agissements et toutes les paroles de ce genre, parce que ce sont des pierres d'achoppement qui font tomber les hommes sur le chemin de la Religion (170) ; telles sont l'Injustice, la Cruauté, l'Hypocrisie (171), l'Avarice et la Luxure (172) ; qui peut en effet croire que celui qui a l'habitude de faire les actions qui procèdent de l'une quelconque de ces sources pense qu'il y ait à craindre quelque Puissance Invisible du genre de celle dont il effraie les autres pour de moindres fautes (173) ?

Ce qui ôte la réputation d'Amour (174) est la découverte de desseins d'intérêt particulier, comme lorsque (175) la croyance qu'on prêche aux autres conduit [ou semble conduire] à l'acquisition pour soi seul ou spécialement pour soi de la Domination, (176) des Richesses [, de la Dignité ou du Plaisir assuré] ; car ce qui

(167) « *Sincerity* » en anglais ; « *Sanctitatis,* de sainteté » en latin.

(168) Le latin dit : « est de faire ou de dire des choses qui indiquent ».

(169) Le latin dit : « On appelle scandales, *Scandala* ».

(170) Le latin dit : « parce qu'ils font trébucher et tomber ceux qui marchent dans le chemin de la religion ».

(171) « *Prophanesse* » en anglais ; « *Hypocrisia* » en latin.

(172) Le latin ajoute : « etc... ».

(173) Le latin dit : « Si quelqu'un fait journellement les actions qui dérivent de ces sources, qui croira que sont à craindre les puissances invisibles dont il veut effrayer les autres ? ».

(174) « *Love* » en anglais ; « *Benevolentiæ,* de bonne volonté » en latin.

(175) Le latin dit : « , c'est quand on recherche son intérêt particulier et non pas l'intérêt général, c'est-à-dire quand... ».

(176) Le latin ajoute : « de la Puissance ou ».

procure du bénéfice, on est jugé le faire pour soi et non pour l'amour des autres (177).

L'Absence du témoignage des Miracles. — Enfin, le seul témoignage que l'on puisse donner de sa Mission divine (178) est l'opération de Miracles [, ou la vraie Prophétie (qui est aussi un Miracle), ou l'extraordinaire Félicité]. Et c'est pourquoi, si, aux articles de Religion dont l'origine remonte à des hommes qui ont fait de tels Miracles (179), on en ajoute d'autres sans prouver sa Mission par quelque Miracle aussi (180), ces nouveaux articles n'obtiennent d'autre croyance que celle que leur donnent la Coutume et les Lois du pays où ils ont été élaborés (181). Car, de même que dans les choses naturelles, les hommes de jugement (182) réclament des signes naturels et des preuves, de même, dans les choses surnaturelles, ils réclament (183) des signes surnaturels [(c'est-à-dire des Miracles) avant d'apporter à ces choses leur consentement intimement et de tout leur cœur].

Toutes ces causes de l'affaiblissement de la foi apparaîtront manifestement dans les Exemples suivants. [Nous avons tout d'abord celui du peuple d'Israël :]

(177) Le latin dit : « et non pour les autres »

(178) Le latin dit : « de la révélation divine ».

(179) Le latin dit : « si, aux articles d'une religion reçue ».

(180) Le latin dit : « on s'efforce d'en ajouter de nouveaux en l'absence de tout miracle accompli ».

(181) Le latin dit : « que celle que leur donnent les lois de la cité et celles de la coutume, ou une sainteté presque miraculeuse ».

(182) « *men of judgement* » en anglais ; « *vir prudens*, l'homme prudent » en latin.

(183) Le latin dit : « réclame des preuves naturelles, de même, dans les choses surnaturelles, il réclame ».

Moïse [lui] avait [prouvé sa Mission par des Miracles et en l'ayant] conduit [heureusement] hors d'*Egypte* (184); s'absenta-t-il seulement 40 jours que les Israélites se révoltèrent, abandonnant le culte du vrai Dieu que Moïse leur avait recommandé ; ils proclamèrent (185) un Veau d'Or leur Dieu et retombèrent dans l'Idolâtrie des Egyptiens dont ils avaient été si récemment délivrés (186). Et, à nouveau, après la disparition de *Moïse*, d'*Aaron* [, de *Josué*] et de la génération qui avait assisté aux grandes œuvres de Dieu en Israël (187), une autre génération vint qui servit *Baal*. Ainsi, faute de Miracles, la Foi aussi vint à faillir.

[De même,] quand les fils de *Samuel* (188) institués par leur Père Juges dans *Bersabée* reçurent des présents et jugèrent de façon injuste, le peuple d'Israël se refusa à admettre que Dieu était leur Roi d'une autre façon qu'il était Roi d'un autre peuple, et, en conséquence, demanda à grands cris à *Samuel* de leur choisir un Roi à la manière des autres Na-

(184) Le latin ajoute : « le peuple d'Israël ».

(185) « *Exod. 32. I. 2* » (note du texte anglais qui n'est pas dans le texte latin).

(186) Le latin dit : « s'absenta-t-il seulement quarante jours que le peuple d'Israël se révolta, rejeta le vrai Dieu qui peu auparavant l'avait délivré de la servitude, et, ayant fabriqué un veau d'or, retomba dans l'idolâtrie des Egyptiens ».

(187) « *Jud. 2. 11* » note du texte anglais ; dans le latin cette référence est dans le texte. Au lieu de : « en Israël » le latin dit : « dans le désert ».

(188) « *I. Sam. 8. 3* » note du texte anglais ; dans le latin, où cette référence est dans le texte, au lieu de 3, on lit : « 8 et 9 » ; c'est très certainement une erreur typographique.

(189) Le latin dit : « le peuple d'Israël rejeta le royaume de Dieu et demanda un roi à la manière des autres nations ».

tions (189) ; ainsi, faute de Justice (190), la Foi (191)
aussi vint à faillir [; à ce point que le peuple d'Israël
déposa son Dieu de sa souveraineté sur lui].

Quand s'implanta la Religion Chrétienne (192)
les Oracles se turent [partout] dans l'Empire Romain,
et, le nombre des Chrétiens s'accrut de jour en jour
[et en tous lieux] d'une façon prodigieuse [à la suite des
prédications des Apôtres et des Evangélistes] ; une
grande part de ce succès peut [raisonnablement] s'attribuer au mépris auquel s'étaient voués les Prêtres
Païens de cette époque par leurs mœurs dissolues, leur
avarice, leur fourberie auprès des Princes. C'est aussi
en partie pour la même cause que fut abolie en *Angleterre,* et dans beaucoup d'autres parties de la Chrétienté,
la Religion de l'Eglise *Romaine* ; le manque de Vertu
chez les Pasteurs fit faillir la Foi du Peuple. Ce fut aussi
en partie le résultat de l'introduction par les Scholastiques de la Philosophie et de la doctrine d'*Aristote* dans
la Religion ; ce fut là une source de tant de contradic-
tions et d'absurdités qu'il en résulta pour le Clergé une
réputation tout à la fois d'Ignorance et d'intention Frau-
duleuse ; et c'est ce qui amena le peuple à se révolter
contre lui (193), soit contre la volonté des Princes

(190) Le latin dit : « la sainteté des gouvernants venant à
manquer ».

(191) Le latin ajoute : « du peuple ».

(192) Le latin dit : « De même, dès la prédication de l'Évan-
gile, tous... ».

(193) Le latin dit : « s'attribuer à l'avarice, aux mœurs dissolues des prêtres, à leurs prédictions, fausses pour se concilier la
faveur des princes, ou ambigües pour ne pas paraître ne r'en
prédire. C'est pour une cause peu différente que l'énorme puissance de l'Eglise romaine fut supprimée en Angleterre et chez pas

comme en *France* [et en *Hollande*], soit conformément
à leur volonté comme en *Angleterre* (194).

Enfin, parmi les points (195) que l'Eglise *Romaine*
déclarait nécessaires au Salut, il y en avait un si grand
nombre de si manifestement à l'avantage (196) du Pape
et de ses sujets spirituels résidant dans les territoires
des autres Princes [Chrétiens] que, si ce n'eut été
leurs rivalités, ces Princes eussent pu, sans guerre [ou
sans trouble], exclure cette Autorité [étrangère], aussi
aisément que cela s'est fait en *Angleterre*. Car ne voit-
on pas clairement à qui profite qu'on croie qu'un Roi
ne tient son Autorité du Christ que si un Evêque
l'a couronné (197) ? Qu'un Roi ne peut se Marier s'il
est Prêtre (198) ? Que la question de savoir si un Prince
est né d'un Mariage légal [ou non] doit être jugée par
l'Autorité de *Rome* (199) ? Que les Sujets peuvent être
relevés de leur Fidélité, si le Roi a été jugé Hérétique

mal d'autres peuples. La sainteté des pasteurs cessant, la foi du
peuple cessa.

La philosophie d'Aristote s'étant introduite dans la religion,
il en résulta que les Scholastiques firent aussi dans l'église romaine
un mélange inextricable de doctrines innombrables s'opposant
les unes aux autres et se contre-disant, ce qui dévoila non seulement l'ignorance, mais aussi la fourberie du clergé. Et c'est là
une autre cause qui incita le peuple à secouer le joug des prêtres ».

(194) Dans le latin ce membre de phrase est interverti.

(195) Le latin dit : « les articles de foi ».

(196) « *Emolumentum* » en latin (avantage matériel).

(197) Le latin dit : « que l'autorité d'un Roi est nulle, qu'elle
ne vient pas du Christ, si un Evêque ne l'a pas couronné ; et c'est
la raison de la cérémonie du couronnement des rois ».

(198) Le latin dit : « qu'il n'est pas permis à un roi de prendre femme, s'il devient prêtre ».

(199) Le latin dit : « par la Curie romaine ».

par la Cour de *Rome* (200) ? Qu'un Roi (comme *Chil-*
péric (201) *de France*) peut être déposé [sans cause par
un Pape (comme le Pape Zacharie) et son Royaume
donné à l'un de ses Sujets] ? Que le Clergé et les Moi-
nes doivent [dans tout Pays] échapper à la Juridiction
de leur Roi (202) dans les causes criminelles ? Ne voit-
on pas aussi à qui proûtent (203) les [Rétributions de]
Messes privées et les Indulgences (204) et tant
d'autres signes d'intérêts particuliers suffisants (205)
pour faire mourir la Foi la plus vive, si [(comme je l'ai
dit)] elle n'était pas [plus] soutenue par l'Organisation
civile et (206) la Coutume [qu'elle l'est par l'opinion
que peuvent avoir les hommes de la Sainteté, de la
Sagesse ou de la Probité de ceux qui leur Enseignent
la Religion] ? Je peux donc attribuer [tous] les changements de Religion [dans le monde] à une seule [et
même] cause à savoir qu'il y a des Prêtres qui déplaisent (207) [, et il y en a non seulement parmi les
Catholiques, mais même dans cette Eglise qui a fait
si grand fond sur la Réforme].

(200) Le latin dit : « les sujets d'un roi chrétien peuvent être
dispensés de l'obéissance civile, si ce roi devient hérétique ».

(201) Le latin ajoute : « roi ». Il s'agit en réalité ici de Chil-
déric III, déposé en 752.

(202) Le latin dit : « à la juridiction civile ».

(203) Le latin dit : « Il n'est personne que ne comprenne à
quoi tendent ».

(204) « *Vales of Purgatory* » en anglais ; « *Indulgentiæ* » en
latin.

(205) Le latin dit : « et beaucoup d'autres choses non nécessaires au salut, quelle force tout cela aurait ».

(206) Le latin dit : « réchauffée par le Pouvoir civil et... ».

(207) « *unpleasing* » en anglais ; « *ingratos* » en latin.

CHAPITRE XIII

De la Condition Naturelle *de l'Humanité* touchant son Bonheur et sa Misère (1).

Les Hommes sont Égaux par nature. — La Nature a fait les hommes à ce point égaux en ce qui concerne les facultés du corps et celles de l'esprit que, bien que l'on puisse trouver parfois un homme manifestement plus vigoureux quant au corps ou manifestement plus vif quant à l'esprit qu'un autre (2), cependant, lorsque l'on considère les choses dans leur ensemble, la différence [entre un homme et un autre homme] n'est pas assez considérable pour que personne puisse [se basant là-dessus] réclamer pour soi un avantage auquel un autre ne peut prétendre tout aussi bien (3). Car, quant à ce qui est de la vigueur corporelle, le plus faible en a assez pour (4) tuer le plus fort, soit en usant

(1) Le latin dit : « en ce qui concerne la félicité de la vie présente ».

(2) Le latin dit : « tant en ce qui concerne les facultés du corps que celles de l'esprit, que, bien que certains l'emportent sur certains autres par la vigueur ou par l'esprit... ».

(3) Le latin dit : « compter sur un avantage qu'un autre ne peut également espérer ».

(4) Le latin dit : « Car, quant à ce qui est de la vigueur corporelle, il est rare que l'on trouve un homme faible au point qu'il ne puisse ».

de ruse (5), soit en s'alliant à d'autres qui sont menacés du même danger que lui.

Et quant à ce qui est des facultés de l'esprit (mettant à part les arts qui ont pour base les mots et spécialement ce talent qui consiste à procéder d'après des règles générales et infaillibles et que l'on appelle Science, art (6) que très peu possèdent et n'est-ce encore que pour peu de choses, qui ne consiste pas en une faculté originelle, née avec nous, que l'on n'acquiert pas non plus (comme la Prudence) en poursuivant un autre but) (7), je trouve [, parmi les hommes, en ce qui les concerne] une plus grande égalité encore [qu'en ce qui concerne la force]. Car la Prudence n'est que de l'Expérience ; un temps égal la donne également à tous les hommes pour les choses auxquelles ils s'appliquent également (8). Ce qui peut [peut-être] empêcher de croire à (9) une semblable égalité, c'est seulement la conception vaine qu'a chacun de sa propre sagesse : car presque tous les hommes pensent avoir plus de sagesse que le Vulgaire (10) c'est-à-dire que tout le

(5) « *by secret machination* » en anglais ; « *dolo* » en latin.

(6) Le latin dit : « mettant à part les arts des mots (*verborum artibus... exceptis*) c'est-à-dire les règles générales des sciences, règles ». La phrase latine se continue en substituant le pluriel au singulier.

(7) Le latin dit : « et n'est-ce encore que pour très peu de choses, qui ne nous sont pas innées et que l'on n'acquiert pas non plus sans s'y appliquer (*sine studio*), par la prudence ».

(8) Le latin dit : « Car toute Prudence vient de l'Expérience ; la nature la donne également à tous les hommes en un temps égal pour les choses auxquelles ils appliquent également leur esprit ».

(9) Le latin dit : « faire paraître douteuse ».

(10) Le latin dit : « c'est seulement l'opinion exagérée que l'on

monde à l'exception [d'eux-mêmes, et] d'un petit nombre d'autres qu'ils estiment (11) soit en raison de leur
Renommée, soit parce qu'ils sont (12) d'accord avec eux.
Telle est en effet la nature des hommes que, bien qu'ils
reconnaissent sans difficulté de nombreuses supério-
rités sous le rapport de l'esprit, de l'éloquence ou du
savoir, ils croient difficilement qu'il y en ait beaucoup
qui soient aussi sages qu'eux (13). Chacun voit de près
son propre esprit et ne voit que de loin celui des autres.
Et c'est là ce qui prouve le mieux que les hommes sont
sous ce rapport plutôt égaux qu'inégaux. Il n'est point
d'habitude en effet de meilleur signe de l'égale distribution de quelque chose que le fait que chacun est content de sa part (14).

De l'Égalité procède la Défiance. — De cette
égalité de capacité résulte une égalité de l'espoir de parvenir à nos Fins (15). Si (16) deux hommes désirent
une même chose que tous deux ne peuvent avoir, ils
deviennent donc ennemis (17) ; et en poursuivant leur
But (qui est [dans la plupart des cas] leur conservation

a de soi ; car presque chacun d'entre nous se croit beaucoup plus
sage que n'importe qui du vulgaire ».
(11) Le latin dit : « qu'il admire ».
(12) Le latin dit : « qu'il est ».
(13) Le latin dit : « de l'homme que chacun, bien qu'il recon-
naisse qu'un autre est plus éloquent ou plus érudit que lui, ne
convient pas cependant de ce que quelqu'un soit plus prudent ».
(14) A partir de : « Et c'est là... » le latin dit : « Mais, en
ce qui concerne l'objet présent, le meilleur argument de l'égalité
des esprits est que chacun est content du sien ».
(15) Le latin dit : « De l'égalité de nature résulte pour chacun l'espoir de parvenir à ce qu'il désire ».
(16) Le latin dit : « Chaque fois que ».
(17) Le latin ajoute : « l'un de l'autre ».

propre [et quelquefois seulement leur plaisir]), ils s'efforcent de se détruire ou de se subjuger l'un l'autre.
Et c'est ce qui se passe là où un Agresseur a uniquement
à craindre la seule puissance d'un de ses semblables (18) ; si quelqu'un vient à planter, à ensemencer,
à bâtir ou à posséder un Lieu à sa convenance, on peut
probablement (19) s'attendre à ce que d'autres viennent
en force le déposséder [et le priver] non seulement du
fruit de son travail, mais aussi de sa vie ou de sa liberté.
Et l'Agresseur est à son tour menacé du même danger
de la part d'un autre (20).

De la Défiance procède la Guerre. — Dans un
tel état de défiance (21) réciproque, le moyen le plus
raisonnable d'assurer sa sécurité est (22) de Prendre
les devants, c'est-à-dire, soit par force, soit par ruses
de réduire le plus de gens que l'on peut, et cela jusqu'à
ce que l'on ne voit plus autour de soi de puissance suffisamment grande pour constituer un danger (23). Et ceci

(18) « *And from hence it comes to passe, that where an
Invader hath no more to feare, than an other mans single power* »
en anglais ; « *Itaque cui animus est vicinum aggrediendi, si
nihil sit, quo deterreatur præter vim unius hominis* » en latin.
Ce membre de phrase me paraît obscur dans les deux textes. La
phrase latine semble pouvoir se traduire littéralement ainsi :
« C'est pourquoi l'intention d'attaquer son voisin est à celui
qui n'a rien autre à craindre que la force d'un seul homme ».

(19) Le latin dit : « à posséder un champ tant soit peu plus
avantageux, à semer, à planter ou à construire, on doit... ».

(20) Le latin dit : « Et ceux-ci sont, à leur tour, exposés aux
mêmes dangers de la part de plus forts ».

(21) « *diffidence* » en anglais ; « *metu*, crainte » en latin.

(22) Le latin dit : « il n'est pour personne de meilleur moyen
de sécurité que... ».

(23) Le latin dit : « de s'efforcer de réduire tous les autres,
tant qu'il y en a desquels il paraisse que l'on ait à se garantir ».

ne dépasse nullement ce que réclame la [propre] conservation de chacun et ce que généralement on accorde (24).
En raison de ce qu'il y a des gens qui prennent plaisir à
s'affirmer leur propre puissance par des actes de conquête poursuivis au delà de ce que réclame leur sécurité (25), d'autres qui, dans des circonstances différentes, se seraient trouvés heureux et à l'aise dans (26)
de modestes frontières ne pourraient subsister longtemps en restant seulement sur la défensive, s'il n'augmentaient pas leur puissance en attaquant (27). Par
conséquent, on doit accorder à chacun (28) autant de
domination [sur les autres] qu'il en est nécessaire à sa
conservation.

Ajoutons encore à ceci qu'en l'absence d'une puissance capable de s'imposer à eux tous, les hommes
n'éprouvent aucun plaisir (mais au contraire beaucoup
de déplaisir) à se réunir (29). Chacun tient en effet à
ce que son voisin l'estime (30) au même prix qu'il
s'estime soi-même. Et, en présence de tous les signes
de mépris [ou de moins-value] qu'on lui donne, il s'efforce [naturellement], dans la mesure où il l'ose (et

(24) Le latin dit : « et ce qu'habituellement tout le monde
accorde ».

(25) Le latin dit : « qui, par caprice et par gloire, veulent
commander à toute la terre ».

(26) Le latin dit : « se seraient contentés ».

(27) Le latin dit : « s'ils n'augmentaient pas leur puissance
en attaquant les autres, et, s'ils s'efforçaient seulement de défendre eux-mêmes et ce qui est à eux ». '

(28) Le latin ajoute : « d'acquérir par la force ».

(29) Le latin dit : « que là où n'existe aucune puissance pouvant s'imposer à eux tous, les hommes n'ont de par nature aucun
plaisir, mais au contraire du déplaisir à se réunir ».

(30) Le latin dit : « les autres l'estiment ».

parmi les hommes qui n'ont au-dessus d'eux aucun pouvoir commun (31) [les maintenant en tranquillité], cela va assez loin pour les amener à s'entre-détruire,) d'arracher à ceux qui le méprisent par le mal qu'il leur fait et aux autres par l'exemple, l'opinion d'une plus grande valeur (32).

Nous trouvons donc dans la nature humaine trois principales causes de discorde (33) : [Tout d'abord,] la Compétition ; [en Second lieu,] la Défiance (34) ; [et, en Troisième lieu,] la Gloire.

La première pousse les hommes à s'attaquer en vue du Gain, la seconde en vue de la Sécurité, et la troisième en vue de la Réputation. La Compétition fait employer la Violence pour se rendre Maître de la personne des autres, de leurs femmes, de leurs enfants, de leurs troupeaux ; la Défiance la fait employer pour se défendre ; la Gloire pour des riens (35) : un mot, un sourire, une différence d'opinion, un autre signe quelconque de dépréciation dirigée directement contre Soi ou indirec-

(31') Le latin dit : « où il l'ose, et, s'il n'existe aucun pouvoir commun, ».

(32) Le latin dit : « cela peut aller jusqu'à amener les hommes à s'entretuer, de se venger en arrachant aux autres, et, aux spectateurs aussi par l'exemple que donne sa vengeance, une plus grande estimation ».

(33) « quarell » en anglais ; « simultatum » en latin.

(34) L'anglais porte ; « Diffidence » (défiance) ; le latin : « Defensio » défense. La suite du texte montrera que le sens de ces deux termes s'équivaut à peu près. Plus haut (voir page 201, note 21), le mot anglais diffidence était rendu en latin par metus, crainte.

(35) Le latin dit : « La première tend à la domination, la seconde à la sécurité, la troisième à la réputation. Du fait de la première, on combat pour le gain ; du fait de la seconde, on combat pour son salut ; du fait de la troisième, pour des riens ».

tement contre sa Famille, ses Amis, son Pays, sa Profession ou son Nom (36).

Hors des Etats Civils il y a perpétuellement Guerre de chacun contre chacun. — Il est donc [ainsi] manifeste que, tant que les hommes vivent sans une Puissance commune qui les maintienne tous en crainte, ils sont dans cette condition que l'on appelle Guerre, et, qui est la guerre (37) de chacun contre chacun. La Guerre ne consiste pas seulement en effet dans la Bataille ou dans le fait d'en venir aux mains, mais elle existe pendant tout le temps que la Volonté de se battre est suffisamment avérée (38) ; la notion de *Temps* est donc à considérer dans la nature de la Guerre, comme elle l'est dans la nature du Beau ou du Mauvais Temps (39). Car, de même que la nature du Mauvais temps ne réside pas seulement dans une ou deux averses, mais dans une tendance à la pluie pendant plusieurs jours consécutifs, de même la nature de la Guerre ne consiste pas seulement dans le fait actuel de se battre, mais dans une disposition reconnue à se battre pendant tout le temps qu'il n'y a pas assurance du contraire. Tout autre temps que la guerre est la Paix (40).

(36) Le latin dit : « de dépréciation de soi ou de sa famille, de ses amis, de sa patrie, de sa profession ou de son nom ».

(37) Le latin dit : « que, tant que n'existe pas de puissance coercitive, la condition des hommes est celle que j'ai dite, c'est-à-dire la Guerre ».

(38) Le latin dit : « La nature de la guerre ne consiste pas en effet dans la bataille, mais dans tout espace de temps durant lequel la volonté de combattre par les armes est manifeste ».

(39) « *in the nature of Weather* » en anglais ; « *in natura Tempestatum* » en latin.

(40) Le latin dit : « Car, de même qu'une seule averse ne

Les Inconvénients d'une telle Guerre. — Tout ce qui est lié au temps de guerre, c'est-à-dire au temps pendant lequel chacun est Ennemi de chacun (41), est par conséquent également lié au temps pendant lequel les hommes vivent (42) sans autre sécurité que celle que peuvent leur fournir leur propre force et leur propre ingéniosité (43). Dans une telle condition, il n'y a point place pour l'Industrie, parce que le fruit en est incertain (44) ; conséquemment, point de Culture de la Terre, point de Navigation ; [on est obligé de se passer des marchandises d'importation Marine ;] point d'Habitations confortables, point de Machines pour accomplir les travaux qui dépassent les forces humaines (45), point d'étude concernant la face de la Terre, point de calcul du Temps (46), point d'Arts, [aucune Littérature,] aucune Société, et, ce qui est le pire de tout, c'est qu'il y a la crainte continuelle et le danger continuel de mort violente. La vie est solitaire, pauvre [, grossière], abêtie et courte.

Il peut paraître étrange à qui n'a pas bien pesé tout

définit pas le temps pluvieux, de même un combat ne définit pas la guerre. Le temps où il n'y a pas guerre est la Paix ».

(41) Le latin dit : « naturellement lié à la guerre de tous contre tous ».

(42) Le latin ajoute : « d'une façon nécessaire à la condition des hommes vivant ».

(43) Le latin dit : « que celle que chacun peut attendre de sa force et de son ingéniosité ».

(44) Le latin dit : « parce qu'elle serait infructueuse ».

(45) « *no Instruments of moving and removing such things as require much force* » en anglais ; « *Instrumenta quibus quæ majoribus indigent viribus moveantur nulla* » en latin.

(46) Ceci revient en somme à peu près à dire : point de recherches scientifiques.

ceci que la Nature ait ainsi séparé les hommes et leur ait donné cette tendance [à s'entr'attaquer et] à s'entre-détruire ; celui-là peut ne pas vouloir se fier à cette Inférence tirée de l'examen des Passions ; peut-être dési-rera-t-il avoir confirmation de la chose par l'Expé-rience ; alors qu'il se considère soi-même quand, par-tant en voyage, il s'arme et s'inquiète d'être bien accom-pagné, quand, allant se coucher, il ferme à clef ses portes ; quand, même dans sa maison, il ferme à clef ses coffres, et, cela, sachant bien qu'il y a des Lois et des Fonctionnaires publics armés pour venger tous les dommages qu'on pourra lui faire ; quelle opinion a-t-il des gens de sa suite, quand il s'arme pour voyager à cheval, de ses Concitoyens, quand il ferme à clef ses portes, de ses enfants et de ses serviteurs, quand il ferme à clef ses coffres ? N'accuse-t-il pas tout autant l'humanité par sa façon d'agir que je le fais par mes discours ? Mais, ni lui, ni moi n'accusons en elle-même la nature humaine (47). Les [Désirs et les autres] Pas-sions humaines ne sont pas [en eux-mêmes] des Péchés ; les Actions qui procèdent de ces Passions n'en sont pas davantage, tant que les hommes ne connais-sent point de Loi qui leur défende ces actions ; et, tant

(47) Le latin dit : « c'est cependant clairement déduit de la nature des passions ; c'est en outre conforme à l'expérience. Ré-fléchis-donc pourquoi, quand tu pars en voyage, tu recherches des compagnons, tu portes des armes ? quand, pendant ton sommeil, tu fermes tes portes, tu verrouilles tes coffres, et cela quand il y a des lois et des fonctionnaires armés prêts à venger toute vio-lence ? Quelle opinion as-tu donc de tes concitoyens, de tes voi-sins et de tes domestiques ? Par ces précautions que tu prends n'accuses-tu pas le genre humain autant que je le fais moi-même ? Mais, ni toi, ni moi n'accusons la nature ».

que les Lois n'ont pas été faites, les hommes ne peuvent les connaître ; enfin aucune Loi ne peut être faite, tant que les hommes ne se sont pas mis d'accord sur la Personne qui doit la faire (48).

On peut peut-être penser qu'il n'y eut jamais de temps semblable, ni de semblable condition de guerre (49). Je crois en effet qu'il n'en fut jamais ainsi d'une façon générale dans le monde entier (50) ; [mais] il y a beaucoup d'endroits où actuellement on mène cette vie. (51) En beaucoup de régions d'*Amérique*, les sauvages n'ont en effet d'autre gouvernement que celui que constituent de petites Familles dont la concorde repose sur les jouissances naturelles (52) ; ils vivent présentement dans l'état bestial que j'ai dit plus haut (53). [Quoi qu'il en soit,] on peut se rendre

(48) A partir de : « tant que les hommes » le latin dit : « tant que ceux qui les font n'aperçoivent aucune puissance qui les leur défende, et, la loi ne peut être connue si elle n'a pas été établie, et, elle ne peut être établie tant qu'on ne s'est pas mis d'accord sur le législateur ». Le latin ajoute ensuite : « Mais que nous efforçons-nous de démontrer aux hommes qui le savent bien une chose que pas même les chiens n'ignorent qui aboient aux passants (*accedentibus*, c'est-à-dire à ceux qui s'approchent de la maison) inconnus pendant le jour et à tout le monde pendant la nuit ».

(49) Le latin dit : « Mais dira-t-on peut-être, il n'y a jamais eu de guerre de tous contre tous ».

(50) A la place de cette phrase le latin porte : « Mais, quoi, Caïn n'a-t-il pas tué son frère Abel par envie ? Et il n'aurait pas osé un si grand crime, s'il eut existé alors un pouvoir commun capable de le venger ».

(51) Cette phrase prend dans le texte latin la forme interrogative.

(52) « *naturall lust* » en anglais.

(53) Le latin dit : « Les Américains vivent ainsi, sauf qu'ils

compte de ce que serait la vie là où il n'y aurait aucune Puissance commune à craindre par la façon de vivre jusqu'à laquelle tombent, pendant une Guerre civile, des hommes qui ont primitivement vécu sous un gouvernement de paix (54).

Mais, bien qu'il n'y eut jamais de temps où les particuliers aient été dans une condition de guerre de chacun contre chacun (55), cependant, dans tous les temps, les Rois et les Personnes d'autorité Souveraine sont [, en raison de leur Indépendance,] en état de continuelles jalousies (56) [, dans la situation et] dans la posture de Gladiateurs en garde (57) et les yeux dans les yeux ; des Forts, des Garnisons [, des Canons] sur les Frontières [de leurs Royaumes] ; des Espions [en permanence] chez leurs voisins (58), et c'est bien là une attitude (59) de Guerre. Mais, parce que les Rois soutiennent ainsi l'Industrie de leurs Sujets (60), il n'en résulte pas cette misère qui accompagne l'état de (61) Liberté chez les particuliers.

En une telle Guerre rien n'est Injuste. — Une

sont soumis à des lois patriarcales par petites familles dont la concorde repose sur la seule similitude des désirs ».

(54) Le latin dit : « de ce que serait la vie des hommes non soumis à un pouvoir commun d'après celle que mènent ceux qui sont en guerre civile ».

(55) Le latin dit : « où chacun ait été l'ennemi de chacun ».

(56) Le latin dit : « ennemis les uns des autres. Ils sont toujours suspects les uns aux autres ».

(57) « *having their weapons pointing* » en anglais.

(58) Le latin dit : « sur les territoires étrangers, *in hostico* ».

(59) « *posture* » en anglais ; « *conditio* » en latin.

(60) Le latin dit : « Mais parce qu'il n'existe pas d'autre moyen de pourvoir au salut des sujets ».

(61) Le latin ajoute : « pleine ».

autre conséquence de cette guerre de chacun contre
chacun est que rien ne peut être (62) Injuste. Les
notions du Droit et du Tort, de la Justice et de l'Injustice (63) n'ont point place dans cette condition. [Là
où il n'y a pas de Puissance commune, il n'y a pas
de Loi ; là où il n'y a pas de Loi, il n'y a pas d'Injustice.] La Force et la Ruse sont en guerre les [deux]
vertus Cardinales. La Justice et l'Injustice ne sont des
Facultés ni du Corps, ni de l'Esprit (64). Si elles
l'étaient, elles pourraient se rencontrer dans un homme
qui serait seul (65) au monde [, aussi bien que ses Sensations et ses Passions]. Ce sont des Qualités qui se
rapportent aux hommes vivant en Société, et non pas
aux hommes qui vivent Solitaires (66). Il résulte aussi
de cette même condition qu'il n'y a en guerre, ni Propriété, ni Domination, ni *Mien* et (67) *Tien* [distincts],
mais seulement qu'à chacun appartient ce qu'il peut
prendre et aussi longtemps qu'il peut le garder. Et en
voilà bien long sur cette misérable condition où la

(62) Le latin ajoute : « dit ».

(63) Le latin dit simplement : « Les mots juste et injuste ».

(64) Ch. de Rémusat (Histoire de la Philosophie en Angleterre
depuis Bacon jusqu'à Locke. Paris, Didier, 1878, 2ᵉ édition,
T. I, page 352) traduit ainsi : « Cette guerre de tout homme
contre tout homme a pour conséquence que rien ne puisse être
injuste. Les notions de droit et de tort, de justice et d'injustice
n'ont là aucune place. Où il n'y a pas de pouvoir commun, il
n'y a point de loi ; où il n'y a point de loi, point d'injustice. La
force et la fraude sont à la guerre les deux vertus cardinales.
La Justice et l'Injustice ne sont des facultés ni du corps ni de
l'esprit ».

(65) Le latin ajoute : « et unique ».

(66) Le latin dit : « Ce sont des qualités qui se rapportent à
l'homme non pas en tant qu'homme, mais en tant que citoyen ».

(67) Le latin dit : « ou ».

simple Nature place l'homme (68) ; il a cependant une possibilité d'en sortir qui consiste partiellement dans ses Passions, partiellement dans sa Raison.

LES PASSIONS QUI INCLINENT LES HOMMES A LA PAIX. — Les Passions qui inclinent les hommes à la Paix sont la Crainte de la Mort (69), le Désir des choses nécessaires pour bien vivre, l'Espoir de les obtenir par l'Industrie. Et la Raison suggère des Articles de Paix convenables sur lesquels les hommes peuvent être amenés à s'accorder. Ces Articles sont ce qu'autrement on appelle les Lois de Nature (70) ; j'en parlerai plus particulièrement (71) dans les deux Chapitres qui vont venir.

(68) Le latin dit : « Et en voilà suffisamment de dit sur la condition purement naturelle de l'homme ».

(69) Le latin dit : « la crainte, mais par-dessus tout la crainte de mort violente ».

(70) Le latin dit : « Et la raison suggère des articles de paix qui sont les lois naturelles ; ».

(71) Le latin dit : « plus longuement ».

CHAPITRE XIV

De la première et de la seconde Lois Naturelles, et des Contrats.

Qu'est-ce que le Droit de Nature. — Le Droit de Nature [que les Auteurs appellent communément *Jus Naturale*] est la Liberté que chacun a d'user de sa puissance [propre], comme il l'entend, pour la préservation (1) de sa propre Nature [, c'est-à-dire de sa propre Vie] ; c'est par conséquent la liberté que chacun a de faire tout ce que, dans son propre Jugement et dans sa propre Raison, il concevra comme les meilleurs moyens pour atteindre ce but (2).

Qu'est-ce que la Liberté. — On entend par Liberté, au sens propre du mot (3) l'absence d'Empêchements extérieurs [; ces Empêchements peuvent souvent enlever à quelqu'un une partie de la puissance qu'il a de faire ce qu'il voudrait, mais ils ne peuvent pas l'empêcher d'user de la puissance qui lui reste suivant ce que lui dicteront son jugement et sa raison].

Qu'est-ce qu'une Loi de Nature. — Une Loi de Nature [(*Lex Naturalis*)] est un Précepte ou une

(1) Le latin dit : « conservation ».
(2) Le latin dit : « de faire tout ce qui paraîtra y tendre ».
(3) Le latin dit : « J'entends par Liberté (et c'est là le sens propre du mot) ».

Règle générale découverte par la Raison et qui défend d'une part de faire ce qui peut détruire sa vie ou en entraver les moyens de préservation, d'autre part de négliger de faire ce par quoi l'on pense que sa vie puisse être préservée le mieux . — LA DIFFÉRENCE DU DROIT ET DE LA LOI. — Bien qu'en effet ceux qui traitent de ce sujet confondent habituellement [*Jux* et *Lex*,] *Droit* et *Loi* (4), on doit pourtant les distinguer : le DROIT consiste dans la liberté de faire ou de ne pas faire, alors que la LOI [détermine et] oblige à faire ou à ne pas faire ; la Loi et le Droit diffèrent par conséquent autant que l'Obligation et la Liberté qui, lorsqu'on envisage une [seule et] même chose, sont incompatibles.

CHAQUE HOMME A PAR NATURE DROIT SUR TOUTE CHOSE. — Et, de ce que la condition Humaine est (comme il a été montré dans le précédent Chapitre) une condition de Guerre de chacun contre chacun (5), où chacun est (6) gouverné par sa propre Raison, et, de ce que, pour préserver sa vie contre ses ennemis, il n'est aucun moyen qui ne puisse être de quelque utilité, il s'ensuit que dans une telle condition, chacun a Droit sur toutes choses, même sur le corps des autres. Tant donc que persiste (7) ce Droit [naturel de chacun sur

---

(4) Le latin dit : « et qui défend à chacun de faire ce qui lui paraîtra tendre à son préjudice. Et, bien que les auteurs emploient souvent l'un pour l'autre les mots Droit et Loi ».

(5) Le latin dit : « de tous contre tous ».

(6) Le mot *propterea* que contient le texte latin peut se rendre en ajoutant ici « par conséquent », liaison que n'exprime pas aussi nettement le texte anglais par « *in which case* ».

(7) Le latin dit : « et de ce que, pour défendre sa vie contre un ennemi, il n'est rien qui à l'occasion ne puisse être utile, il s'ensuit que, dans la condition naturelle des hommes, le droit de

chaque chose], il ne peut exister pour personne (quelque fort [ou quelque sage] qu'il soit) de sécurité [de vivre le temps que la Nature accorde ordinairement aux hommes de vivre]. — LA LOI FONDAMENTALE DE NATURE. — [Et,] c'est donc un précepte ou une règle générale de Raison *Que chacun doit chercher la Paix par tous ses efforts, tant qu'il a l'espoir de l'obtenir ; et, quand il ne peut pas l'obtenir, qu'il lui est loisible de rechercher tous les moyens qui peuvent l'aider et le favoriser dans la Guerre et d'en user* (8). La première partie de cette règle contient la première [et Fondamentale] Loi de Nature qui est *chercher la Paix et la poursuivre* (9) ; la Seconde partie contient la somme du Droit de Nature qui est *se défendre par tous les moyens en son pouvoir* (10).

LA SECONDE LOI DE NATURE. — De cette Loi Fondamentale (11) de Nature [qui commande de tendre à la Paix par tous ses efforts] dérive cette seconde Loi *Qu'on consente, quand les autres sont aussi consentants, et cela aussi loin que l'on pense que c'est nécessaire à la paix et à sa propre défense, à renoncer à ce*

tous est sur toutes choses, sans excepter les corps mêmes des autres. Tant donc que l'on maintiendra... il ne pourra ».

(8) « *that he may seek, and use, all helps and advantages of Warre* » en anglais ; « *auxilia undecunque quærere et illis uti licitum esse* » en latin. La traduction de la loi toute entière d'après le texte latin serait la suivante : « *qu'il faut chercher la paix tant qu'on a l'espoir de l'obtenir ; mais, quand on ne peut l'avoir, qu'il est licite de chercher partout des secours (sous-entendu : de guerre) et d'en user* ».

(9) Le latin dit : « *cherche la paix et poursuis-là* ».

(10) Le latin dit : « *est la somme du droit naturel, à savoir que chacun a le droit de se défendre par toutes voies et moyens* ».

(11) Le latin dit : « *De cette première loi* ».

droit sur toutes choses et à se contenter de la même liberté à l'égard des autres que celle que l'on accorde aux autres à l'égard de soi (12). Tant en effet que chacun maintient son Droit de faire tout ce qui lui plaît, tous les hommes sont dans la condition de Guerre (13). Mais, si les autres ne veulent pas renoncer à leur Droit (14) [, comme on le fait soi-même], il n'y a de Raison pour personne de se dépouiller de son Droit (15). Car, ce serait s'exposer comme une Proie, (ce que nul n'est obligé de faire (16)) plutôt que travailler à la Paix. C'est la loi même de l'Evangile (17), *Quoi que ce soit que vous demandiez aux autres de vous faire, faites-le leur* (18). Et aussi cette Loi de toute l'humanité (19), *Quod tibi fieri non vis, alteri ne feceris.*

Qu'est-ce qu'abandonner un Droit. — *Abandonner son Droit* à quelque chose est se *dépouiller* de la *Liberté* que l'on a d'empêcher un autre d'user du sien

---

(12) Le latin dit ; « *qu'il faut que chacun, lorsqu'il s'agit de fonder la paix et d'assurer sa défense propre, renonce (, si les autres sont disposés à en faire autant,) à son droit sur toutes choses, et, se contente de la même liberté qu'il veut laisser aux autres* »

(13) A partir de : « tous les hommes » le latin dit : « la guerre dure ».

(14) Le latin ajoute : « sur toutes choses ».

(15) Le latin dit : « on n'est pas obligé de renoncer au sien ».

(16) Le latin dit : « comme une proie aux autres, ce que ne demande pas la Nature ».

(17) Le latin dit : « Et cette loi est la même que celle de l'Evangile ».

(18) « *Quicquid vobis fieri vultis, id facite aliis* » en latin ; « Ce que vous voulez qui vous soit fait, faites-le aux autres ».

(19) Le latin dit : « Et la même aussi que cette loi de toutes les nations : Ne faites pas aux autres ce que vous ne voudriez pas qu'on vous fît ».

sur la même chose (20). Car celui qui renonce à son Droit ou l'abandonne (21) ne donne pas à un autre un Droit que celui-ci ne possédait pas auparavant (22), puisqu'il n'est rien sur quoi chacun n'ait pas de Droit par Nature ; il s'écarte seulement de la route de cet autre et lui laisse la possibilité de jouir (23) de son Droit originel sans empêchement de sa part (24) à lui, mais non pas [sans empêchement] de la part d'un autre. De telle sorte que ce qui résulte pour quelqu'un de l'abandon de son Droit par un autre, c'est seulement une diminution d'autant des empêchements qu'il a d'user de son propre Droit originel (25).

Qu'est-ce que Renoncer a un Droit. — Un Droit s'abandonne, soit par simple Renonciation, soit par Transfert à un autre. Il y a *Simple* Renonciation, quand on ne se préoccupe pas de celui qui bénéficiera de ce droit. — Qu'est-ce que Transférer un Droit. — Il y a Transfert, quand on en donne le bénéfice à une personne ou à plusieurs personnes déterminées. — L'Obligation. — Et quand, d'une manière ou d'une autre, quelqu'un a abandonné son droit, ou

(20) Le latin dit : « *Abandonne* son droit à une chose, *celui qui se prive de la liberté qu'il a d'empêcher quelqu'autre d'user du sien à cette même chose* ».

(21) « *renounceth or passeth away* » en anglais ; « *renuntiat vel transfert* (ou le transfère) » en latin.

(22) Le latin dit : « un Droit nouveau qu'il ne possédait pas par Nature ».

(23) Le latin dit : « puisque tous avaient droit sur tout ; il ne fait que lui céder le pas, pour qu'il jouisse librement ».

(24) Le latin ajoute : « , je dis de sa part ».

(25) Le latin dit : « De telle sorte que ce qui résulte pour quelqu'un du transfert sur lui du droit d'un autre est seulement la disparition des obstacles qui provenaient de cet autre ».

l'a concédé, on dit alors qu'il est Obligé ou Lié à ne pas s'opposer aux bénéfices que peuvent retirer de ce Droit ceux à qui il a été concédé ou qui l'ont trouvé abandonné, qu'il *Doit,* et que c'est son Devoir, ne pas annuler l'acte qu'il a fait volontairement et de son propre ; — Le Devoir. L'Injustice. — que, puisqu'il a auparavant renoncé à son Droit ou qu'il l'a transféré, une telle opposition est une Injustice et une Injure (26) [dans le sens de *Sine Jure*]. Dans les contestations humaines [l'*Injure* ou] l'*Injustice* est donc [quelque chose de] semblable à ce que dans les disputes de gens d'Ecole (27) on appelle *Absurdité*. Car, de même que, dans les Ecoles, on appelle Absurdité (28) le fait de contredire ce qui avait été posé au Début, de même [, dans le monde,] on appelle Injustice (29) [et Injure] le fait de défaire volontairement ce qu'on avait fait volontairement au début (30). Le moyen par lequel on Renonce [simplement] à son Droit ou on le Transfère est une Déclaration [ou une Signification] par un signe ou par des signes volontaires qui montrent [suffisamment] que l'on Renonce à son droit ou

(26) Le latin dit : « Renonce simplement à un droit celui qui le rejette dans le domaine commun sans l'attribuer à personne. Transfère un droit celui qui le concède à une personne déterminée. De quelque façon que l'on fasse, on ne doit pas empêcher l'ayant droit de jouir de la chose : ce serait en effet annuler son propre acte. On dit qu'il y a injustice et injure, lorsque (, le droit ayant été préalablement abandonné,) on fait empêchement au droit ».

(27) Le latin dit : « les Ecoles ».

(28) Le latin dit : « absurde ».

(29) Le latin dit : « injuste ».

(30) Le latin dit : « le fait d'annuler ce que volontairement on avait prétendu faire au début ».

qu'on le Transfère, ou bien, qu'on y a Renoncé ou qu'on l'a Transféré [à quelqu'un qui a accepté]. Ces Signes peuvent être [seulement] des Paroles ou [seulement] des Actions, ou (, comme il arrive le plus souvent,) tout à la fois des Paroles et des Actions. Les unes et les autres sont des Liens qui lient et obligent ; liens qui ne tiennent pas leur force de leur propre Nature (car rien n'est plus fragile qu'une parole humaine), mais de la Crainte des conséquences fâcheuses pouvant résulter de leur rupture (31).

Tous les Droits ne sont pas aliénables. — Toutes les fois que quelqu'un Transfère son Droit ou y Renonce, c'est, soit (32) en considération de quelqu'autre Droit qui lui est transféré par réciprocité, soit pour quelqu'autre avantage qu'il espère obtenir ainsi (33). Car, c'est là un acte volontaire (34) et l'objet d'un acte volontaire est toujours quelque *Bien pour soi*.. Et c'est pourquoi il est des Droits que personne ne peut être censé avoir abandonné ou transféré (35) par des paroles ou par d'autres signes [. Tout d'abord par exemple, personne ne peut abandonner son droit de résister à ceux qui l'assaillent par la force pour lui ôter la vie], parce qu'il n'est pas concevable qu'on puisse aboutir

(31) A partir de : « Les unes et les autres... », le latin dit : « Et ce sont là des liens qui ne tiennent pas leur force de leur propre nature, mais de la crainte des conséquences fâcheuses qu'entraîne une violation de promesse ».

(32) Le latin dit : « il est censé le faire ».

(33) A partir de : « soit pour », le latin dit : « ou pour tirer quelqu'autre avantage de celui à qui il transfère son droit ».

(34) Le latin dit : « celui qui le premier transfère un droit, le fait volontairement ».

(35) Le latin dit : « Mais, il est des choses qui ne peuvent être abandonnées ou transférées ».

ainsi à quelque Bien pour soi. On peut en dire de même
des Blessures [, des Chaînes] et de l'Emprisonnement ;
et cela, d'une part, parce qu'il n'y a aucun bénéfice
à tirer de se laisser faire ces choses, comme il peut
y en avoir de laisser blesser ou emprisonner un autre,
et, d'autre part, parce que personne ne peut dire, en en
voyant d'autres user à son égard de violences, si ces autres ont ou non l'intention de le tuer (36). Finalement (37), [le motif et] le but de celui qui renonce à son
Droit ou le transfère n'est que la sécurité de sa propre
personne dans sa vie et dans les moyens de la préserver (38) [de façon à ne pas l'avoir à charge]. Par conséquent, si quelqu'un par des paroles ou d'autres signes
semble aller à l'encontre du But auquel ces signes répondent (39), on ne doit pas considérer que c'est cela qu'il
voulait dire ou que telle était sa volonté, mais bien
qu'il ignorait l'interprétation que l'on pourrait donner à ses paroles et à ses actions (40).

Qu'est-ce qu'un Contrat. — Le transfert mutuel
du Droit est ce qu'on appelle un Contrat (41).

(36) A partir de : « ; et cela, d'une part, », le latin dit :
« . En second lieu, on conserve nécessairement le droit de se
défendre contre la force, parce que celui qui se défend ne sait
jamais jusqu'où la force peut aller ».

(37) Le latin dit : « En troisième lieu ».

(38) Le latin dit : « n'est que la conservation de sa vie et de
ses moyens de vivre ».

(39) Le latin dit : « auquel l'usage de ces signes répond ».

(40) Le latin dit : « ... considérer qu'il l'a fait volontairement
mais bien par ignorance, ne comprenant pas la force de ces
mots et de ces signes ».

(41) « Contract » en anglais. D'une façon générale je tradui-
rai : Contract par Contrat, et, Covenant par Pacte.

Il y a une différence entre transférer son (42) Droit [à la Chose] et transférer la (43) Chose [elle-même] ou en donner livraison [c'est-à-dire la délivrer]. La Chose peut [en effet] être délivrée en même temps que le Droit est transféré, comme lorsqu'on achète ou qu'on vend argent comptant, qu'on échange des biens ou des terres. Elle peut aussi être délivrée quelque temps après (44).

Qu'est-ce qu'un Pacte. — En outre, l'un des Contractants peut de son côté délivrer la Chose faisant l'objet du contrat et laisser à l'autre contractant un temps déterminé pour délivrer sa part ; pendant ce temps il lui fait confiance (45) ; alors le Contrat, en ce qui concerne ce dernier, s'appelle Pacte (46) [. Les deux parties peuvent encore faire un contrat à un moment pour l'exécuter par la suite ; dans ces cas, l'exécution de celui qui doit s'exécuter dans un temps à venir et à qui on fait confiance, s'appelle *Accomplissement de Promesse* ou Foi,] et sa non exécution [[(si elle est volontaire)]] s'appelle *Violation de Foi.*

Le Libre don. — Quand le transfert de Droit [n'] est [pas] mutuel, mais que l'une des parties trans-

(42) Le latin dit : « un ».

(43) Le latin dit : « une ».

(44) Le latin dit : « comme il arrive dans l'achat et la vente, chacun transférant en même temps que son droit, l'un l'argent et l'autre la marchandise. Le droit peut aussi être transféré avant que la chose ne soit livrée ».

(45) Le latin dit : « peut précéder l'autre dans la livraison de la chose ou dans l'exécution du contrat ; on dit alors qu'il *croit* en l'autre ou qu'il a *confiance* en lui ».

(46) « *Pact or Covenant* » en anglais. Le latin dit : « et la promesse de ce dernier s'appelle *Pacte* ».

fère son droit (47) dans l'espoir de gagner ainsi l'amitié ou les services d'un autre ou de ses amis, ou dans l'espoir de se faire une réputation de Charité ou de Magnanimité, ou bien pour se soulager l'esprit de la douleur de la compassion, ou bien enfin dans l'espoir d'une récompense dans le ciel, cela n'est point un Contrat mais un Don, un Libre don, une Grace, tous mots qui signifient une seule et même chose (48).

Les Signes Exprès de Contrat. — Les signes (49) de Contrat sont [soit *Exprès*, soit par *Inférence*. Les signes Exprès sont] des (50) mots (51) prononcés [, en comprenant ce qu'ils signifient ; et ils peuvent être ou bien] au *Présent* ou au *Passé*, comme : *je Donne, j'Accorde* (52), *j'ai Donné, j'ai Accordé*, [*je veux que ceci soit à vous*], ou bien au futur comme *je Donnerai, j'Accorderai* ; ces mots du futur sont appelés Promesses (53).

Les Signes de Contrat par Inférence. — Les signes par Inférence sont tantôt la conséquence (54) des Mots, tantôt la conséquence (55) du Silence, tan-

---

(47) Le latin dit : « que l'un des deux contractants transfère un droit ou une chose ».

(48) A partir : « d'un autre », le latin dit : « de celui à qui il le transfère, ou bien pour se faire estimer des autres, ou bien par charité, un tel transfert s'appelle *Don* et *Grâce* ».

(49) Le latin ajoute : « exprès ».

(50) Le latin dit : « les ».

(51) Le latin ajoute : « ; mais ils doivent être ».

(52) « *I Grant* » en anglais ; « *Concedo* » en latin.

(53) A partir de : « ou bien au futur », le latin dit : « car, s'ils sont au futur comme *je donnerai, j'accorderai*, ils contiennent bien la promesse d'un transfert de droit, mais ils ne transfèrent rien pour encore ».

(54) Le latin porte le pluriel.

(55) Le latin porte le pluriel.

tôt la conséquence (56) des Actes, tantôt celle (57) du
Fait de ne pas Agir ; et d'une façon générale le signe
par Inférence d'un Contrat est tout ce qui démontre
suffisamment la volonté du Contractant (58).

Le Libre don se fait par des mots au Présent
ou au Passé. — Les Mots seuls, s'ils sont au futur [et
contiennent une simple promesse] sont un signe insuffisant (59) de Libre don [et par conséquent n'obligent
pas]. S'ils sont au Futur en effet, comme (60), *Demain,
je Donnerai*, ils sont un signe de ce que (61) je n'ai pas
encore donné, et, conséquemment, [de ce] que mon
droit n'est pas transféré mais me reste [tant que je ne
l'aurai pas transféré par quelqu'autre Acte]. Mais si les
mots sont au Présent et au Passé, comme *j'ai donné* ou
je donne pour être délivré demain (62), alors mon
Droit de demain est déjà abandonné aujourd'hui (63),
et cela par la vertu (64) des mots, lors même qu'il n'y
aurait aucun autre indice (65) de ma volonté. Et, il
y a une grande différence [de signification] entre [ces
mots] : *Volo hoc tuum esse cras* et *Cras* (66) *dabo* [c'est-
à-dire *je veux que ceci soit à toi demain* et *je te donne-*

(56) Le latin porte le pluriel.
(57) Le latin porte le pluriel.
(58) Le latin dit : « de contracter ».
(59) Le latin dit : « ne sont pas un véritable signe ».
(60) A partir de : « S'ils sont », le latin dit : « Car ces
mots ».
(61) Le latin dit : « signifient que ».
(62) Le latin dit : « *je donne* ou *j'ai donné pour qu'on ait
demain* ».
(63) Le latin dit : « est bien transféré ».
(64) « *Vertue* » en anglais ; « *Vi* » (force), en latin.
(65) Le latin dit : « signe ».
(66) Le latin ajoute : « *tibi hoc* ».

rai cela demain] (67) : l'expression *je veux* (68), dans la première locution, signifie un acte de la volonté (69) Présente (70), alors que dans la seconde (71) elle signifie une [promesse d'un acte de la] volonté à Venir (72). [Les premiers mots étant au Présent transfèrent un droit futur, les seconds qui sont au Futur ne transfèrent rien du tout.] (73). [Mais, si, outre les Mots, il y a d'autres signes de la Volonté de transférer un Droit, alors, même si le don est Libre ,on peut cependant admettre que le Droit se transfère par des mots au futur.] Si par exemple on propose (74) un Prix pour celui qui arrivera le premier au but dans une course, le don est Libre ; et, bien que les mots soient au Futur, le Droit existe cependant : car, si on n'avait pas voulu que ses mots fussent ainsi compris, on n'aurait pas institué le concours (75).

(67) En anglais : « *I will that this be thine to morrow, and, I will give it thee to morrow* ».

(68) « *I will* » en anglais. *Will* est, comme l'on sait, en anglais, un signe du futur qui, à la première personne, indique la volonté.

(69) Le latin dit : « indique une volonté ».

(70) Le latin ajoute : « et certaine ».

(71) En effet, dans la seconde expression (*I will give*), entre, en anglais, comme dans la première, le verbe : *I will*.

(72) Le latin ajoute : « c'est-à-dire incertaine, c'est-à-dire nulle, parce que nul n'est le maître de sa volonté de demain ».

(73) Le latin ajoute ici : « On doit donc comprendre que dans la première formule il s'agit d'un droit présent ».

(74) Le latin dit : « Soit quelqu'un qui institue un jeu (*athlotheta*) et qui promet en termes du futur ».

(75) Le latin dit : « le premier au but dans une course ; le prix est dû à celui qui arrive le premier, bien qu'il soit donné gratuitement, parce que si l'organisateur du jeu (*athlotheta*) n'avait pas voulu qu'il en fut ainsi, il n'aurait pas invité les gens à concourir ».

Les Signes de Contrat sont des mots du Passé, du Présent et du Futur. — Dans les Contrats, le droit est (76) transmis (77) [, non seulement] quand les mots sont [au Présent ou au Passé, mais aussi quand ils sont] au Futur, parce que tout Contrat est un transfert mutuel ou un échange de Droit ; par conséquent, celui qui ne fait que promettre (78) doit être regardé comme ayant l'intention de transférer son Droit, puisqu'il a déjà reçu le bénéfice pour lequel il promet ; s'il n'avait pas voulu en effet que ses paroles fussent ainsi comprises, l'autre ne se serait pas exécuté le premier (79). Et c'est pour cela que, dans les achats, dans les ventes (80) et les autres [actes de] Contrat, une Promesse équivaut à un Pacte [et par conséquent oblige].

Qu'est-ce que le Mérite. — Celui qui dans un Contrat s'exécute le premier est dit Mériter ce qu'il doit recevoir du fait de l'exécution de l'autre, et, il le reçoit comme un *Dû*. De même, quand un Prix est proposé à beaucoup de gens et doit être donné seulement à celui qui le gagnera, ou, quand de l'argent est jeté à une foule pour appartenir à ceux qui l'attraperont, bien que ce soit un Libre don, le fait sependant de Gagner ou d'Attraper ainsi est *Mériter*, avoir son Du ; car le Droit est transféré par le fait de l'Institution du Prix ou par celui de jeter l'argent, bien que la personne

(76) Le latin ajoute : « aussi ».

(77) « *passeth* » en anglais ; « *transit* » en latin.

(78) A partir de : « parce que », le latin dit : « ; il y a là en effet transfert mutuel de droit ; car celui qui a promis ».

(79) Le latin dit : « pour lequel il a promis ; ce sans quoi, il n'aurait pas à s'exécuter ».

(80) Le latin porte le singulier partout, et dit, à la même ligne « contrats » au lieu de « contrat ».

au profit de qui ce droit est transféré ne soit déterminée que par le Résultat de la lutte (81). [Mais il y a entre ces deux sortes de Mérite, cette différence que, dans le Contrat, je Mérite en vertu de ma propre puissance et du besoin du Contractant, tandis que, dans le cas de Libre don, je me trouve Mériter seulement du fait de la générosité de celui qui Donne. Dans le Contrat, je mérite vis-à-vis du Contractant qu'il se dessaisisse de son droit ; dans le cas de Don qui vient d'être cité, je ne mérite pas que celui qui donne se dessaisisse de son droit, mais lorsqu'il s'en est dessaisi, je mérite que ce droit m'appartienne plutôt qu'à un autre. Et c'est là, je pense, ce que signifie cette distinction des Ecoles entre *Meritum congrui* et *Meritum condigni*. Dieu Tout-Puissant a en effet promis le Paradis aux hommes qui (aveuglés par leurs désirs charnels) n'en parviennent pas moins à se conduire en ce monde suivant ses Préceptes et dans les Limites prescrites par lui : on dit que celui qui se conduira de cette sorte Méritera le Paradis *Ex congruo*. Mais, étant donné que personne ne peut invoquer un droit au Paradis, se baser sur sa qualité d'avoir un Droit (82), ou sur quelqu'autre puissance existant en soi, mais seulement sur la Libre Grâce de Dieu, on dit que personne ne peut Mériter le Paradis *ex condigno*. Voilà, dis-je, ce que je crois être la signi-

---

(81) Le latin dit : « De ce que dans un contrat l'un s'exécute le premier il en résulte qu'est due l'exécution de l'autre. Ainsi, dans un concours (*in certamine*) ou quand des sous sont jetés pour appartenir à qui les attrapera, le prix est de droit au vainqueur du concours ou les sous à qui les attrape. Car le droit se trouve transféré par l'institution même du concours ».

(82) « *Righteousnesse* » en anglais.

fication de cette distinction. Mais, étant donné que
ceux qui Discutent de ces choses ne s'accordent sur la
signification de leurs propres termes Techniques (83)
que dans la mesure où cela leur est utile (84), je
n'affirmerai rien quant à la signification de ce qu'ils
veulent dire. Je dis seulement ceci : quand un don est
fait d'une façon non définie, comme lorsqu'il s'agit d'un
prix à disputer, celui qui le gagne le Mérite et peut le
réclamer comme un Dû.]

LES PACTES BASÉS SUR LA CONFIANCE MUTUELLE ;
QUAND SONT-ILS INVALIDES ? — Soit un Pacte (85) dans
lequel aucune des parties ne s'exécute immédiatement,
mais où toutes les deux se fient l'une à l'autre, dans
la condition de simple Nature (qui est une condition de
Guerre de chacun contre chacun), il suffit d'un motif
raisonnable de suspicion pour que le pacte soit Nul ;
mais, s'il existe une Puissance commune au-dessus des
deux pactisants, et, qu'elle dispose d'un droit suffisant
et d'une force suffisante pour obliger à l'exécution du
pacte, le pacte n'est pas nul (86). En effet, dans le
premier cas (87), celui qui s'exécute le premier n'a
aucune assurance que l'autre s'exécutera [par la suite ;

(83) « *their own termes of Art* » en anglais.
(84) « *longer than it serves their turn* » en anglais.
(85) « *Covenant* » en anglais ; « *Contractus* » en latin.
(86) A partir de : « ne s'exécute immédiatement », le latin
dit : « n'est obligée de s'exécuter immédiatement, mais à un
certain jour à venir, dans la condition de simple nature, c'est-à-
dire en guerre, il suffit d'un soupçon relatif à l'exécution pour
que le pacte soit invalide ; dans un Etat, il n'en est pas de
même ».
(87) « dans le premier cas », n'existe pas dans le texte anglais, mais existe dans le texte latin. Je l'ai rétabli dans la traduction pour l'intelligence de la phrase.

car, les liens que sont les paroles sont trop faibles pour brider l'ambition, l'avarice, la colère et les autres Passions humaines, en l'absence de la crainte d'une Puissance coercitive ; et l'on ne peut supposer que cette crainte existe dans la condition de simple Nature où tous les hommes sont égaux et juges du bien-fondé de leurs propres craintes. Celui qui dans ce cas s'exécute le premier ne fait par conséquent que se livrer à son ennemi, ce qui est contraire au Droit (qu'il ne peut jamais abandonner) de défendre sa vie et ses moyens d'existence].

Mais, dans un état civil, où il existe une Puissance établie pour contraindre ceux qui sans cela violeraient leur foi, cette crainte n'est plus raisonnable, et, par conséquent, celui qui, d'après le Pacte, doit s'exécuter le premier est obligé de le faire (88).

La cause de crainte qui rend (89) un Pacte [de ce genre] invalide doit [toujours] être quelque chose qui survient, (90) le Pacte [une fois fait], par exemple un fait nouveau ou quelqu'autre signe d'une Volonté de ne pas s'exécuter (91) ; autrement la cause de crainte

(88) Dans le texte latin cette phrase est remplacée par : « Dans un état civil celui qui s'exécute le premier est certain que l'autre s'exécutera, parce qu'il y a quelqu'un pour l'y contraindre. Par conséquent, à moins qu'il n'y ait de puissance commune coercitive, celui qui s'exécute le premier se livre à son ennemi, contrairement au droit naturel qui prescrit de se défendre soi et ses biens ». La dernière partie de cet alinéa correspond à peu près à la dernière partie de l'alinéa précédent du texte anglais.

(89) Le latin dit : « de soupçon capable de rendre ».

(90) Le latin dit : « suit ».

(91) Le latin dit : « et qui serait le signe d'une volonté de ne pas s'exécuter »

ne peut annuler (92) le Pacte ; car [on ne peut admettre que] ce qui n'a pu empêcher quelqu'un de promettre l'empêche de s'exécuter (93).

Le Droit a la Fin Contient le Droit aux Moyens. — Celui qui transfère un Droit, transfert les Moyens d'en user autant qu'il est en son pouvoir. Ainsi, celui qui vend une Terre est censé transférer (94) l'Herbe et tout ce qui y pousse (95), celui qui vend un Moulin ne peut dériver le Ruisseau qui le fait marcher, et, ceux qui donnent (96) à un homme le Droit de gouvernement Souverain (97) sont censés lui donner le droit de lever des impôts pour entretenir des Soldats et d'appointer (98) des Magistrats (99) [pour administrer la Justice].

On ne peut faire de Pactes avec les Bêtes. — Faire des Pactes avec les Bêtes est impossible ; parce que, ne comprenant pas notre langage, les bêtes ne comprennent ni n'acceptent aucun transfert de Droit, non plus qu'elles ne peuvent transférer un Droit à quelqu'un autre ; et sans acceptation mutuelle, il n'y a pas Pacte (100).

(92) « *else it cannot make the Covenant voyd* » en anglais ; « *alioqui Pactum irritum facere non potest* » en latin.

(93) Le latin dit : « ne doit pas l'empêcher de tenir sa promesse ».

(94) Le latin ajoute : « vend en même temps ».

(95) Le latin ajoute : « ou y est bâti ».

(96) Le latin dit : « transfèrent ».

(97) Le latin dit : « le pouvoir suprême de régner ».

(98) Le latin dit : « de nommer ».

(99) Le latin ajoute : « et des fonctionnaires publics ».

(100) Le latin dit simplement : « parce qu'elles manquent de langage pour pouvoir signifier leurs volontés ».

... **ni avec Dieu, en dehors d'une Révélation spéciale.** — Faire un Pacte avec Dieu est impossible, si
ce n'est par l'Intermédiaire de ceux (101) à qui Dieu
parle [par Révélation surnaturelle], ou de ceux qui,
Tenant sa place, gouvernent sous lui et en son
Nom (102), car autrement il ne nous est pas possible
de savoir si nos Pactes sont acceptés (103) ou non ; il
s'ensuit que ceux qui font (104) des Vœux contraires à
quelque (105) loi de Nature les font en vain, et qu'il
est injuste de s'acquitter de semblables Vœux (106). Si,
d'autre part, on fait vœu de faire une chose que commande la Loi de Nature, (107) ce n'est pas le Vœu mais
la Loi qui lie (108).

**Il n'y a de Pacte qu'au sujet du Possible et du
Futur.** — La matière ou l'objet d'un Pacte (109) est
toujours quelque chose qui tombe sous le coup de la
délibération ; (car, faire un Pacte est un acte de la Volonté c'est-à-dire un acte, et le dernier, d'une délibération) ; il est, par conséquent, toujours entendu qu'il
s'agit de quelque chose à venir et que celui qui fait le
Pacte juge Possible à exécuter (110).

(101) Le latin dit : « de quelqu'un ».
(102) Le latin dit : « ou de quelqu'un qui tient sa place ».
(103) Le latin dit : « si Dieu pactise ».
(104) Le latin ajoute : « à Dieu ».
(105) Le latin dit : « la ».
(106) Le latin dit : « parce que c'est illicite ».
(107) Le latin ajoute : « c'est en vain que le vœu est fait, parce
que... ».
(108) Le latin dit : « mais la Loi de Nature qui oblige ».
(109) Le latin porte le pluriel.
(110) Le latin dit : « on doit en effet toujours entendre que la
délibération qui est un acte de la volonté se rapporte à quelque

Et, c'est pourquoi, promettre ce que l'on sait Impossible n'est pas un Pacte. Mais si, devient impossible par la suite, ce qu'on croyait possible [auparavant], le Pacte est valide et lie (non point [sans doute] à la chose elle-même) mais à sa valeur (111) ; ou si cela aussi est impossible à l'effort [non feint] d'exécuter autant qu'on le peut [, car personne ne peut être tenu à davantage].

Comment se terminent les Pactes. — On se libère de ses Pactes de deux façons : en les Exécutant ou en en obtenant la Remise. L'Exécution est en effet la terminaison naturelle de l'obligation (112) ; la Remise est la restitution de la liberté c'est-à-dire un re-transfert (113) du Droit dans lequel l'obligation consistait.

Les Pactes extorqués par la Crainte sont valides. — Les Pactes où l'on s'est engagé (114) par crainte sont, dans la condition de simple Nature, (115) obligatoires (116) : par exemple, si je fais avec un ennemi le Pacte de payer pour prix de ma vie une rançon [ou de me mettre à son service], je suis lié de ce fait (117), car c'est un Contrat dans lequel l'un recevant le bénéfice de la vie, l'autre doit donc recevoir, en

chose de futur et dont l'exécution est jugée possible par celui qui fait le pacte ».

(111) Le latin dit : « à la chose promise, mais à son équivalent ».

(112) Le latin dit : « de tout pacte ».

(113) « re-transferring » en anglais ; « remissio » en latin.

(114) Le latin dit : « Un pacte, même s'il a été extorqué ».

(115) Le latin dit : « est, dans la condition naturelle des hommes, ».

(116) Le latin dit : « valide ».

(117) Le latin dit : « je suis tenu de m'exécuter ».

échange de l'argent ou des services (118). Là donc où il n'y a pas d'autre Loi (comme cela existe dans la condition de simple Nature) (119) qui en défende l'accomplissement, un tel Pacte est valide. Par conséquent, les Prisonniers de guerre à qui on a fait confiance pour le paiement de leur Rançon doivent la payer (120). Un Prince [plus faible] qui, sous l'empire de la crainte, fait une paix désavantageuse avec un prince plus fort est lié à rester en paix (121) à moins que (, comme il a été dit plus haut,) ne survienne quelque cause nouvelle et légitime de crainte qui l'amène à reprendre les armes (122). Et même (123), dans un Etat, si je me trouve forcé de me racheter (124) à un Voleur en lui promettant de l'argent, je suis obligé de le payer (125), à moins que la Loi Civile ne me décharge de mon obligation (126). Car tout ce que je peux légalement faire sans Obligation, je peux de même légalement (127) Traiter de le faire

(118) Le latin dit : « l'un transfère le droit à la vie, l'autre le droit à l'argent ».

(119) Le latin dit : « condition naturelle ».

(120) Le latin dit : « Ainsi, si un prisonnier de guerre a reçu la liberté à la condition de payer par la suite une rançon, il est obligé de la payer ».

(121) Le latin dit : « doit l'observer ».

(122) Le latin dit : « quelque cause nouvelle et juste qui l'excuse ».

(123) Le latin dit : « De même ».

(124) Le latin dit : « de racheter ma vie ».

(125) Le latin dit : « l'argent est dû ».

(126) Le latin dit : « à moins que la Loi Civile ne me défende de payer ».

(127) Le latin dit : « Car tout ce qu'il m'est permis de faire sans obligation, il m'est également permis de... ».

par crainte, et le Pacte que je fais légalement, je ne peux pas légalement le briser (128).

Un Pacte antérieur avec quelqu'un annule un Pacte ultérieur avec un autre. — Un premier Pacte annule (129) un Pacte subséquent. Car celui qui a abandonné aujourd'hui son Droit à un autre ne peut l'abandonner demain à un second (130) [; la promesse la plus récente ne transmet donc aucun Droit, et est nulle].

Le Pacte de ne pas se défendre n'est pas valable. — Un Pacte par lequel on s'engagerait à ne pas [employer la force pour] se défendre contre la force est toujours nul (131). Car, (comme je l'ai montré plus haut,) personne ne peut [transférer ou] abandonner son Droit de se garder de la Mort (132), des Blessures et de l'Emprisonnement, puisque ce n'est précisément que pour éviter tout cela qu'on abandonne tout Droit ; et par conséquent la promesse de ne pas résister à la force ne transfère aucun droit dans aucun Pacte ; elle ne constitue pas une obligation (133). Bien qu'on puisse en effet faire le Pacte suivant, *Si je n'agis pas de telle ou telle façon, tue-moi*, on ne peut pas faire celui-ci : *Si je n'agis pas de telle ou telle façon, je ne résisterai pas quand tu viendras pour me tuer.* Car l'homme, de par sa nature, choisit le moindre mal, le

(128) Le latin dit : « et s'il est licite de faire un pacte, il est illicite de ne pas le tenir ».

(129) Le latin dit : « rend invalide ».

(130) Le latin dit : « ... son droit, ne l'aura plus demain ».

(131) Le latin dit : « est invalide ».

(132) Le latin ajoute : « qui le menace ».

(133) Le latin dit : « (puisque c'est pour se préserver de tout cela que l'on abandonne son droit naturel sur toutes choses) ».

danger [de mort] en résistant, plutôt que le plus grand mal qui est la mort certaine [et présente en ne résistant pas]. Et cela est si universellement reconnu comme vrai que l'on conduit les Criminels à l'Echafaud et en Prison sous la garde d'hommes armés, bien qu'ils aient consenti à la Loi en vertu de laquelle ils sont condamnés (134).

Personne n'est obligé de s'accuser soi-même. — Un Pacte par lequel on s'engagerait à s'accuser soi-même sans assurance de pardon est [semblablement] invalide. Car, dans la condition de Nature où chacun est Juge (135), il n'y a point de place pour l'Accusation (136) ; et, dans l'Etat Civil, l'Accusation étant suivie de Punition, comme il s'agit d'une Force, personne n'est obligé de ne pas lui résister. Cela est également vrai de l'Accusation de ceux dont la Condamnation nous fait tomber dans la détresse comme un Père, une Epouse ou un Bienfaiteur (137).

Un tel Témoignage d'Accusation n'étant pas volontairement donné est en effet présumé corrompu par la Nature ; on ne doit donc point le recevoir (138) [, et, si un Témoignage n'est pas bon à croire, on n'est pas obligé de le donner]. De même, les Accusations arra-

---

(134) Le latin dit : « Et le savent bien tous ceux qui conduisent en armes les condamnés à la prison ou à la mort ».

(135) Le latin dit : « où il n'y a point d'actions judiciaires, *ubi non sunt Judicia* ».

(136) Le latin porte le pluriel.

(137) Le latin dit : « une épouse ou les autres personnes qui nous sont nécessaires ».

(138) Le latin dit : « De tels témoignages, par le fait qu'ils ne sont pas volontairement donnés, sont en effet présumés corrompus par la Nature ; on ne doit donc point les recevoir ».

chées par la Torture ne doivent pas être considérées comme des Témoignages. On ne doit se servir de la Torture que comme moyen de conjecture, pour s'éclairer dans un complément d'examen et pour chercher la vérité (139) ; et les aveux faits, dans de telles conditions, tendant au bien-être du Patient et non point à informer les Tortionnaires (140) [on ne doit donc point accorder à la Torture le crédit d'un Témoignage suffisant]. Car, que le patient se délivre par une Accusation vraie ou fausse (141), il ne le fait qu'en vertu de son Droit (142) de préserver sa propre vie.

LE BUT DU SERMENT. — Les Mots n'ayant pas (comme je l'ai noté (143) précédemment) une force suffisante pour (144) obliger les hommes à exécuter leurs Pactes, on ne peut imaginer dans la nature humaine que deux choses capables d'augmenter la force des mots ; ce sont, ou bien la Crainte des conséquences du manquement de parole, ou bien la Gloire ou l'Orgueil de paraître ne pas avoir besoin d'y manquer (145). Cette dernière est une Générosité trop rarement rencontrée pour qu'on puisse y compter (146),

(139) Le latin dit : « La torture n'a d'utilité en effet que comme moyen d'exploration ».

(140) Le latin dit : « ont pour but un répit des suppliciés et non point l'information des tortionnaires ».

(141) Le latin dit : « aveux vrais ou faux ».

(142) Le latin ajoute : « , je dis de son droit ».

(143) Le latin dit : « dit ».

(144) Le latin dit : « en eux-mêmes la force d' ».

(145) Le latin dit : « il n'y a que deux moyens d'y aider : la crainte du dommage résultant d'une violation de pacte, ou celle que manquer à sa parole soit considéré comme un signe d'impuissance qui désignerait au mépris ».

(146) Le latin dit : « suffisamment rare pour qu'on s'abs-

[particulièrement chez ceux qui poursuivent les Richesses, le Commandement ou les Plaisirs sensuels, et,
c'est la plus grande partie de l'Humanité]. La Passion
sur laquelle on doit compter est la Crainte, qui a
deux objets très généraux : l'un, la Puissance des
Esprits Invisibles, l'autre, la Puissance des hommes
que l'on peut ainsi Offenser. Bien que la première de
ces deux Puissances soit la plus grande, la Crainte de
la seconde est communément cependant la plus forte
Crainte. La Crainte de la première est en chacun sa
propre Religion ; elle existe dans la nature humaine
antérieurement à la Société Civile. Il n'en est pas de
même de la crainte de la seconde, du moins elle ne saurait suffire à obliger les hommes à tenir leurs promesses (147) ; en effet, dans la condition de [simple] Nature,
l'inégalité de Puissance (148) ne peut se discerner
que par le résultat de la Bataille. Par conséquent, antérieurement au temps de la Société Civile où aux moments d'interruption de celle-ci du fait .de la Guerre,
rien ne peut garantir (149) un Pacte de Paix contre
les tentations de l'Avarice, de l'Ambition, de la Con-

tienne d'en tenir compte ». Il me semble en effet y avoir une
légère différence de sens entre l'expression anglaise « *too rare-
ly found, to be presumed on* » et l'expression latine « *adeo rara
est, ut in rationes venire non debeat* ».

(147) Le latin dit : « On ne doit tenir compte que de la crainte
qui est de deux genres : la crainte des puissances invisibles, et
celle de la puissance humaine. Bien que la première soit la plus
fondée, la seconde est la plus forte. La première vient chez
chacun de sa propre Religion ; elle existait dans les hommes avant
toute société civile. La seconde est née avec la cité, mais elle ne
suffit pas à contraindre les hommes à exécuter leurs pactes ».

(148) Le latin dit : « la différence des Puissances ».

(149) Mot à mot en anglais : donner de la force à.

voitise ou des autres désirs puissants, rien si ce
n'est (150) la crainte de cette Puissance Invisible que
chaque homme adore sous le nom de Dieu (151) [et
Craint comme un Vengeur de sa perfidie]. C'est pourquoi tout ce que peuvent faire deux hommes non assu-
jétis à un Pouvoir Civil est de se mettre en demeure
l'un l'autre de jurer par le nom du Dieu qu'il
craint (152). — LA FORME DU SERMENT. — Le *Jure-
ment* [ou SERMENT] est une *Forme de Langage ajoutée
à une Promesse, forme par laquelle celui qui promet
[signifie que, s'il ne s'exécute pas, il renonce à la merci
de son Dieu ou] en appelle à [son] Dieu pour tirer vengeance de lui-même.* La Formule Païenne (153) était :
que Jupiter m'écrase comme j'écrase cette Bête. Notre
Formule est : *J'agirai de telle et telle façon, pourvu que
Dieu m'y aide.* Et l'on fait cela suivant les Rites et les
Cérémonies particulières à la Religion de chacun, afin
que la crainte de manquer à sa foi puisse en être aug-
mentée (154).

ON NE PEUT JURER QUE PAR DIEU. — De cela il
apparaît qu'un Serment fait suivant quelqu'autre forme
ou quelqu'autre Rite que celui de l'homme qui jure est
en vain ; ce n'est pas un Serment (155) [; et, que l'on

---

(150) Le latin dit : « rien ne peut mieux garantir un pacte
contre les cupidités humaines que... ».

(151) Le latin dit : « ... de l'Agent Invisible que tous les hom-
fes appellent Dieu et adorent de différentes manières ».

(152) Le latin dit : « On voit donc qu'il est nécessaire à ceux
qui font des pactes et qui veulent les affermir de jurer par le
Dieu qu'ils craignent qu'ils les tiendront ».

(153) Le latin dit : « des Romains ».

(154) Le latin, dans cette phrase, porte l'imparfait.

(155) Le latin dit : « suivant une autre forme que celle de la

ne peut Jurer par une chose que l'on ne croit pas être Dieu]. Car, bien que certains hommes (156) aient usé pour jurer du nom de leurs Rois (157) [par crainte ou par flatterie], ils ne voulaient pas cependant que l'on considérât qu'il leur attribuaient. ainsi un honneur Divin. Jurer par Dieu sans nécessité n'est que profaner son nom ; et Jurer par d'autres choses, comme on le fait dans le langage courant, n'est point Jurer ; ce n'est qu'une Habitude d'impiété qu'un excès de violence dans les paroles fait acquérir (158).

Un Serment n'ajoute rien a l'Obligation. — Il est enfin également certain que le Serment n'ajoute rien à l'Obligation. Car un Pacte, s'il est légal, lie aux yeux de Dieu, aussi bien sans Serment qu'avec Serment (159). S'il n'est pas légal; il ne lie pas du tout (160), bien qu'un Serment vienne l'appuyer (161).

religion de celui qui jure n'est pas valable, et qu'il n'y a pas de serment si ce n'est par le Dieu de celui qui jure ».

(156) Le latin dit : « 'païens ».

(157) Le latin dit : « aient habituellement juré par leurs rois ».

(158) Le latin dit : « Les serments répétés que personne n'exige, mais qu'on fait volontairement, ne sont pas à proprement parler des serments ; ce n'est qu'un abus du nom de Dieu qui provient de la mauvaise habitude de vouloir tout affirmer trop énergiquement ».

(159) Le latin dit : « lie, sans serment, par la force de la loi naturelle ».

(160) Le latin dit : « il ne peut obliger ».

(161) Le latin dit : « s'y ajoute ».

CHAPITRE XV

Des autres Lois de Nature.

La troisième Loi de Nature, la Justice. — De la loi de Nature qui nous oblige à nous transférer mutuellement des (1) Droits qui [, s'ils étaient conservés,] entraveraient la paix de l'Humanité, résulte une Troisième loi (2) [qui est la suivante], *Que l'on exécute les Pactes [qu'on a faits]*. Sans cette loi, les Pactes sont en vain et ne sont que des mots Vides, et, le Droit de tous les hommes sur toutes choses subsistant, l'état de Guerre subsiste aussi (3).

Que sont la Justice et l'Injustice. — C'est dans cette loi [de Nature] que consiste la Source et l'Origine (4) de la Justice. Car, là où il n'y a pas eu préalablement de Pacte, il n'y a pas eu de Droit transféré, et chacun a droit à toute chose ; par conséquent, aucune action ne peut être Injuste (5). [Mais, une fois un

(1) Le latin dit : « qui ordonne d'abandonner les ».

(2) Le latin ajoute : « de nature ».

(3) Le latin dit : « car, sans cela, (le texte latin de 1668 porte « atque eo » ; je crois qu'il faut lire « absque eo ») c'est en vain qu'on abandonne le droit sur toutes choses, et la guerre de tous contre tous subsiste ».

(4) Le latin dit simplement : « la nature ».

(5) Le latin dit : « mais tout est à tous ; rien n'est donc injuste ».

Pacte établi, le rompre est alors *Injuste*.] La définition de l'Injustice n'est autre chose que (6) *la non-
Exécution de Pacte* (7). Et tout ce qui n'est pas Injuste
est *Juste*.

La Justice et la Propriété commencent avec la
Constitution de l'Etat. — Mais, en raison de ce
que les Pactes de confiance mutuelle (8) sont invalides
lorsqu'il y a d'un côté ou de l'autre crainte de non-exé-
cution (comme il a été dit dans le précédent Chapitre) (9), il peut, bien que l'Origine de la Justice consiste
dans le fait même d'établir des Pactes (10), ne pas y
avoir (11) [véritablement] d'Injustice (12), tant que la
cause de cette crainte subsiste ; et elle subsiste tant que
les hommes sont dans la condition naturelle de Guerre (13). Avant donc que l'on puisse user (14) des mots
Juste et Injuste, il faut qu'il y ait une Puissance coercitive, d'une part pour contraindre également les hommes
à l'exécution de leurs Pactes par la terreur de quelque
punition plus grande que le bénéfice qu'ils attendent du
fait de les rompre, d'autre part pour leur confirmer la
Propriété de ce qu'ils acquièrent par Contrat mutuel en

(6) Le latin dit : « est manifestement ».

(7) Le latin dit : « des Pactes, ou ce qui revient au même, la
violation de la foi jurée ».

(8) « Pactes de confiance mutuelle », mot-à-mot dans les deux
textes.

(9) Le latin dit : « comme il a été montré plus haut ».

(10) Le latin dit : « soit le pacte ».

(11) Au lieu de : « il ne peut pas y avoir », le latin dit : « il n'y
a pas ».

(12) Le latin ajoute : « à ne pas tenir un pacte ».

(13) Le latin dit : « tant que dure le droit de tous sur toutes
choses ».

(14) Le latin dit : « On n'a donc pu user ».

compensation du Droit universel qu'ils abandon-
nent (15) [; et, une telle Puissance, il n'y en a point
avant l'établissement d'un Etat]. C'est ce qui ressort
également de la définition que les Ecoles donnent ordinairement de la Justice (16) [. Elles disent en effet] que
*la Justice est la Volonté constante de donner à chacun
ce qui est son propre.* Par conséquent (17), là où rien
n'est *en Propre,* c'est-à-dire où il n'y a pas de Propriété,
il n'y a pas d'Injustice (18) ; et là où il n'y a pas [de
Puissance coercitive établie, c'est-à-dire là où il n'y a
pas] d'Etat, il n'y a pas de Propriété [, tous les Hommes
ayant droit à toutes les choses ; donc, là où il n'y a
pas d'Etat, il n'y a rien qui soit Injuste]. Il s'ensuit que
la nature (19) de la Justice consiste dans le fait de tenir
des Pactes valides ; mais la Validité des Pactes ne commence qu'avec la Constitution d'une Puissance Civile
suffisante pour obliger les hommes à les tenir ; et c'est
alors aussi que la Propriété commence (20).

LA JUSTICE N'EST PAS CONTRAIRE A LA RAISON. —
L'Insensé a dit [en son cœur] il n'y a pas de Justice ;
et parfois, il l'a dit aussi avec la langue, alléguant sérieu-
sement que le souci de sa conservation et de sa satis-

(15) A partir de : « il faut qu'il y ait », le latin dit : « avant
qu'il y eut un Pouvoir Civil pouvant punir la violation des pactes
et assurer à chacun la propriété qu'il s'était acquise de par les
pactes ».

(16) Le latin dit : « de la définition reçue de la Justice dans les
Ecoles ».

(17) Le latin dit : « En effet ».

(18) Le latin dit : « rien n'est injuste ».

(19) Le latin dit : « l'essence ».

(20) Le latin dit : « de tenir des pactes dont la validité ne
commence que lorsque l'Etat a été constitué ; par conséquent
l'Etat, la Propriété (*Proprietas Bonorum*), la Justice sont nés
en même temps ».

faction ne regardant que chacun, il ne pourrait y avoir
de raison que chacun ne puisse faire (21) ce qu'il pense
devoir y conduire ; et par conséquent (22), faire ou ne
pas faire de Pactes, tenir ou ne pas tenir ses Pactes
[ne serait pas contraire à la Raison, quand cela conduit
à son bénéfice à soi]. Il ne nie pas [en cela] qu'on
puisse faire des Pactes, [que ces Pactes soient quelquefois violés et quelquefois tenus,] que leur violation
puisse être appelée Injustice (23), et leur observance
Justice (24) ; mais, ayant banni toute crainte de Dieu,
[(car l'insensé a dit aussi en son cœur qu'il n'y a point de
Dieu),] il se demande si (25) l'Injustice [ne] peut [pas]
coïncider quelquefois avec la (26) Raison [qui dicte à
chacun son propre bien, et cela particulièrement quand
on se trouve conduit ainsi au bénéfice d'être en
mesure de ne pas avoir à tenir compte non seulement
des reproches et des outrages, mais aussi de la puissance des autres]. On gagne (27) le Royaume de Dieu
par la violence : [mais,] si on pouvait le gagner par
une injuste violence (28) ? Serait-ce contre la Raison
de le faire, quand il est impossible qu'il en résulte aucun

(21) Le latin dit : « il n'y a pas de Justice. Le soin de sa conservation ne regarde que soi seul ; il est donc rationnel que chacun fasse ».

(22) Le latin dit : « y conduire, c'est-à-dire, suivant qu'on
le juge à propos ».

(23) « qu'il soit licite d'appeler leur violation injustice »,
mot-à-mot en latin.

(24) L'ordre de ce membre de phrase est interverti en latin.

(25) Le latin dit : « il dit que ».

(26) Le latin ajoute : « droite ».

(27) Le latin ajoute : « , dit l'insensé, ».

(28) Dans le latin, il n'y a pas ici d'interruption de phrase.

dommage pour soi (29) ? Et si ce n'est pas contre la
Raison ce n'est pas (30) contre la Justice [; ou bien
c'est alors que la Justice ne doit pas être considérée
comme un bien]. C'est avec de tels raisonnements que
l'on a pu donner le nom de Vertu à la perversité qui Réussit, et, que certains qui, en tout autre ordre de matière,
l'ont défendue, ont cependant permis la violation de Foi
quand il s'agit de gagner un Royaume (31). Les Païens
qui croyaient que *Saturne* avait été déposé (32) par [son
fils] *Jupiter* croyaient pourtant que le même *Jupiter*
était (33) le vengeur de l'Injustice. C'est un peu comme
dans un article de Loi des Commentaires de *Coke,* sur
Litleton où il est dit : Si l'Héritier légitime de la Couronne est convaincu de Trahison, la Couronne cependant
doit lui revenir, et, *eo instante* il n'y a plus de Flé-
trissure (34). De ces exemples, on pourrait fort bien
être tenté de conclure que, quand l'Héritier présomp-
tif d'un Royaume tuera le roi actuel, bien que ce soit
son Père, qu'on appelle cela Injustice ou de quelque
autre nom que l'on voudra, cela ne saurait cependant
être contre la Raison, puisque toutes les actions volontaires des hommes tendent à leur propre bénéfice et que

(29) Le latin ajoute : « mais qu'un grand bien doit au contraire s'ensuivre ».

(30) Le latin dit : « comment serait-ce ».

(31) Le latin dit : « C'est d'un semblable raisonnement qu'est
venu que des crimes à résultats heureux ont été tenus par quelques-uns pour des actes de vertu, et, que l'on a pensé que, s'il
s'agissait de régner, on pouvait violer sa foi ».

(32) Le latin dit : « chassé du ciel ».

(33) Le latin dit : « regardaient pourtant Jupiter comme ».

(34) Le latin dit : « De même, certains de nos juristes ont
pensé que l'héritier d'un royaume, même s'il est traître, doit
succéder au trône aussitôt la mort du roi ».

les actions qui sont les plus Raisonnables sont celles qui conduisent le mieux à leurs fins (35). Ce raisonnement, pour spécieux qu'il soit, n'en est pas moins faux.

Il ne saurait être en effet question de promesses mutuelles là où, ni d'un côté, ni de l'autre, il n'y a assurance d'exécution, comme cela existe quand il n'y a pas de Puissance civile érigée au-dessus des parties promettantes (36) ; de telles promesses ne sont (37) pas des Pactes. Mais, lorsque l'une des parties s'est exécutée déjà, ou bien, lorsque il y a une Puissance pour la faire s'exécuter, la question qui se pose est de savoir s'il est ou s'il n'est pas contre la raison, c'est-à-dire contre le bénéfice de l'autre, de s'exécuter. Et je dis que ce n'est pas contre la raison (38). [Pour le prouver, il nous faut considérer :] En premier lieu, que, quand quelqu'un fait une chose qui (39), autant qu'on peut le prévoir et le calculer, tend vers sa propre destruction, un accident inattendu (40) peut toutefois survenir et faire tourner la chose à son bénéfice ; de tels résul-

(35) Le latin dit : « Des actes de ce genre, dit l'insensé, de quelque nom qu'on les appelle, ne sont pas contre la raison, parce que toutes les actions volontaires de tous les hommes tendent naturellement vers leur propre bien, et, que sont les plus rationnelles celles qui y tendent le mieux ».

(36) Le latin dit : « ... mutuelles, dans la condition naturelle des hommes où il n'y a aucun pouvoir coercitif ».

(37) Le latin dit : « ces promesses ne seraient ».

(38) Le latin dit : « Mais, s'il existe un pouvoir coercitif, et que l'une des parties ait déjà exécuté sa promesse, la question qui se pose est de savoir si celui qui manque à la sienne le fait conformément à la raison et à son intérêt propre. Je dis qu'il agit contre la raison et imprudemment ».

(39) Le latin dit : « D'abord, dans une cité, si quelqu'un fait une chose qui ».

(40) Le latin dit : « imprévu ».

tats ne peuvent cependant pas faire que ce quelqu'un ait agi raisonnablement ou sagement (41). En second lieu, que, dans une condition de Guerre (42), là où [, du fait de l'absence d'une Puissance commune pour tenir tout le monde en respect,] chacun est pour chacun un Ennemi, il n'est personne qui puisse compter sur sa propre force ou sur sa propre habileté pour se garder de la destruction (43), sans recourir à des Alliances [; dans de telles circonstances, chacun attend de ses Alliés la même défense que chacun d'eux attend de lui]. Par conséquent, celui qui déclare penser qu'il est raisonnable de tromper ceux qui l'aident ne peut raisonnablement attendre d'autres moyens de salut que ceux qu'il peut tenir de sa propre Puissance. Celui qui viole son Pacte, et, ce faisant, montre qu'il pense pouvoir agir ainsi avec raison, ne peut donc être reçu dans aucune Société basée sur l'union pour la Paix et pour la Défense, si ce n'est du fait de l'erreur de ceux qui l'y reçoivent ; et, quand il y est reçu, il ne peut y être conservé que si ceux qui l'y ont admis ne s'aperçoivent pas du danger de leur erreur (44) ; [sur de semblables erreurs, personne ne peut raisonnablement compter comme sur des moyens de sécurité ;] si, par conséquent, il est laissé en dehors ou s'il est chassé de

(41) Le latin dit : « ... et déterminer un résultat heureux ; puisque ce résultat était imprévu, il n'en avait pas moins agi imprudemment ».

(42) Le latin dit : « Mais, dans la condition naturelle ».

(43) Le latin dit ; « qui puisse vivre en sécurité ».

(44) A partir de : « Par conséquent », le latin dit : « Qui donc, si ce n'est par erreur, admettrait dans une société fondée sur des pactes mutuels pour la défense des particuliers celui qui penserait que la raison autorise à violer ses pactes ? Qui donc, s'il y était admis, l'y conserverait ? ».

la Société, cet homme doit périr ; s'il se trouve vivre
en Société, c'est du fait des erreurs des autres, erreurs
qu'il ne peut pas prévoir et sur lesquelles il ne peut pas
compter ; c'est donc contre la raison de sa préservation ;
et tous ceux qui ne contribuent pas à sa destruction
l'épargnent seulement parce qu'ils ignorent leur intérêt (45).

Quant à ce qui est de vouloir gagner la félicité perpétuelle et sûre du Ciel par n'importe quel moyen,
c'est une prétention ridicule ; il n'y a qu'une façon
imaginable d'y parvenir, c'est, non pas de violer, mais
de tenir ses Pactes.

Et quant à ce qui est d'autre part de parvenir à la
Souveraineté par la Rébellion, il est manifeste aussi que,
bien que l'on y puisse réussir, il ne s'ensuit cependant
pas que l'on puisse Raisonnablement s'y attendre, mais
bien plutôt que l'on doive s'attendre au contraire ; et,
puisque gagner ainsi la Souveraineté apprend à d'autres à la gagner de même, une telle entreprise est contre la raison. La Justice, c'est-à-dire le fait de Tenir
ses Pactes est donc une Règle de Raison qui nous défend
de faire tout ce qui est susceptible de détruire notre
vie ; c'est par conséquent une Loi de Nature (46).

(45) A partir de : « si par conséquent », le latin dit : « par conséquent, de deux choses l'une, s'il est rejeté de la société, il
périra, s'il n'en est pas rejeté, il ne le devra qu'à l'ignorance
des autres ; c'est donc contre la droite raison ».

(46) Le latin dit : « Qu'on puisse gagner le royaume du ciel
par l'Injustice est également une supposition ridicule. On ne
peut le gagner que par la Justice.

Et de même, à supposer qu'un royaume ait été acquis par la
rébellion, c'est contre la raison qu'il en aura été ainsi, tant parce
que de tels succès sont incertains dès l'origine que parce
que, par leur exemple, ils enseignent à d'autres à oser contre

Il y a des gens qui vont plus loin. Ils ne veulent pas voir dans la Loi de Nature des Règles qui conduisent à la préservation de la vie humaine sur terre, mais bien des règles qui font ateindre après la mort une éternelle félicité ; et, ils pensent que la violation de Pacte peut conduire à cette dernière, et, qu'elle pourrait être par conséquent une chose juste et raisonnable ; (tels sont ceux qui jugent œuvre méritoire de détruire, de déposer le Souverain Pouvoir constitué au-dessus d'eux de leur propre consentement, ou, de s'insurger contre lui) (47). Cependant, comme nous n'avons aucune connaissance naturelle (48) de l'état de l'homme après la mort [, beaucoup moins encore de la façon dont il pourra alors être récompensé d'avoir manqué à sa Foi], mais une simple croyance (49) basée sur les dires de gens qui prétendent connaître la chose par voie surnaturelle ou connaître ceux qui ont connu ceux qui en ont connu d'autres qui eux la connaissaient par voie surnaturelle (50), Violer sa Foi ne peut pas être appelé un Précepte de Raison ou de Nature (51).

soi de telles entreprises. L'observance des Pactes est donc un précepte de Raison, c'est-à-dire une Loi Naturelle ».

(47) Le latin dit : « Il en est d'autres qui nient que soient des lois de nature les préceptes qui conduisent à la conservation de la vie présente mais, bien au contraire, ceux qui conduisent à la félicité de la vie éternelle que l'on peut, disent-ils, quelquefois atteindre en violant ses pactes, d'où la violation de pacte serait juste par conséquent ; et, ce sont ceux-là qui disent que c'est une œuvre pie de prendre, sous prétexte de religion, les armes contre ses rois, de les déposer et de les tuer ».

(48) « *naturall knowledge* » en anglais ; « *Scientia* » en latin.

(49) « *beliefe* » en anglais ; « *Fides* » en latin.

(50) Le latin dit : « ou la tenir d'autres qui l'ont connue par voie surnaturelle, et ainsi, les uns des autres, en remontant ».

(51) Le latin dit : « la violation des pactes est, d'après eux,

On n'est pas déchargé de ses Pactes par le Vice
de la Personne avec qui on les a faits. — Il en est
encore d'autres qui, tout en accordant que garder sa
Foi est une Loi de Nature, font néanmoins une exception à l'égard de certaines personnes, comme les Hérétiques (52) [et ceux qui n'ont point l'habitude d'exécuter leurs Pactes]. Cela est aussi contre la raison (53).
Car, si la faute de quelqu'un est suffisante pour nous
délier d'un Pacte conclu avec lui, cette faute aurait dû
raisonnablement suffire pour nous empêcher de faire
ce Pacte (54).

Que sont la Justice des Individus et la Justice
des Actions. — Les noms de Juste et d'Injuste, quand
ils sont attribués à des Hommes, ont une signification ;
attribués à des Actions, ils en ont une autre. Quand
ils sont attribués à des Hommes, ils signifient Conformité ou Non-conformité de la Conduite à la
Raison (55). [Mais quand ils sont attribués à des
Actions, ils signifient Conformité ou Non-conformité

une violation, non de la loi naturelle, mais de la loi surnaturelle. Mais, nous n'avons d'autre loi surnaturelle que la Sainte-
Ecriture, et celle-ci prescrit partout d'obéir aux Rois et d'observer ses Pactes ».

(52) Le latin dit : « Il en est encore d'autres qui, tout en
accordant que l'on doive tenir ses pactes, font une exception à
l'égard des hérétiques » (c'est-à-dire des pactes conclus avec
les hérétiques).

(53) Le latin dit : « Mais cela est également injuste (ini-
quum) ».

(54) Le latin dit : « Car, si la faute (vitium, l'état de faute
plutôt que la faute) de quelqu'un est une cause suffisante de
violation de pacte, elle aurait dû être aussi une cause suffisante
de ne pas faire de pacte ».

(55) Le latin dit : « ils signifient la manière de se comporter ou la conduite, c'est-à-dire la vertu ou le vice ».

à la Raison, non pas de la Conduite ou du mode de vivre, mais des Actions particulières.] Ainsi, un homme Juste est celui qui observe aussi rigoureusement qu'il le peut que toutes ses Actions soient Justes ; et un homme Injuste est celui qui néglige ce soin (56). [On dit plus souvent dans notre Langue un homme Droit et un homme sans Droiture (57) qu'un homme Juste et un homme Injuste, bien que la signification de ces termes soit la même. Un homme Droit ne perd donc pas ce Titre par une ou quelques Actions injustes procédant d'une Passion soudaine ou d'une erreur de Choses ou de Personnes ; de même, un homme sans Droiture ne perd pas son caractère en faisant ou en s'abstenant de faire, par crainte, telles ou telles Actions ; et, cela, parce que sa Volonté n'est pas réglée par la Justice, mais par le bénéfice qu'il voit à son action.] Ce qui donne aux Actions humaines la saveur de Justice est une certaine Noblesse de cœur, un certain caractère Chevaleresque (qu'on trouve rarement) qui fait mépriser de devoir le contentement de sa vie à une fraude ou à un manquement de promesse (58). [C'est de cette Justice de la

(56) Le latin dit : « Ainsi, celui dont la volonté constante est d'attribuer à chacun ce à quoi il a droit, lors même que ses actions puissent quelquefois être injustes, est cependant juste, pourvu seulement qu'il aime la justice, ou qu'il condamne, ne serait-ce que par devers lui, les injustices qu'il a faites, qu'il ne veuille faire de mal à personne, et, s'il en a fait, qu'il le répare autant qu'il le peut. Par contre est injuste celui qui néglige la justice, lors même que par crainte ou pour quelque autre raison tortueuse (*alia causa sinistra*), il s'abstienne de faire d'injure à qui que ce soit ».

(57) « *Righteous, Unrighteous* » en anglais.

(58) Le latin dit : « Ce qui fait la vraie justice et lui donne d'habitude son parfum est cette générosité d'âme qui fait dédaigner de devoir quoi que ce soit à la fraude ou à la perfidie ».

Conduite dont on veut parler lorsque l'on appelle la Justice une Vertu et l'Injustice un Vice.]

La Justice des Actions fait d'autre part appeler quelqu'un non pas Juste, mais *Innocent* ; l'Injustice des Actions (également nommée Injure) (59) ne le fait appeler que *Coupable* (60).

La Justice de la Conduite et la Justice des Actions. — L'Injustice de la Conduite est aussi la disposition ou l'aptitude (61) à faire des Injures ; et elle est l'Injustice avant de se traduire en Actes, et en dehors de toute supposition de quelque victime de l'injustice (62). Mais, l'Injustice d'une Action [(c'est-à-dire l'Injure)] suppose quelqu'un victime de l'Injure, à savoir celui avec qui le Pacte était fait. C'est pourquoi, il arrive souvent que l'injure soit subie par quelqu'un, alors que le dommage rejaillit sur un autre (63). Par exemple, un Maître ordonne à son serviteur de verser de l'argent à un étranger (64) ; si le serviteur ne le fait pas, l'Injure est faite au Maître avec qui le serviteur avait auparavant Traité d'obéir, mais le dommage

(59) Le latin dit : « c'est-à-dire les injures ». Il faut, cela va de soi, entendre ici (comme à la note 56) injure (*injuria, injury*) dans son sens étymologique.

(60) Le latin dit : « le fait appeler non pas *injuste* mais *coupable* ». Dans cette phrase, au lieu de dire : « la Justice des actions... l'Injustice des actions », le latin dit : « les actions de Justice... les actions d'Injustice ».

(61) Le latin dit : « L'injustice de quelqu'un est la disposition de son esprit ».

(62) Le latin dit : « et elle rend injuste, avant même qu'une injure ait été faite, en raison de la volonté d'en faire ».

(63) Le latin dit : « quelquefois que l'un fasse l'injure et que ce soit un autre qui fasse le dommage qui résulte de l'injure ».

(64) Le latin dit : « payer une dette à quelqu'un ».

retombe sur l'étranger envers qui le serviteur n'avait pas d'Obligation, ce pourquoi il ne pouvait lui faire d'Injure (65). Et, de même, dans les Etats (66), les particuliers peuvent se remettre leurs dettes, mais non pas les vols [ou les autres violences qui leur causent du dommage], parce que [le fait de ne pas payer une dette est une Injure personnelle, tandis que] le Vol et la Violence sont des Injures à la Personne de l'Etat (67).

RIEN DE CE QUI EST FAIT A QUELQU'UN DE SON PROPRE CONSENTEMENT NE PEUT ÊTRE UNE INJURE. — Tout ce que subit quelqu'un de la part d'un autre conformément à sa Volonté signifiée à cet autre n'est pas une Injure à son égard. Car, si l'autre n'a pas abandonné par un Pacte Antécédent son droit originel de faire ce que bon lui semble, il n'y a pas de rupture de Pacte et par conséquent aucune Injure n'est faite. Et s'il y a au contraire un Pacte antécédent, alors le fait d'avoir signifié la Volonté de subir est une décharge de ce Pacte, et, ainsi, de même, aucune Injure n'est faite (68).

JUSTICE COMMUTATIVE ET JUSTICE DISTRIBUTIVE. — Les auteurs divisent la Justice des Actions en *Commu-*

---

(65) Le latin dit : « l'injure qui est faite au créancier lui est faite par le maître, et celle qui est faite au maître lui est faite par le serviteur ; en effet, ce n'est pas le serviteur, mais le maître qui a pactisé avec le créancier ».

(66) Le latin dit : « dans la condition civile ».

(67) Le latin dit : « les vols sont comme des dettes publiques, en quelque sorte des injures faites à l'Etat ».

(68) Le latin dit : « Ce que l'on fait à quelqu'un conformément à sa volonté n'est pas une injure. Car, s'il n'y a pas de pacte stipulant que ce ne lui soit pas fait, il ne peut y avoir injure, et, s'il y a pacte, l'obligation est détruite de par la volonté de l'intéressé (*obligantis*) c'est-à-dire de celui avec qui le pacte a été fait ».

-*tative* et *Distributive*. La première, disent-ils, consiste en une proportion Arithmétique, la seconde en une proportion Géométrique. Ils font donc consister la justice Commutative dans l'égalité de valeur des choses au sujet desquelles on a passé des contrats, et, la justice Distributive dans la distribution de bénéfices égaux (69) aux hommes de mérite égal. Comme s'il y avait Injustice à vendre plus cher que l'on achète [ou à donner à quelqu'un plus qu'il ne mérite]. La valeur de tout ce qui peut être l'objet d'un contrat (70) se mesure à l'Appétit des Contractants ; la juste valeur des choses est donc celle que ceux-ci veulent bien (71) leur attribuer. Et quant au mérite (en dehors de celui qui résulte d'un Pacte où l'exécution d'une partie mérite l'exécution de l'autre, et, qui relève non pas de la Justice Distributive, mais de la Justice Commutative), ce n'est pas la Justice qui le paye mais seulement la Grâce qui le récompense (72). Cette distinction prise dans le sens suivant lequel on l'expose habituellement n'est donc pas exacte. A proprement parler, la Justice Commutative est la Justice d'un Contractant (73) c'est-à-dire l'Observance de Pacte (74) dans l'Achat et dans la Vente, dans le fait de Prendre en Location et de Donner en

(69) Le latin dit : « des choses à échanger, et, la justice distributive dans une distribution égale de bénéfices ».

(70) Le latin dit : « Le prix de toutes choses ».

(71) Le latin dit : « et leur juste prix est ce que l'acheteur et le vendeur s'accordent à ».

(72) Le latin dit : « (en dehors de ce que, dans les contrats, celui qui s'exécute le premier pour que l'autre s'exécute ensuite peut être dit mériter), il ne provient pas du droit, mais de la faveur ».

(73) Le latin porte le pluriel.

(74) Le latin porte le pluriel (des Pactes).

Location, de Prêter et d'Emprunter, d'Echanger, de Trafiquer et dans tous les autres actes Contractuels (75).

Et quant à la Justice Distributive, c'est la Justice d'un Arbitre, c'est-à-dire l'acte de définir ce qui est Juste. Et quand un Arbitre (possédant la confiance de ceux qui l'on pris comme Arbitre) justifie cette Confiance, on dit qu'il distribue à chacun ce qui lui revient, et, ceci est sans doute une Juste Distribution ; ce peut être appelé (quoiqu'improprement) Justice Distributive, mais, plus proprement, Equité, laquelle est aussi une Loi de Nature, comme il sera montré quand en viendra le moment (76).

La quatrième Loi de Nature, la Gratitude. — De même que la Justice dépend d'un Pacte Antécédent, de même la Gratitude dépend d'une Grâce Antécédente [, c'est-à-dire d'un Libre Don Antécédent] ; et c'est la quatrième Loi de Nature qui peut se concevoir sous cette forme : [Que] *celui qui reçoit d'un autre un Bienfait par pure Grâce s'Efforce (77) que cet autre n'ait aucune cause raisonnable (78) de se repentir de sa bonne volonté (79).* Car personne ne donne si ce n'est en songeant à quelque Bien pour soi ; et ceci parce que [le Don est Volontaire et que] l'Objet (80) de tout Acte

---

(75) Le latin dit : « de vente et d'achat, de don mutuel et d'acceptation, de location, d'échanges, et, de tous autres actes contractuels ».

(76) Le latin dit : « d'un arbitre à qui l'on s'est confié et qui, justifiant cette confiance, distribue à chaque partie ce qui lui revient, et cela n'est autre chose que l'Equité ».

(77) Le latin dit : « doit s'efforcer ».

(78) Le latin dit : « juste cause ».

(79) Le latin dit : « du bien qu'il a fait, *Beneficii dati* ».

(80) Le latin dit : « le but ».

Volontaire est son Bien à soi ; si l'on prévoit qu'on doive être frusté de ce bien (81), il ne se produira aucun commencement de bonne volonté, la confiance n'existera pas, il ne se produira non plus par conséquent aucun commencement d'aide mutuelle ou de réconciliation, et les hommes sont par conséquent destinés à rester toujours (82) dans la condition de *Guerre* ce qui est contraire à la première [et Fondamentale] Loi de Nature qui [leur] commande de *Chercher la Paix*. [La Transgression de cette Loi s'appelle *Ingratitude* ; l'ingratitude a avec la Grâce la même relation que l'Injustice avec l'Obligation par Pacte.]

La cinquième Loi de Nature, l'Accommodation Mutuelle ou Complaisance. — Une cinquième Loi de Nature est [celle de Complaisance, c'est-à-dire] *Que chacun s'efforce de s'accommoder aux autres.* Pour la comprendre, nous pouvons considérer (83) qu'il y a dans les hommes, au point de vue de leur aptitude à vivre en Société, une diversité de Nature (84) qui provient de la diversité de leurs Affections (85) et qui est tout à fait comparable à la diversité que nous constatons entre les pierres assemblées pour la construction d'un Edifice. De même en effet qu'une pierre qui, par ses aspérités et l'irrégularité de sa Forme, enlève aux autres

(81) Le latin dit : « si les hommes savent que c'est en vain qu'ils attendent ce bien ».

(82) Le latin dit : « ni de confiance mutuelle, ni d'aide mutuelle, ni de réconciliation entre ennemis. Les hommes resteront donc ».

(83) « *we may consider* » en anglais ; « il nous faut considérer (*considerandum est*) » en latin.

(84) Le latin dit : « d'esprits (*Ingeniorum*) ».

(85) Le latin dit : « passions ».

plus de place qu'elle n'en remplit, et, qui est tellement dure qu'on ne peut [aisément] l'aplanir [, constituant ainsi un obstacle à la construction], est rejetée par les constructeurs comme inutilisable et gênante, de même aussi celui qui, du fait de l'aspérité de sa Nature, cherche à retenir (86) un superflu nécessaire aux autres, et qui, en raison de l'inflexibilité de ses Passions ne peut être corrigé, est à [laisser hors ou à] rejeter de la Société [en tant que gênant pour elle]. Etant donné que chacun est en effet supposé faire tous les efforts qu'il peut, et, cela, non pas seulement en vertu du Droit de Nature, mais par nécessité de Nature, pour obtenir ce qui est nécessaire à sa conservation (87), celui qui, pour avoir des choses superflues, se dresse contre lui est donc coupable de la guerre qui s'ensuivra ; il agit donc contrairement à la Loi fondamentale (88) de Nature [qui commande *de chercher la Paix.* Ceux qui observent cette loi, on peut les appeler SOCIABLES (, les Latins les appelaient *Commodi*). Le contraire de Sociable est *Inflexible, Insociable, Indocile, Intraitable*].

LA SIXIÈME LOI DE NATURE, LA DISPOSITION AU PARDON. — Une sixième Loi de Nature est celle-ci : *Que, sur caution de l'Avenir, on doit pardonner les offenses passées à ceux qui se repentent et désirent* (89)

---

(86) Le latin dit : « ... de son esprit (*Ingenii*), lutte pour obtenir ».

(87) Le latin dit : « ... supposé tendre par ses efforts, et cela, non pas seulement en vertu de la Loi de Nature, mais aussi par nécessité, à sa conservation propre et aux choses qui y sont nécessaires ».

(88) Le latin dit : « à la première loi ».

(89) Le latin dit : « qui se repentent et demandent à... ».

être pardonnés. Car PARDONNER (90) n'est autre chose qu'accorder la Paix (91) ; mais le pardon accordé (92) à ceux qui persévèrent dans leur hostilité (93) n'est pas la Paix, mais la Crainte. Ne pas accorder le pardon à ceux qui donnent caution de l'Avenir (94) est un signe d'aversion pour la Paix ; c'est donc contraire à la Loi de Nature.

LA SEPTIÈME LOI DE NATURE, QUE DANS LES VENGEANCES ON NE S'ATTACHE QU'AU BIEN FUTUR. — Une septième loi est, *Que, dans les Vengeances* [c'est-à-dire dans le fait de rendre le Mal pour le Mal)], *On ne tienne pas compte de la grandeur du mal passé, mais de la grandeur du bien à venir.* C'est cette loi qui défend d'infliger une punition avec un autre dessein que celui de corriger le coupable ou de diriger les autres (95). Cette Loi est une conséquence de la précédente qui commande de Pardonner (96) sur garantie de l'Avenir. En outre (97), se Venger sans avoir en vue [l'Exemple et] le bien à venir est triompher, tirer gloire du malheur des autres, ce n'est tendre à aucun but (car le But est toujours quelque chose à Venir) ; et se glorifier sans but est la vaine gloire et est contraire à la raison ; et molester quelqu'un sans raison c'est tendre à

(90) Le latin ajoute : « une injure à quelqu'un ».

(91) Le latin ajoute : « à ceux qui la demandent ».

(92) Le latin dit : « si cependant on l'accorde ».

(93) Le latin ajoute : « , ce ».

(94) Le latin dit : « Ne pas accorder le pardon à ceux qui se repentent ».

(95) Le latin dit : « ou d'avertir ceux qui voient le châtiment qu'ils aient à se méfier ».

(96) Le latin ajoute : « une faute passée ».

(97) Le latin dit : « En effet, ».

introduire la Guerre, ce qui est contraire à la Loi de Nature et est communément désigné sous le nom de *Cruauté* (98).

La huitième Loi de Nature, contre l'Insolence. — De ce que tous les signes de haine ou de mépris provoquent des combats [, au point que la plupart des hommes préfèrent hasarder leur vie que ne pas se venger], nous pouvons faire consister une huitième Loi de Nature dans ce Précepte (99) : *Que personne ne manifeste par ses actes, ses paroles, sa mimique ou ses gestes, la Haine ou le Mépris d'un autre* ; le manquement à cette Loi est communément appelé *Insolence* (100).

La neuvième Loi de Nature, contre l'Orgueil. — La question de savoir qui vaut le mieux (101) ne se pose pas dans la condition de [simple] Nature [où, comme je l'ai montré plus haut, tous les hommes sont égaux]. L'inégalité qui maintenant existe (102) a été introduite par les Lois civiles (103). Je n'ignore pas qu'*Aristote,* dans le premier livre de ses Politiques, pose, comme base de sa doctrine, que les hommes sont par Nature, les uns dignes de Commander, et il voulait dire les plus sages (dont il pensait être en

---

(98) A partir de : « est triompher »; le latin dit : « est la malveillance (ἐπιχαιρεκακία) c'est-à-dire le triomphe vain et inutile du malheur des autres ; c'est par conséquent contre la Raison et contre la Loi de Nature qui défend de lutter pour des choses vaines et superflues. La violation de cette loi s'appelle *Cruauté* ».

(99) Le latin dit : « posons cette huitième loi de nature ».

(100) « *Contumely* » en anglais. Le latin dit : « C'est cette loi qui défend l'outrage (*Contumelia*) ».

(101) Le latin dit : « du rang parmi les Hommes ».

(102) Le latin dit : « Cette distinction ».

(103) Le latin porte le singulier.

tant que Philosophe) (104), les autres faits pour Servir
(, et il voulait dire ceux qui ont des corps robustes, mais
n'étaient pas Philosophes comme lui ;) (105) comme si
la qualité de Maître et de Serviteur n'avait pas été introduite par le consentement des hommes, mais avait pour
origine une différence d'Esprit ; ceci est non seulement
contraire à la raison, mais contraire aussi à l'expérience.
Car, bien peu sont assez fous qui n'aimeraient pas
mieux se gouverner eux-mêmes que se laisser gouverner par les autres. Et, quand ceux qui se croient
sages luttent par la force contre ceux qui ne veulent
pas reconnaître leur sagesse, ce n'est ni toujours, ni souvent, ni la plupart du temps qu'ils (106) remportent la
Victoire. Si donc, la Nature a fait les hommes égaux,
cette égalité doit être reconnue ; si elle les a fait inégaux, leur égalité doit cependant être admise, en raison
de ce qu'ils se croient égaux et n'établissent de Paix
entre eux que sur le pied de l'Egalité. Je pose donc
ainsi la neuvième Loi de Nature, *Que chacun recon-
naisse chacun son Egal par Nature*. Le manquement à
ce précepte est l'*Orgueil* (107).

(104) A partir de : « pose, comme : », le latin dit : « part
de ce principe que les uns sont, par nature, faits pour commander
à savoir les sages, et, il voulait entendre par là les philosophes
dont il était ».

(105) Le latin dit : « c'est-à-dire ceux dont l'esprit est aussi
grossier que le corps ; (*homines corporibus et ingenio duris*) ».

(106) Le latin dit : « Qui est en effet assez fou pour préférer
être commandé par les autres que commandé par soi-même ? Et
quand la lutte s'établit par la force entre ceux qui se croient
les plus sages et ceux qui sont les plus robustes, il est rare où
il n'arrive jamais que les premiers ».

(107) Le latin dit : « . Mais, si elle les a fait inégaux, la paix ne
pourra être obtenue qu'à des conditions d'égalité. puisque chacun

La dixième Loi de Nature, contre l'Arrogance.
— De cette loi en dépend une autre (108) à savoir
*Que, en entrant dans l'état de Paix (109), personne ne
demande à se réserver un Droit qu'il ne serait pas satisfait de voir un autre se réserver (110).* De même qu'il
est nécessaire que tous ceux qui cherchent la paix aban-
donnent certains droits de Nature, c'est-à-dire qu'ils
renoncent à la liberté de faire tout ce qu'ils veulent,
de même, il est nécessaire à la vie humaine de conserver quelques-uns de ces droits (111), comme celui de
gouverner (112) son propre corps, de jouir de l'air, de
l'eau (113) [du mouvement, des routes pour aller d'un
lieu à un autre] et de toutes les autres choses encore
sans lesquelles on ne peut vivre [ni bien vivre]. Si donc,
au moment où se fait la Paix, on demande pour soi ce
qu'on ne voudrait pas qui soit accordé aux autres,
on (114) agit contrairement à la loi précédente [qui
commande de reconnaître l'égalité naturelle, et, par

se croit égal à chacun. L'égalité doit donc être admise, et c'est
une neuvième loi de nature que *tous les hommes se reconnaissent
égaux entre eux par nature.* La violation de cette loi est l'*Orgueil.*
(108) Le latin dit : « De cette loi résulte une dixième loi ».
(109) « *at the entrance into conditions of Peace* » en anglais ;
« *in Pace ineunda* » en latin.
(110) Le latin dit : « *qu'il n'a pas voulu que quelqu'un autre
se réservât* ».
(111) Le latin dit : « Puisque, pour la conservation de la vie,
il est en effet nécessaire d'une part d'abandonner certains droits
naturels, et d'autre part d'en conserver quelques-uns ».
(112) Le latin dit : « de prendre soin de ».
(113) Le latin ajoute : « du feu ».
(114) Le latin dit : « ; si, dès l'abord, quelqu'un demande à
conserver plus de droit qu'il ne voudrait en voir accorder aux
autres, il... ».

conséquent on agit contrairement aussi à la loi de Nature. Ceux qui observent cette loi on les appelle *Modestes*, et ceux qui y manquent sont les *Arrogants*]. Les Grecs appellent la violation de cette loi πλεονεξία, c'est-à-dire le désir d'avoir plus que sa part (115).

LA ONZIÈME LOI DE NATURE, L'ÉQUITÉ. — *Si l'on fait confiance à quelqu'un pour juger entre deux autres*, c'est un précepte de la Loi de Nature que celui-là *se comporte entre eux d'une façon Egale* (116) ; sans cela les Litiges humains ne peuvent en effet se vider [que par la Guerre]. L'arbitre qui est partial dans son jugement détourne donc autant qu'il est en lui les autres hommes de s'en remettre à des Juges et à des Arbitres, et, conséquemment (, contrairement à la Loi fondamentale de Nature), il est cause de la Guerre (117).

[L'observance de cette loi qui prescrit de distribuer également à chacun ce qui raisonnablement lui revient s'appelle EQUITÉ et (, ainsi que je l'ai dit plus haut,) Justice distributive. Sa violation s'appelle *Acception de personnes*, προσωπολημψία.

LA DOUZIÈME LOI DE NATURE, L'USAGE ÉGAL DES CHOSES COMMUNES. — Et] de cette loi en découle une autre (118), *Que, des choses qui ne peuvent se diviser, on doive jouir en Commun, si cela se peut, et,*

(115) A partir de : « c'est-à-dire », le latin dit : « , les latins l'appellent, *Arrogantia* ».

(116) Le latin dit : « Si, dans une controverse de droit, on s'en remet à la sentence d'un arbitre, il est de la loi de nature, la onzième, *Que cet arbitre se comporte également envers l'une et l'autre partie* ».

(117) Le latin dit : « contrairement à la première Loi de Nature, il détruit la Paix elle-même ».

(118) Le latin dit : « une douzième ».

si (119) *la quantité de la chose le permet* (120), *sans
Restriction ; dans le cas contraire, leur jouissance doit
être Proportionnelle au nombre des ayant-Droit* (121).
Tout autre mode de distribution est Inégal et contraire
à l'Equité (122).

La treizième Loi de Nature, du Sort. — Mais, il
est des choses qui ne peuvent se diviser et dont on ne
peut non plus jouir en commun ; alors, la loi de Nature
qui prescrit l'Equité requiert (123) *Que le Droit Entier,
ou (si l'on use de l'alternative) la Première Possession,
soit déterminé par le Sort.* [L'égale distribution est
en effet prescrite par la Loi de Nature, et, on ne peut
imaginer aucun autre moyen d'égale distribution.]

La quatorzième Loi de Nature, de la Primogé-
niture et de la Première occupation. — Le sort
peut se déterminer de deux façons, *Arbitraire* et *Naturelle.* Arbitraire est celle dont conviennent les Com-
pétiteurs (124) ; Naturelle est ou bien la *Primogéni-
ture* [(ce que les Grecs appelaient Κληρονομία et qui
signifie *Donné par le Sort*)], ou bien la *Première Prise
de possession.*

Par conséquent, les choses dont on ne peut jouir
en commun et qui ne peuvent non plus se diviser doivent être attribuées au Premier Possesseur et, dans

(119) Le latin dit : « ; et, si cela se peut et que… ».
(120) Le latin dit : « permette ».
(121) Le latin dit : « de ceux qui en usent ».
(122) Le latin dit : « En effet, une distribution égale ne peut se
faire autrement ».
(123) Le latin dit : « pour ces choses, une treizième Loi de
Nature décide ».
(124) Le latin dit : « les parties ».

quelques cas, au Premier Né, comme leur revenant de par le Sort (125).

La quinzième Loi de Nature, des Médiateurs. — C'est encore une Loi de Nature (126), *Que [tous] les médiateurs de Paix jouissent du bénéfice du sauf-Conduit* (127). Car la Loi qui commande (128) la Paix en tant que *Fin*, commande l'Intercession en tant que *Moyen*, et, le Moyen de l'Intercession est le sauf-Conduit (129).

La seizième Loi de Nature, de la Soumission a l'Arbitrage. — Lors même que l'on serait parfaitement disposé à observer ces Lois, à propos d'une action quelconque, on peut pourtant se demander : D'abord, si elle a été faite ou non ; Ensuite (, dans le cas où elle a été faite), si c'est contrairement à la Loi ou non contrairement à la Loi (130) ; la première de ces questions s'appelle question *De Fait*, la seconde, question *De Droit*. Par conséquent, si les parties en cause ne conviennent pas mutuellement de s'en rapporter à la sentence d'un tiers, elles se trouvent être aussi éloignées de la Paix que faire se peut (131). Ce tiers [à la

(125) Le latin dit : « appartiennent, comme acquises par le sort, soit au premier occupant, soit au premier né ; et telle est la quatorzième loi de Nature ».

(126) Le latin dit : « Une quinzième Loi de Nature est ».

(127) Le latin dit : « *puissent aller et venir en sécurité* ».

(128) Le latin ajoute : « qui dicte de chercher ».

(129) Le latin dit : « dicte en tant que moyen la protection des médiateurs ».

(130) Le latin dit : « Parmi ceux qui observent les Lois Naturelles des questions peuvent s'élever : d'abord quelque chose a-t-il été fait ; ensuite, si cela a été fait, est-ce conformément ou contrairement au droit (*utrum Jure aut Injuria*) ».

(131) A partir de : « elles se trouvent », le latin dit : « l'état de guerre subsiste ».

Sentence duquel elles se soumettent] s'appelle un ARBI-
TRE. Est donc Loi de Nature *Que ceux qui ont une
discussion soumettent leur Droit au jugement d'un
Arbitre* (132).

LA DIX-SEPTIÈME LOI DE NATURE, PERSONNE N'EST
SON PROPRE JUGE. — Et, attendu que chacun est présumé n'agir que dans son propre intérêt, personne n'est
bon Arbitre dans sa propre cause. [Et, lors même,
qu'il serait le meilleur des arbitres, l'Equité pres-
crivant d'allouer à chacune des parties un égal bénéfice,
si l'un est admis comme Juge, l'autre doit l'être aussi,
et, ainsi la controverse, c'est-à-dire la cause de Guerre,
subsiste contre la Loi de Nature (133).]

LA DIX-HUITIÈME LOI DE NATURE, PERSONNE NE DOIT
ÊTRE JUGE EN QUI EST UNE CAUSE NATURELLE DE
PARTIALITÉ. — Pour la même raison, personne ne doit
être pris comme Arbitre dans une Cause, si un plus
grand profit, un plus grand honneur ou un plus grand
plaisir semble devoir résulter pour lui de 'a victoire
d'une partie que de la victoire de l'autre (134). Car
cet homme a reçu un présent (un présent inévitable sans
doute, mais un présent pourtant) ; personne ne peut
être tenu d'avoir confiance en lui. Ainsi encore la controverse et la condition de Guerre subsistent contrairement à la Loi de Nature (135).

(132) Le latin dit : « Une seizième loi de nature est donc *de
s'en remettre à la sentence d'un arbitre* ».

(133) A la place de cette phrase le latin dit : « Et telle est la
dix-septième loi de nature ».

(134) Le latin dit : « si un profit, un honneur, un plaisir
doit manifestement résulter pour lui du succès d'une partie plutôt que de celui de l'autre ».

(135) A partir de : « Car cet homme », le latin dit : « Un tel

La dix-neuvième Loi de Nature, des Témoignages.
— Dans une controverse de *Fait*, le Juge ne pouvant
accorder plus de crédit à l'un qu'à l'autre, doit, (s'il
n'existe pas d'autres Preuves) s'en référer à une troisième personne, ou à une troisième et à une quatrième,
ou à davantage ; sans quoi la question reste indécidée
et laissée à la force, ce qui est contraire à la Loi de
Nature (136).

Telles sont les Lois de Nature qui dictent la Paix,
moyen de conservation des hommes vivant en multi-
tudes (137) [; elles se rapportent uniquement à la doctrine de la Société Civile]. Mais, il y a d'autres choses
qui tendent à la destruction des individualités humaines, [l'Ivrognerie] par exemple [et] tout [autre] genre
d'Intempérance [; ces choses peuvent être aussi comp-
tées parmi celles que la Loi de Nature défend] ; cependant, il n'est ni nécessaire, ni suffisamment intéressant
de les mentionner· (138).

Une Règle qui rend aisément compte des Lois de
Nature. — Et, bien que cela puisse sembler une déduction des Lois de Nature trop subtile pour que l'aper-

arbitre est corrompu par la nature humaine. Et telle est la dix-
huitième loi de nature ».

(136) Dans le latin, cet alinéa est remplacé par ceci : « Une
dix-neuvième Loi de Nature est que, *dans une question de fait,* on
juge d'après les témoignages. Il est en effet contre l'équité, c'est-
à-dire contre la onzième Loi de Nature, d'accorder plus de crédit
à l'une des parties qu'à l'autre ».

(137) Le latin dit : « qui conduisent à maintenir en paix la
multitude des hommes ».

(138) A partir de : « cependant, il n'est », le latin dit : « mais
on peut les omettre, étant donné qu'elles ne concernent que la
nature individuelle et ne se rattachent pas à ce corps de doctrine ».

çoive (139) l'ensemble des hommes dont la plupart sont trop préoccupés du soin de leur nourriture et le reste trop peu soucieux de vouloir comprendre, cependant, et efin d'enlever à chacun toutes excuses (140) on a résumé ces lois en une formule simple et intelligible même à ceux dont la capacité est la plus médiocre et qui est la suivante : « (141) *Ne faites pas aux autres ce que vous ne voudriez pas qu'on vous fît* ». Cette formule montre que, pour s'instruire des Lois de Nature, il suffit, quand on pèse les actions des autres en les comparant aux siennes propres, de les faire passer, si elles semblent trop lourdes, dans l'autre plateau de la balance et de mettre les siennes à leur place, de telle façon que ses passions et son amour-propre ne puissent rien ajouter au poids (142) [; et il n'est alors aucune de ces Lois de Nature qui ne paraisse très raisonnable].

Les Lois de Nature obligent toujours en Conscience, mais elles n'obligent Effectivement que lorsqu'il y a Sécurité. — Les Lois de Nature obligent *in foro interno*, c'est-à-dire qu'elles obligent au désir de les voir régner (143), mais elles n'obligent pas

(139) Le latin dit : « Voilà, va-t-on dire, une déduction des lois de nature, trop subtile pour que puisse la saisir ».

(140) Le latin dit : « du soin de leur nourriture ou de leurs plaisirs, cependant afin d'enlever aux plus bornés toute excuse ».

(141) Le latin dit : « la Sainte-Ecriture a résumé ces lois en une formule courte et claire, *Faites aux autres ce que vous voulez que les autres vous fassent,* et les philosophes en celle-ci, ».

(142) Le latin dit : « Par conséquent, pour apprendre à fond toute la Loi de Nature, il suffit, lorsque l'on soupèse les actions des autres avec les siennes, de les faire passer dans l'autre plateau de la balance, de telle façon que les passions individuelles n'ajoutent rien au poids ».

(143) « *they bind to a desire they should take place* » en

toujours *in foro externo* [, c'est-à-dire à y conformer ses actes] ; car, celui qui se montrerait modeste et traitable et exécuterait toutes ses promesses, dans des conditions de temps et de lieu où personne ne le ferait, se donnerait simplement en proie aux autres (144) [et édifierait certainement sa propre ruine] contrairement au fondement de toutes les Lois de Nature qui tendent à (145) la conservation. Mais, par contre, celui qui ayant des Garanties suffisantes n'observe pas les Lois que les autres observent à son égard (146), celui-là recherche non la Paix, mais la Guerre [et conséquemment poursuit par sa Violence sa propre destruction].

Toute loi qui oblige *in foro interno* peut être enfreinte non seulement par un fait contraire à la loi, mais aussi par un fait en accord avec elle, dans le cas où celui qui agit le croit contraire. Bien que, dans ce cas en effet, l'Action s'accorde avec la Loi, l'Intention (147) cependant était contre elle, ce qui, puisque l'Obligation est *in foro interno,* est une transgression de la Loi (148).

[LES LOIS DE NATURE SONT ÉTERNELLES. — Les Lois de Nature sont Immuables et Eternelles ; car l'Injustice, l'Ingratitude, l'Arrogance, l'Orgueil, l'Iniquité, l'Acception de personnes et le reste ne peuvent jamais

anglais ; le latin dit : « c'est-à-dire que leur transgression doit être dite non pas à proprement parler un crime, mais un vice ».

(144) Le latin dit : « celui qui les observerait, dans des conditions de temps et de lieu où les autres n'en tiendraient point compte, serait la proie de ces autres ».

(145) Le latin dit : « qui est ».

(146) Le latin dit : « ... suffisantes de leur observance par les autres, ne les observe pas ».

(147) Le latin dit : « la volonté ».

(148) A partir de : « ce qui », le latin dit : « . *In foro interno,* c'est en effet l'esprit seul qui est coupable ».

devenir légales. Il ne peut jamais se faire que la Guerre préserve la vie et que la Paix la détruise.]

Elles sont a tout prendre Faciles a suivre. — De ce que les Lois de Nature obligent seulement à un désir et à un effort, je veux dire un effort non feint et constant (149), elles sont faciles à observer. Puisqu'elles ne demandent que l'effort, (150) celui qui s'efforce de les exécuter les remplit ; (151) et [celui qui remplit la Loi] est Juste.

Leur Science est la vraie Philosophie Morale. — [Et] la science des Lois de Nature est la vraie et la seule Philosophie Morale (152). Car la Philosophie Morale (153) n'est rien autre que la Science de ce qui est *Bien* et de ce qui est *Mal* dans le commerce et la Société des hommes. *Bien* et *Mal* sont des mots qui signifient nos Appétits et nos Aversions lesquels varient suivant les différents tempéraments, les différentes coutumes et les différentes doctrines humaines (154). Et les différents hommes diffèrent dans leur Jugement, non seulement en ce qui concerne leurs sensations agréables et désagréables de goût, d'odorat, d'ouïe, de toucher et de vue, mais en ce qui concerne aussi ce qui est con-

(149) Le latin dit : « à vouloir, et je dis à vouloir avec constance et sincèrement ».

(150) Le latin dit : « Le seul effort suffit ; ».

(151) Le latin dit : « celui qui s'efforce de les observer, autant qu'il le peut, les observe ».

(152) Le latin dit : « est la vraie et la seule Morale (*Ethica*) ».

(153) Le latin dit : « la Morale ».

(154) Le latin dit : « Les mêmes choses sont diversement appelées Bien et Mal par les différents hommes, en raison de la diversité de leurs appétits, de leurs aversions, de leurs habitudes et de leurs doctrines ».

forme ou non à la Raison dans les actions de la vie commune. Que dis-je, le même homme à des moments divers diffère de lui-même : à un moment, il célèbre, c'est-à-dire il appelle Bien, ce qu'à un autre moment il blâme, et, alors il l'appelle Mal (155) ; c'est de là que naissent les Discussions, les Disputes et enfin la Guerre. Tant qu'un homme est dans la condition de simple Nature (qui est une condition de Guerre), son Appétit particulier est donc la mesure du Bien et du Mal (156). Tout le monde s'accorde sur ce point que la Paix est un Bien, (157) et que, par consé-quent, (158) les voies ou moyens de Paix qui (comme je l'ai montré plus haut), sont (159) la *Justice*, la *Gratitude*, la *Modestie*, l'*Equité* [, la *Clémence*] et les autres Lois de Nature sont aussi des biens, c'est-à-dire des *Vertus Morales* (160) ; leurs contraires sont donc [aussi] des Maux c'est-à-dire des *Vices*. La science de la Vertu et du Vice (161) est la Philosophie Morale ; et par conséquent la vraie Doctrine des Lois de Nature est la [vraie Philosophie] Morale. Cependant, ceux qui Ecri-

(155) A partir de : « Et les différents hommes », le latin dit : Et, en raison du changement de la volonté, la même chose est quelquefois appelée par le même homme, tantôt bien, tantôt mal ».

(156) Le latin inverse la phrase et dit : « Tant que les hommes se font chacun en particulier une mesure du bien et du mal, aussi longtemps dure la condition de guerre de tous contre tous ».

(157) Le latin ajoute : « et tout le monde la recherche. ».

(158) Le latin dit : « On ne peut donc nier que ».

(159) Le latin dit : « les moyens nécessaires de paix soient des biens ; ces moyens sont... ».

(160) Le latin dit : « ... et les autres Lois de Nature. Ce sont donc des Biens moraux, c'est-à-dire des vertus ».

(161) Le latin porte le pluriel.

vent sur la Philosophie Morale (162), tout en admettant les mêmes Vertus, et les mêmes Vices, ne voient pourtant pas en quoi consiste leur Bonne qualité (163), ni pourquoi on les (164) célèbre [en tant que moyens de conduire à une vie pacifique, sociable et confortable] ; ils les font consister dans la médiocrité des passions (165) ; comme si, non la Cause, mais le Degré d'audace faisait le Courage, comme si, non la Cause, mais la Quantité d'un don faisait la Libéralité.

Ces préceptes de la Raison, on a coutume de les appeler des Lois (166), mais c'est improprement, car ce ne sont que [des Conclusions ou] des Théorèmes concernant ce qui conduit à la conservation et à la défense de nous-mêmes (167) ; tandis que la Loi est à proprement parler l'expression de celui qui en vertu de son droit commande aux autres (168). [Cependant, si nous considérons que ces Théorèmes nous viennent de la parole de Dieu qui par droit commande à toutes choses, alors, c'est proprement qu'ils sont appelés Lois.] (169)

(162) Le latin dit : « les écrivains moralistes, *Scriptores Ethici* ».

(163) Le latin dit : « la bonne qualité de la vertu ».

(164) Le latin dit : « la ».

(165) Le latin dit : « ils considèrent les vertus comme des passions, mais des passions peu intenses ».

(166) Le latin dit : « A ces préceptes de la raison on a donné le nom de lois ».

(167) Le latin dit : « qui conduit à la conservation des hommes ».

(168) Le latin dit : « l'expression orale ou écrite de celui qui commande, afin que tous ceux qui lui doivent l'obéissance sachent que c'est lui qui parle ».

(169) Ici s'arrête à vrai dire le premier livre du Léviathan. Le Chapitre suivant est, en quelque sorte, une introduction au second Livre.

CHAPITRE XVI

Des Personnes, des Auteurs [et des choses Personnifiées].

Qu'est-ce qu'une Personne. — Une Personne est celui *dont les paroles ou les actions sont considérées, soit comme lui appartenant en propre, soit comme représentant les paroles ou les actions de quelqu'autre ou de quelqu'autre chose à qui on les attribue Véritablement ou par Fiction.*

Personne Naturelle et Personne Artificielle. — Quand les paroles ou actions sont considérées comme lui appartenant en propre, la personne est dite *Personne Naturelle*. Quand elles sont considérées comme représentant les paroles et les actions d'un autre, la *personne* est *Fictive* ou *Artificielle*.

D'où vient le mot Personne. — Le mot Personne est latin ; au lieu de ce mot, les Grecs ont πρόσωπον, ce qui signifie le *Visage*, de même qu'en latin *Persona* signifie le *déguisement* ou *l'apparence extérieure* de quelqu'un imitée sur la Scène, quelquefois aussi, d'une façon plus particulière, cette partie du déguisement qui ne déguise que le visage, comme un Masque (1). Le mot

(1) « Mask or Visard » en anglais. Il est difficile en français de faire saisir la différence entre ces deux mots.

Personne a été transporté de la Scène à tout Représentant de parole ou d'action, aussi bien dans les Tribunaux que dans les Théâtres. Par conséquent, une *Personne* est la même chose qu'un *Acteur*, tout aussi bien sur la Scène que dans la Conversation ordinaire (2) [, et, faire acte de *Personne* est *Agir*, ou *Représenter* soi-même ou un autre] ; et celui qui joue le rôle d'un autre est dit porter sa Personne ou agir en son nom (3) (, c'est (4) ce sens dont (5) *Cicéron* use (6) lorsqu'il dit (7) *Unus sustineo tres Personas ; Mei, Adversarii et Judicis* [je porte à moi seul trois Personnes, la mienne propre, celle de mon Adversaire et celle de mon Juge],) ; on donne à la personne différents noms suivant les occisions diverses : par exemple *Représentant*, ou *Représentatif, Lieutenant, Vicaire, Avoué, Député, Procurateur, Acteur* et autres termes semblables.

(2) A partir du début, le latin dit : « Une personne est *celui qui agit en son nom ou au nom d'un autre. Si la personne agit en son nom, elle est propre ou naturelle ; si elle agit au nom d'un autre, elle est représentative* de celui au nom de qui elle agit. Les Grecs appellent une personne προσωπον, ce qui signifie le visage naturel humain. Mais le mot personne est très fréquemment pris par les Latins dans le sens de visage artificiel, c'est-à-dire ce qu'on appelle le *masque (Larva)* dont les comédiens se servaient dans les théâtres. La personne a été transportée de la scène dans le forum, sans même que l'on usât du masque. Personne signifie donc un acteur aussi bien au théâtre qu'au forum ».

(3) Le latin dit : « et celui qui agit au nom d'un autre, bien qu'il ne porte pas de masque, est dit porter ou soutenir la personne de cet autre ».

(4) Le latin ajoute : « dans ».

(5) Le latin dit : « que ».

(6) Le latin ajoute : « du mot *persona* ».

(7) Le latin ajoute : « en s'adressant à Atticus ».

Acteur et Auteur. — Il est certaines Personnes Artificielles dont les paroles et les actions *appartiennent en Propre* à ceux qu'elles représentent. Alors la Personne est l'Acteur, tandis que celui qui possède en propre les paroles et les actions est l'Auteur. Dans ce cas, l'Acteur agit par Autorité (8). En effet, celui que, lorsqu'il s'agit de biens et de possessions, on appelle [*Propriétaire*, en Latin] *Dominus* [et en Grec Κύριος], s'appelle aussi] Auteur, lorsqu'il s'agit d'Actions (9). — L'Autorité. — Et, de même que le Droit de posséder s'appelle Propriété, de même le Droit d'agir s'appelle Autorité. [De sorte que, par Autorité on entend toujours le Droit de faire quelque chose, et que par *fait par Autorité* on entend fait par Commission ou Licence de celui qui possède le droit d'agir.]

Les Pactes par Autorité lient l'Auteur. — D'où il s'ensuit que, si l'Acteur fait un Pacte par Autorité (10) il lie [par cela même] l'Auteur [non moins que si ce dernier avait fait le pacte lui-même], et, il [ne] le soumet [pas moins] à toutes les conséquences du pacte (11). Par conséquent, tout ce qui a été dit [précédemment]

----

(8) Le latin dit : « . Par conséquent, les députés, les procurateurs, les vice-rois (*Proreges*) et tous ceux qui font les affaires des autres sont leurs Personnes Représentatives.

« Parfois, les paroles et les actes des représentants sont reconnus par ceux-là mêmes qu'ils représentent comme appartenant en propre à ces derniers. Alors le représentant s'appelle l'acteur et le représenté l'auteur, de telle sorte que l'acteur agit de par son autorité ».

(9) Le latin dit : « de paroles et d'actions ».

(10) Le latin dit : « de par une autorité qui lui a été donnée ».

(11') Le latin dit : « comme si ce dernier l'avait fait de sa personne propre ».

(Chap. 14) (12) de la nature des Pactes [entre les hommes dans leur capacité naturelle] est également vrai pour les cas où ces pactes sont passés par leurs Acteurs, Représentants ou Procurateurs qui tiennent d'eux leur autorité, et cela dans les limites de leur Commission, mais non pas au-delà (13).

Par conséquent [aussi], celui qui conclut un Pacte avec un Acteur [ou un Représentant] sans connaître l'Autorité dont il dispose le fait à ses risques et périls (14). Car nul n'est lié par un Pacte dont il n'est pas l'Auteur [, ni conséquemment par un Pacte conclu contre l'Autorité qu'il a donnée ou en marge de cette Autorité].

....MAIS NON PAS L'ACTEUR. — Quand l'Acteur fait quelque chose contre la Loi de Nature par ordre de l'Auteur (15) [, si par Pacte antérieur il est lié à lui obéir], ce n'est pas lui mais l'Auteur qui viole la Loi [de Nature] ; en effet [, bien que] l'Action soit (16) contre la Loi [de Nature], la transgression de cette dernière n'est cependant pas le fait de l'Acteur. Bien au contraire, refuser de faire cette même chose est pour l'Acteur agir contre la Loi de Nature qui défend de rompre un Pacte (17).

L'AUTORITÉ DOIT ÊTRE DÉMONTRÉE. — Quelqu'un

(12) Le latin dit : « Chap. 14 et 15 ».
(13) Le latin dit : « par des personnes représentatives, mais dans la mesure de l'autorité qui leur est accordée ».
(14) « at this own perill » en anglais ; « periculo » en latin.
(15) Le latin dit : « par autorité d'un autre ».
(16) Le latin dit : « est ».
(17) A partir de : « la transgression », le latin dit : « mais elle appartient à l'auteur et non à l'acteur ; l'acteur violerait la loi s'il ne la faisait pas, puisqu'il avait fait pacte de la faire ».

fait un Pacte avec [l'Auteur par l'intermédiaire de]
l'Acteur sans connaître l'Autorité qu'a (18) ce dernier
et se fiant seulement à ce qu'il dit ; si, sur sa demande,
l'Autorité de l'Acteur ne lui est pas manifestement prou-
vée (19), son obligation cesse dès ce moment. Car, un
Pacte fait avec un Auteur n'est pas valide sans la Con-
tre-assurance de ce dernier (20). Mais, si celui qui a
Traité savait par avance qu'il n'avait point à attendre (21) d'autre assurance que la parole de l'Acteur,
alors le Pacte est valide (22) parce que [, dans ce cas,]
l'Acteur se fait lui-même Auteur. Par conséquent, de
même que (23), quand l'Autorité est évidente, le Pacte
oblige l'Auteur et non l'Acteur, de même quand l'Autorité est fictive le Pacte oblige l'Acteur seulement (24)
[, puisqu'il n'y a pas d'autre Auteur que lui].

LA PERSONNIFICATION DES CHOSES INANIMÉES. — Il
existe peu de choses que l'on ne puisse représenter par
Fiction. Des choses inanimées comme une Eglise, un
Hôpital, un Pont peuvent être Personnifiées par un
Recteur, un Maître ou un Administrateur (25). Mais
les choses Inanimées ne peuvent pas être Auteurs [, ni

(18) Le latin dit : « l'autorité qui a été accordée à... ».

(19) Le latin dit : « l'acteur ne lui démontre pas son autorité ».

(20) Le latin dit : « Car un pacte fait sans autorité est invalide ».

(21) Le latin dit : « ne s'attendait, lorsqu'il faisait le pacte, à ».

(22) Le latin ajoute : « à l'égard de l'acteur ».

(23) Le latin dit : « ... s'est fait Auteur. Ainsi ».

(24) Le latin dit : « ... évidente, l'auteur est lié ; quand l'autorité est fictive, c'est l'acteur qui l'est ».

(25) Le latin dit : « peu de choses qui ne puissent être personnifiées. En effet, bien qu'une personne soit par nature quelque
chose capable de comprendre, il n'est cependant pas toujours

par conséquent donner une Autorité à leurs Acteurs].
Cependant, les Acteurs peuvent tenir de ceux qui en
sont les Propriétaires ou les Gouverneurs l'Autorité de
veiller à leur conservation. C'est pourquoi de telles choses ne peuvent être Personnifiées tant qu'aucun Gouvernement Civil n'est établi (26).

....DES CHOSES DÉPOURVUES DE RAISON. — Semblablement, les Enfants, les Idiots et les Fous qui n'ont pas
l'usage de la Raison peuvent être Personnifiés par des
Gardiens ou des Curateurs, mais (pendant ce temps),
ils ne peuvent être les Auteurs des actions de leur représentant que dans la mesure où (,quand ils auront recou-
vré l'usage de la Raison,) ils les jugeront raisonnables. Cependant, celui qui a le droit de gouverner des
fous peut, tant que dure la Folie, donner Autorité au
Gardien. Mais ceci encore n'a de place que dans un
Etat Civil, parce que, avant qu'il existe d'état civil,
il n'y a pas de Domination (27) sur les Personnes.

....DES FAUX-DIEUX. — Une Idole ou une pure
Fiction du cerveau peut être Personnifiée, comme
l'étaient les Dieux des Païens qu'on Personnifiait par
des Fonctionnaires institués par l'Etat lesquels déte-
naient les Possessions et les autres Biens ainsi que les
Droits que de temps en temps on attribuait et consacrait

nécessaire qu'il en soit ainsi de ce dont la personne est portée.
C'est pourquoi, la personne d'une chose inanimée, comme une
église, un hôpital, un pont peut être portée par un recteur ou
un curateur quelconque ».

(26) Le latin dit : « Les recteurs et les curateurs qui portent
la personne de choses inanimées agissent cependant par autorité
de ceux de qui ces choses sont la propriété. Des personnes de ce
genre n'existent donc pas en dehors de l'Etat Civil ».

(27) « *there is no Dominion* » en anglais.

à ces Dieux (28). Mais, les Idoles ne peuvent être auteurs (29), car une Idole n'est rien. L'Autorité procédait de l'Etat [, et, c'est pourquoi, avant l'introduction d'un Gouvernement Civil, les Dieux des Païens ne pouvaient pas être Personnifiés].

. . . . DU VRAI DIEU. — Le vrai Dieu peut être Personnifié. Il le fut tout d'abord par *Moïse* qui gouverna les Israélites (lesquels constituaient non pas son peuple, mais le peuple de Dieu) non en son propre nom avec *Hoc dicit Moses*, mais au nom de Dieu avec *Hoc dicit Dominus*. Il le fut ensuite par le Fils de l'Homme, son propre Fils, notre Sauveur Béni, *Jésus-Christ* qui vint faire rentrer les Juifs et introduire toutes les Nations dans le Royaume de son Père, et cela non en son propre nom, mais comme envoyé de son Père. Il le fut enfin par le Saint-Esprit ou Paraclet (30) parlant et agissant par l'intermédiaire des Apôtres ; et l'aide que le Saint-Esprit venait apporter, il ne venait pas l'apporter de lui-même, mais envoyé par le Père et le Fils, procédant tout à la fois de l'un et de l'autre (31).

(28) Le latin dit : « La personne d'un enfant ainsi que celle de celui qui n'est pas maître de son esprit peut être portée par un tuteur ; mais, tant que l'enfant n'est pas maître de son esprit, cette personne n'est auteur que par permission de l'Etat. L'autorité ne peut donc être donnée aux tuteurs et aux curateurs que par le droit civil.

«, On a personnifié des idoles, c'est-à-dire de pures fictions comme l'étaient les Dieux des Païens, et, leurs représentants avaient la charge de leurs biens mobiliers et immobiliers ainsi que des droits qui leur étaient consacrés.

(29) Le latin porte le passé et le singulier.

(30) « *Comforter* » en anglais.

(31) Cet alinéa est remplacé dans le latin par ce texte : « La personne du vrai Dieu se représente aussi, et, elle fut en effet

Comment une Multitude peut être une Personne.
— Une Multitude constitue Une seule Personne quand
elle est représentée par un seul homme ou une seule
Personne, pourvu que ce soit avec le consentement
de chacun en particulier de ceux qui la composent (32).
Car, c'est l'*Unité* du Représentant, et non pas l'*Unité*
des Représentés qui fait que la Personne est *Unique*.
[Et c'est le Représentant qui porte la Personne, et,
il ne porte qu'une seule Personne.] On ne peut comprendre autrement l'*Unité* dans une Multitude.

Chaque individu de la multitude est Auteur. —
Et du fait que la Multitude est, de par sa nature, non
pas *Une* mais *Multiple*, elle ne peut être regardée comme
l'Auteur unique, mais bien comme les multiples Auteurs de chacune (33) des choses que son Représentant (34) dit ou fait [en son nom], chacun donnant au
Représentant commun Autorité pour lui-même en particulier et s'appropriant toutes les actions que le Représentant fait, dans le cas où l'autorité lui a été donnée
sans restriction. Mais, quand la multitude limite le
Représentant en quelque chose et détermine le point

représentée. Dieu créa personnellement le monde. Jésus-Christ
porta la personne de Dieu lorsqu'il racheta le genre humain ;
le Saint-Esprit la porta aussi en sanctifiant les élus. C'est ce que
nous apprend le catéchisme public : *Croire en Dieu le Père qui
me créa et le monde entier, en son fils qui me racheta et le genre
humain tout entier, en l'Esprit-Saint qui me sanctifia et tout le
peuple élu de Dieu* ».

(32) Le latin dit : « par un seul homme qui a l'autorité de
tous en particulier ».

(33) Le latin dit : « il n'existe pas un unique auteur, mais
des auteurs multiples, c'est-à-dire des auteurs singuliers ».

(34) Le latin dit : « l'acteur qui est la personne qui représente
la multitude ».

jusqu'auquel il la représentera, aucun de ceux qui la constituent n'a en propre que ce pour quoi la multitude a donné au Représentant la commission d'Agir (35).

Un Acteur peut être Plusieurs individus Unifiés par la Pluralité des Voix. — Et, si le Représentant consiste en plusieurs hommes, (36) la voix du plus grand nombre doit être considérée comme la voix de tous (37). Si en effet le plus petit nombre se prononce (par exemple) pour l'Affirmative et le plus grand pour la Négative, il y aura plus de voix Négatives qu'il n'en faut pour détruire les Affirmatives, et l'excès des voix Négatives restant ainsi non-contredites constitue à lui seul la voix du Représentant.

Une Représentation de nombre pair ne sert de rien. — Une Représentation de nombre pair (38), spécialement quand ce nombre n'est pas grand, ce qui fait que les voix contradictoires sont souvent égales (39), est par conséquent souvent muette et (40) incapable d'Agir. Cependant, il peut se faire que les voix contra-

(35) Le latin dit : « . Chacun de ceux qui constituent la multitude donne personnellement en effet autorité à l'acteur commun. Mais si l'autorité donnée est limitée, chacun n'est auteur que des actions qui sont contenues dans le mandat ».

(36) Le latin dit : « Si l'acteur ou la personne consiste non en un seul homme mais en une assemblée, alors... ».

(37) Le latin dit : « de la Personne ».

(38) Le latin dit : « pour la négative, les voix négatives surabondantes constituent la voix de la Personne, c'est-à-dire de tous, puisqu'il n'y a rien qui les contredise. S'il en était autrement en effet, la Personne serait muette, ce qui serait contre la Nature,

« Si une personne représentative est constituée de plusieurs individus en nombre pair ».

(39) Le latin dit : « il arrive souvent que, les affirmations et les négations se détruisant mutuellement ».

(40) Le latin dit : « la personne soit muette, inutile et ».

dictoires en nombre égal tranchent une question ; dans le cas par exemple de condamner ou d'absoudre (41), l'égalité des votes, par le fait même qu'elle ne condamne pas, absout, (42) ; mais, par contre, [elle ne condamne pas en cas de non absolution. Car, quand une Cause est entendue, ne pas condamner est absoudre, mais il n'est point vrai de dire que] le fait de ne pas absoudre soit condamner (43). Il en est de même, lorsqu'on délibère pour savoir si l'on exécutera une chose présentement ou si on la différera à un autre moment : Quand les voix sont égales, ne pas décider l'Exécution d'une chose est en effet décider de la Différer (44).

La voix Négative. — Mais, le nombre étant impair, comme trois ou plus [(hommes ou assemblées)], si pourtant chacun a par une Voix Négative autorité pour détruire l'effet de toutes les Voix Affirmatives du reste (45), ce nombre n'a aucune valeur Représentative (46) [; parce qu'] en raison de la diversité des Opinions [humaines] et des Intérêts (47) [humains, la personne se trouve souvent de ce fait et dans les cas qui peuvent entraîner de très grandes conséquences une

(41) Le latin dit : « dans les accusations par exemple ».
(42) Le latin dit : « par le fait même qu'elle ne condamne pas un accusé, l'absout ».
(43) Le latin dit : « ne pas absoudre n'est pas condamner ».
(44) Le latin dit : « En effet, par cela même qu'on décide de ne pas exécuter la chose présentement, on décide de la différer ».
(45) Le latin dit . « si pourtant la voix d'un seul annule les voix contradictoires de tous les autres ».
(46) Le latin dit : « ne constitue pas une personne ».
(47) Le latin dit : « et des appétits qui se fait jour en un très grand nombre de cas, et, surtout lorsqu'il s'agit de choses de très grande importance. ».

Personne muette et incapable en beaucoup de choses,
comme par exemple le gouvernement d'une Multitude,
et cela particulièrement en temps de Guerre.] (48)

Il y a deux sortes d'Auteurs. Les premiers simplement
appelés ainsi sont ceux que j'ai définis plus haut comme
possédant en propre l'Action d'un autre. Les seconds
sont ceux qui possèdent en propre une Action ou un
Pacte d'un autre conditionnellement, c'est-à-dire qu'ils
se chargent de faire une chose, si un autre ne la fait
pas ou ne la fait pas avant un certain temps (49). Et ces
Auteurs conditionnels sont généralement appelés (50)
[Garants, en Latin] *Fidejussores* [et] (51) *Sponsores*
[: quand il s'agit de Dettes en particulier], *Prædes*,
[et, pour comparaître devant un Juge ou un Magis-
trat,] *Vades*.

(48) Le latin ajoute : « Dans ce cas la Personne serait muette
et incapable d'agir ».

(49) Le latin dit : « Les uns sont tout simplement auteurs ; il
en a été parlé suffisamment ; les seconds sont auteurs seulement
d'une façon conditionnelle : tel par exemple qui est chargé
d'exécuter un pacte, si celui qui l'a fait ne l'exécute pas avant
un certain jour déterminé ».

(50) Le latin dit : « Et ces derniers, bien que ce soient des
Auteurs en qui on doive avoir confiance, sont cependant appelés
de divers noms suivant les différents genres d'actions, par exemple ».

(51) Lire suivant le texte latin « *Fideijussores*, ».

TABLE DES MATIÈRES [1]

PREMIÈRE PARTIE

DE L'HOMME

(1) J'ai cru utile de rappeler ici les titres de Paragraphes déjà men-
tionnés au cours du texte. Dans l'édition latine de 1668, où les titres
de Chapitres sont souvent abrégés, les titres de Paragraphes sont
aussi beaucoup moins nombreux et habituellement très courts. Il ne
m'a pas paru nécessaire d'indiquer, partout où on les rencontre dans
le texte latin, les suppressions ou abréviations des titres de Paragraphes.

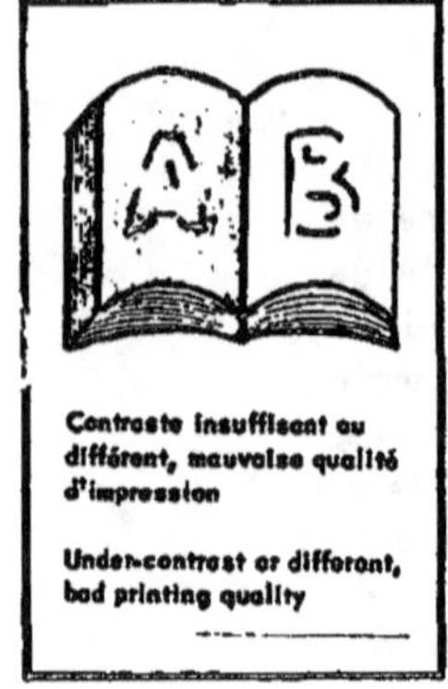
Contraste insuffisant ou
différent, mauvaise qualité
d'impression

Under-contrast or different,
bad printing quality

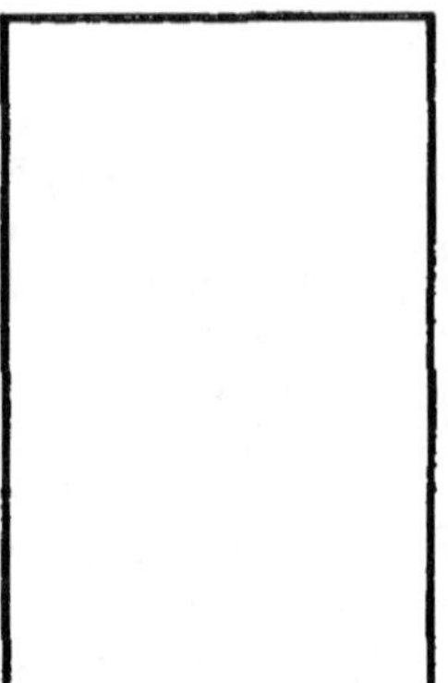

www.ingramcontent.com/pod-product-compliance
Lightning Source LLC
LaVergne TN
LVHW010750060726
842527LV00002B/422